FUDAN UNIVERSITY
1905

复旦大学产业经济学系
上海市人民政府决策咨询研究基地芮明杰工作室
上海市产业发展研究和评估中心

2015
中国产业发展
年度分析报告

——供给改革的视角

芮明杰　王小沙　主编

上海财经大学出版社

FUDAN UNIVERSITY 1905

复旦大学产业经济学系
上海市人民政府决策咨询研究基地芮明杰工作室
上海市产业发展研究和评估中心

2015
中国产业发展
年度分析报告
——供给改革的视角

芮明杰　王小沙　主编

上海财经大学出版社

前 言

2016 年我国产业发展展望与政策建议

2015 年即将过去，全年 GDP 增长速度应该在 7%左右。虽然 2015 年经济增长速度不算很慢，CPI 也在预计控制范围内，就业形势也略有好转，有复苏的迹象，但个人认为有几个根本问题还没有解决：

(1)固定资产投资虽然 2015 年可能可以达到 10%的增长速度，但总体来看依然是在低位徘徊的，特别是 PPI 并没有复苏的趋势。我认为，我们已经基本告别基础设施建设、城市建设等大规模增长时期，因此像过去那些年固定资产投资快速增长以推动经济高速增长的时期已经成为过去式。这是一国发展进步的必然，也是经济发展的基本规律。在这样的条件下，简单地用宽松货币政策推动投资增长的方式效果已经不佳。

(2)产业结构不合理、产能严重过剩的局面在 2015 年没有取得根本性的调整与改变，有些基础性产业如煤炭、钢铁、造船、水泥等的产能已经超过国际警戒线，成为严重的实体经济泡沫。产能严重过剩是需求不足造成的，其与固定资产投资大幅下降是关联的。而我们的判断是固定资产投资快速增长期已经过去，因为理论研究可以判定我国主要基础性产业如钢铁、造船、水泥、煤炭等已经过了快速成长期，进入了成熟乃至衰退期。所以,以固定资产快速增长产生的需求来确定的产能,今后将会长期过剩。因此,一定要下决心调整过剩产能、调整产业结构,不能寄希望于货币政策放松刺激固定资产投资。

(3)11月11日,阿里巴巴又创造了巨大的消费规模,但以巨大折扣刺激消费仅仅一天的业绩是不能说明我国居民消费实力有了极大提高的,恰恰相反,这只说明了消费者对价格还非常敏感、消费实力与支付能力还很弱的现实。特别是我国居民的大件消费如住宅、汽车的爆发性增长时期也基本已经过去,虽然居民总是有消费升级的要求,但支付能力尚低。我的判断是居民消费也进入常态消费状况,每年有增长,但增长速度不会很快。这个状况表明,刺激消费,希望消费拉动经济增长,实际取决于居民的实际支付能力及与之相适应的消费品供给。我国的消费品产业与服务产业必须进行转型升级,创新技术、产品和服务,为消费者提供消费升级的产品与服务。

(4)我国是出口依赖度很高的国家,2015年全年出口状况不甚理想。原因很多,一方面是国际市场复苏不理想,除了美国经济好转外,其他国家状况并不好;另一方面是我国出口产品的竞争力在下降,产品结构调整不理想,出口产品成本在不断上升,而一般制造产品的替代生产者如越南等国制造出口产品增长迅猛。2016年,如果我国的出口产品结构没有得到很好的调整,高附加值产品不能打开国际市场的话,出口还是比较困难的。而这反过来会恶化我国国内的经济状况,导致出口产业产能过剩,加剧我国现行产业体系的失衡。

基于以上几个基本判断,我们对2016年我国经济状况与产业发展状况持谨慎乐观的态度,期待政府有新的政策举措出台,以解决经济发展中的根本问题,尤其在产业体系发展、产业结构调整以及产能过剩处置方面有强有力的改革思路与措施,进行供给侧的改革,走出中低收入陷阱。

个人的建议:多管齐下,创新驱动。多管齐下是指结构调整、需求拉动、外贸出口政策同时进行;创新驱动是指市场导向下的科技创新与产业创新并重。

1. 产业结构调整实为供给体系的调整,解决产能过剩,发展新兴产业,开辟新市场

(1)采取差异性降低企业所得税政策,即对新兴产业领域企业降低税

收，鼓励其快速成长。对传统产业领域的优势企业在并购同类企业时减免税收，鼓励兼并收购，优化产能。

(2)对技术创新、产品创新、研发投入等给予鼓励、补贴，优化产品结构，提高产品附加值，增强竞争力。

(3)对企业新增加投资、解决新增就业的给予税收优惠政策和金融扶持。

2. 需求拉动实为鼓励消费，扩大市场规模，拉动经济增长

(1)降低个人所得税税负，提高居民实际的支付能力，取消或减低一些消费税如汽车消费购置税。

(2)鼓励针对消费者消费升级的技术创新、产品创新及文化娱乐产品的发展，开拓更多的消费服务领域，放松准入条件。

(3)开拓就业空间，取消户籍管理，鼓励农村人口向中小城市流动，提高农民实际的支付能力，促进农村基础设施建设与消费能力的增加。

3. 出口政策调整，实为提高长期国际市场竞争力，开拓新市场

(1)逐步转变一味出口补贴的政策，采取有差异的补贴政策，补贴未来看好的高技术产品、高技术服务的出口，打开国际市场。

(2)结合“一带一路”的国家战略，重点在欧亚市场深耕，扩大自由贸易区试点范围，加快金融体系的深化改革。

(3)培育我国的跨国企业，推动它们进行全球跨国投资、全球资源整合。

芮明杰

于复旦大学思源楼

2015 年 11 月 29 日

目　录

副报告:中国高新技术产业效率实证分析

主报告

中国产业发展年度分析报告(2015)

产业发展实为经济发展的核心，产业体系实为供给体系，产能过剩实为供给过剩。分析2015年我国产业发展的状况，可以发现国民经济的供给一侧有许多严峻的问题，也有新的增长力量在成长。2015年是“十二五”的收官之年。一年来，我国国民经济和产业发展总体运行平稳，稳中有进。然而，处于经济增长速度换挡期、结构调整阵痛期、前期刺激政策消化期“三期叠加”的特殊时期，我国产业经济发展也正在发生着深刻的变革，呈现出经济发展的“新常态”。

总体来看，我国国民经济运行承受下行压力，旧的增长动能逐渐消退，新的增长动能尚未成熟。三次产业的发展存在一定问题：农业基础薄弱，部分农产品对外依存度高，农业现代化水平较低；工业总体下滑，工业企业盈利情况不佳，资源依赖型工业企业仍然占很大比例；生产性服务业落后，生活性服务业有效供给不足。从供给的角度来看，产业供需矛盾突出，传统产业供给过剩与新兴产业供给不足同时存在。以创新驱动的内生动力严重不足，以政策引导的外生动力力度不够，产业结构转型步履维艰。

从产业体系变化维度来看，传统产业、新兴产业和互联网产业等表现不一。传统基础性产业逐步衰退，主要产品产量逐渐趋稳或递减、增速趋缓或呈负增长、价格持续走低、盈利空间逐步收窄，且产能严重过剩问题凸显，总量过剩与结构性过剩并存，其发展已逐渐步入成熟期或衰退期。新兴产业保持良好的发展态势,生产规模迅速扩张,市场效益良好,且其创新驱动的能力已进一步形成,但同时新兴产业的发展也面临着核心技术滞后和关键环节缺失等困境与挑战。互联网产业发展继续风光无限,移动通信、电子商务、互联网金融、信息服务与消费等连创佳绩,但同时互联网产业发展仍局限于消费服务领域,以替代效应为主,融合带动效应不足。

从地区产业发展维度来看,我国四大区域经济增长速度逐步由“东高西低”向“西高东低”转换,经济规模呈现“东部领先,中西部追赶,东北衰退”的态势。东部地区经济发展速度趋缓的态势明显,经济增长贡献度呈减弱态势。中部地区经济发展保持平稳增长,工业增势稳中有进、进中有难,固定资产投资增长较快,消费需求稳中显旺,外贸发展相对平稳,产业发展整体稳中趋缓。西部地区经济发展的潜力逐渐被释放,经济总量不断增加,发展步伐逐渐加快,工业发展后劲开始显现,固定资产投资保持平稳,消费市场需求增长稳定。东北地区经济发展深陷困境,GDP 增速步入全国最慢行列,工业经济运行压力增大,固定资产投资增长压力较大,消费需求总体不旺,外贸形势严峻、增速持续下降,经济整体发展呈下行态势。

在未来产业发展中,我国必须正确认识现有产业发展中存在的不足,进一步加大政策引导力度。政府引导产业发展应当坚持分类调整的总体思路,对处于产业生命周期不同阶段的产业和处于不同梯度的地区,采取差异化调整策略。在调整过程中,应当坚持发挥市场的主导作用,政府适时适当引导。产业调整先后有序,存量调整为先,增量调整在后。注重供给端制度改革,最大化发挥企业在产业转型升级中的主体作用。改善市场环境,打击垄断行为,为中小企业创新发展扫清障碍。发挥舵手型企业的中坚作用,以战略新兴产业为方向,以舵手型企业为抓手,最终培育出一批具有价值链控制力的企业和产业。

1

2015 年度中国产业发展总体状况

“十二五”以来，我国国民经济发展进入“新常态”，拉动国民经济增长的投资、消费和出口“三驾马车”的增长率都整体面临下滑趋势，与之相关的产业也发生着深刻的变革。2015 年作为“十二五”的收官之年，也是经济增长速度换挡期、结构调整阵痛期、前期刺激政策消化期“三期叠加”的关键时期，其产业经济发展状况对“十三五”经济形势的预测与产业经济政策的制定有着十分重要的影响。本章主要对我国 2014 年第四季度和 2015 年前三季度的产业经济发展总体情况进行描述和评价，分析我国当前产业发展的主要特征。

1.1 2015 年中国产业发展的国民经济运行背景

产业是宏观经济的中观构成，产业发展与经济增长有十分密切的联系：经济增长促进产业的发展，同时，产业的发展对经济增长有十分重要的推动作用。具体来说，从市场的角度分析，构成国民经济生产总值的消费、储蓄(投资)、政府购买与净出口由总需求和总供给组成,其中,总需求主要包括国民经济构成中的居民与政府消费支出和净出口,而总供给则主要包括国民经济构成中的储蓄(投资)和政府投资部分。一方面,国民经济的总需求与总供给构成了我国产业发展的总需求与总供给,两者共同决定着我国一、二、三次产业体系的构成;另一方面,总供给与总需求的匹配情况决定了我国产业发展中存在的主要问题。因此,本节将首先对我国 2015 年的经济形势进行分析。

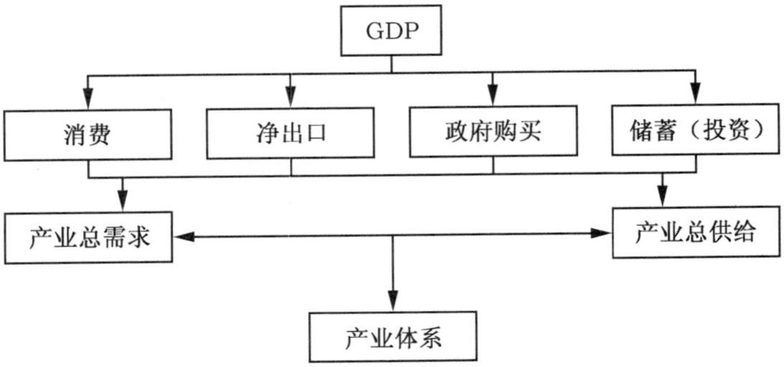

图 1—1 产业发展与经济增长的内在关联

1.1.1 国民经济总体情况:国民经济总体下行,政策利好效应趋缓

2015 年,我国国民经济增长速度持续放缓,2015 年第三季度国民生产总值累计为487 773.5亿元,同比增长速度下滑至 6.93%,低于 2008 年经济危机以来的历年增速,达到近年来的低谷。环比增速也处于较低水平,政策利好效应趋弱,经济下行压力有增无减。

2015 年第三季度,一、二、三次产业累计比为 8.04∶40.55∶51.41。其中,第二产业对国民经济的贡献持续降低,而第三产业的贡献持续上升。到 2015 年第三季度末,第三产业对国民经济的贡献率为 51.41%,较上年上升 3.22 个百分点,达到近些年的峰值;第二产业对国民经济的贡献率为 40.55%,较上年降低 2.09 个百分点,达到近年的低谷。我国经济增长对服务经济的依赖性有所提升,产业结构更加合理。

三次产业增长速度表现出较大差异,其中,第三产业的增长速度高于第一产业、第二产业和国民经济的总体增速,且增速有所上升,2015 年第

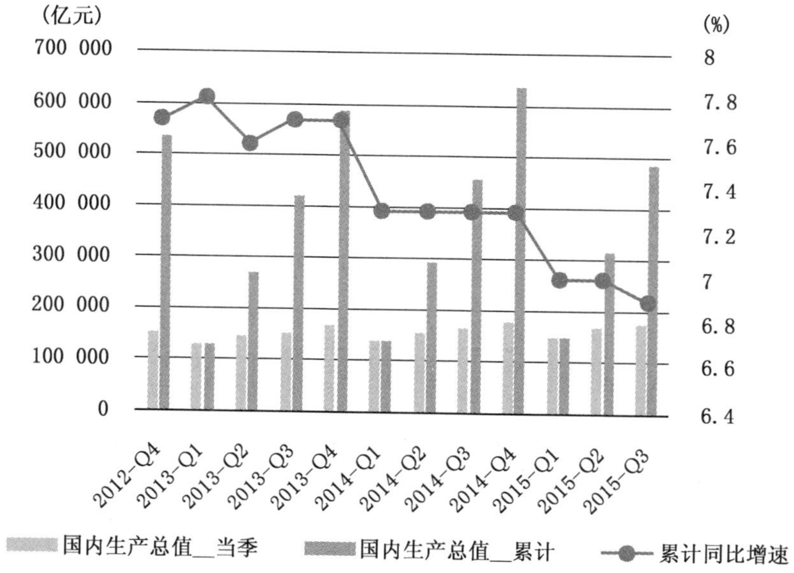

图1—2　2012～2015年国内生产总值

资料来源:根据国家统计局数据绘制。

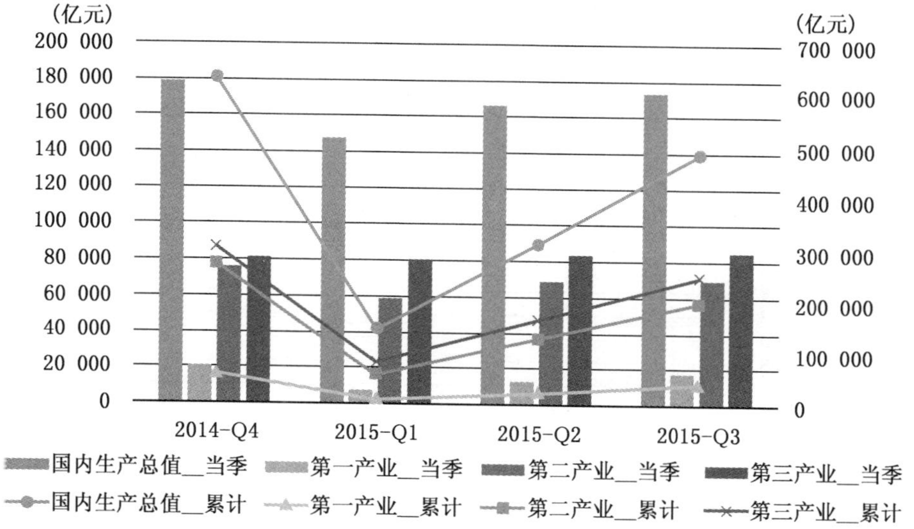

图1—3　国内生产总值与三次产业增加值

资料来源:根据国家统计局数据绘制。

三季度的同比增长率比2014年第四季度增加了0.32个百分点;第二产业增速持续下滑,从2014年第四季度的7.26%连续下滑至2015年第三季度的6%,与第三产业表现出较大差距;第一产业增长率仍维持在较低水平。

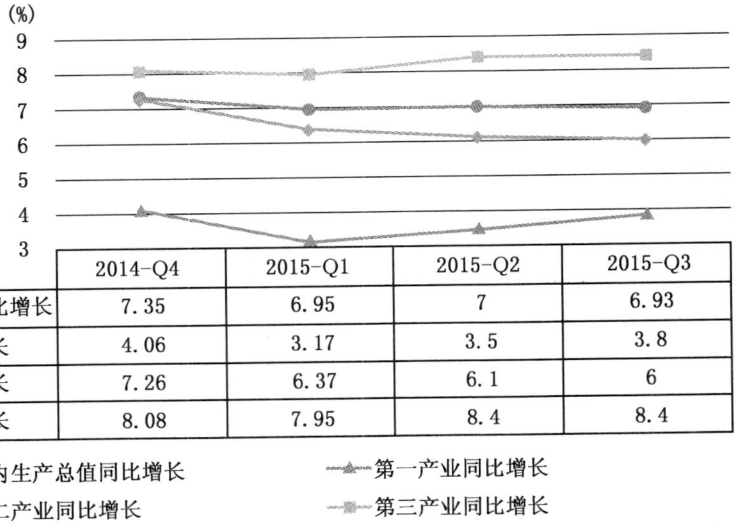

	2014-Q4	2015-Q1	2015-Q2	2015-Q3
国内生产总值同比增长	7.35	6.95	7	6.93
第一产业同比增长	4.06	3.17	3.5	3.8
第二产业同比增长	7.26	6.37	6.1	6
第三产业同比增长	8.08	7.95	8.4	8.4

图1—4　三次产业增速对比

资料来源:根据国家统计局数据绘制。

在价格水平方面,2015年10月,全国居民消费价格指数(CPI)同比上涨1.3%,环比下降0.3%。1~10月平均CPI比2014年同期上涨1.4%。生产资料价格水平持续下滑,工业生产者购进价格指数和出厂价格指数(PPI)低位徘徊。

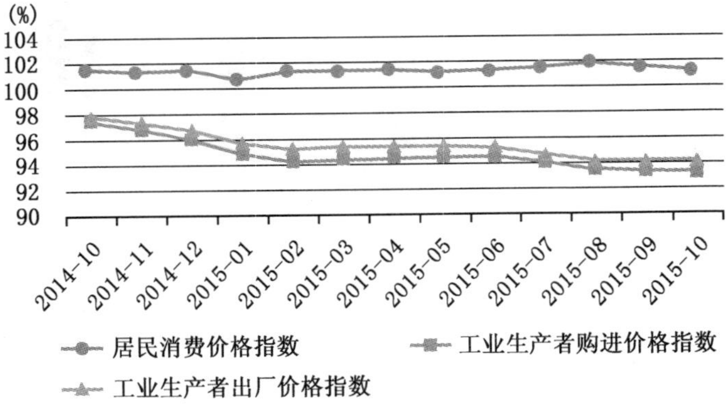

图1—5　价格指数

资料来源:根据国家统计局数据绘制。

1.1.2　产业发展的消费与需求：消费稳中有升，海外需求仍然疲软，行业需求出现结构性变化

(1)国内消费

2015 年以来，中国固定资产投资增速和出口增速持续下滑，只有消费增速在 4 月份触底后强劲反弹，维持了回升的走势。虽然社会商品零售总额同比增速仍低于 2014 年同期水平，但总体保持较快增长，高于 GDP 增长速度，到 10 月底，累计同比增长率超过 10%，成为拉动经济增长的最强动力。

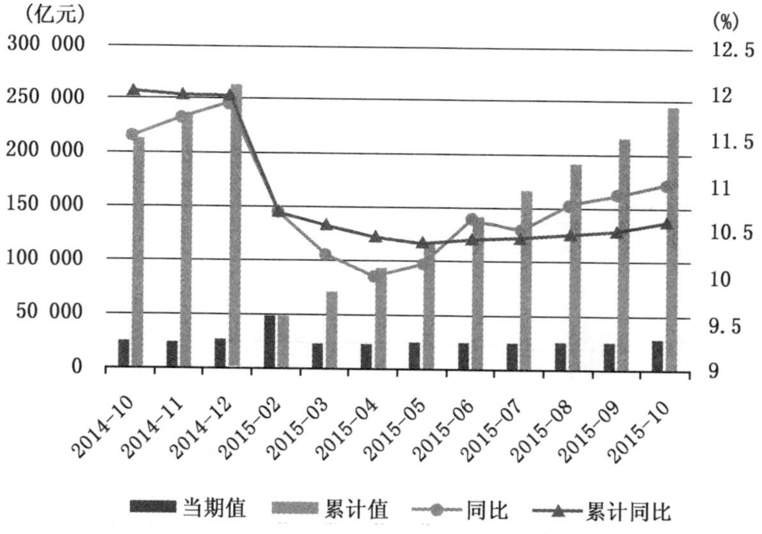

图 1—6　月度社会消费品零售额

资料来源：根据国家统计局数据绘制。

从需求支撑的收入和消费条件来看，2015 年前三季度，我国居民平均收入和消费水平不断提升，虽然略低于 2014 年的同期增长水平，但仍维持了较高的增速。居民可支配收入增速维持在 9%以上，消费支出增长率水平维持在 8%以上。其中，农村地区消费逐渐追赶城镇地区，2015 年前三季度，农村消费持续维持 10%以上的高速增长，有望带来更多的消费品需求和产业发展机会。

从需求支撑的消费信心条件来看，2015 年上半年消费者信心指数在 2014 年的基础上有所提高，但受实体和虚拟经济双双低迷的影响，消费

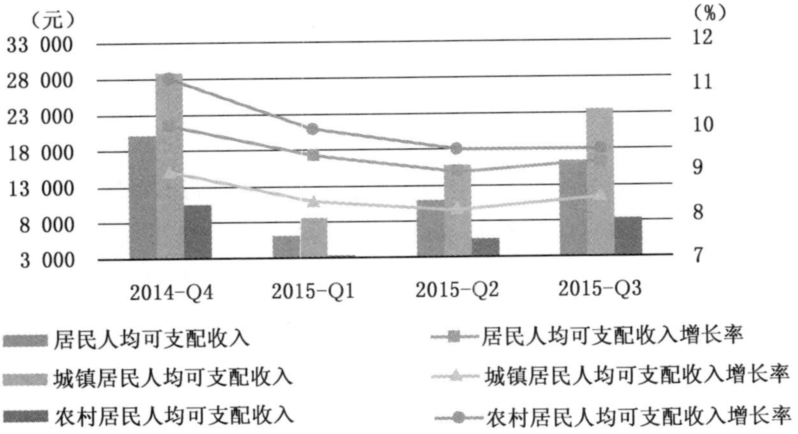

图1—7 季度居民累计人均可支配收入情况

资料来源:根据国家统计局数据绘制。

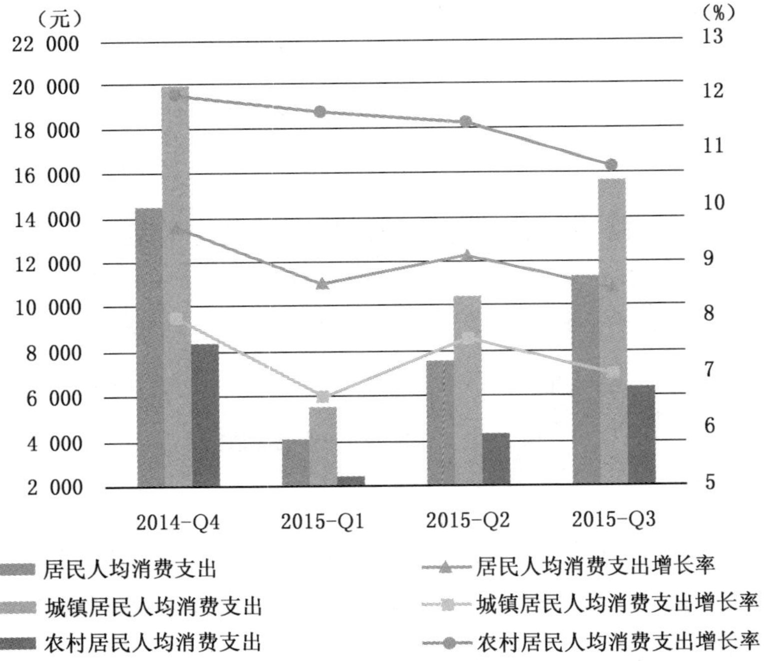

图1—8 季度累计居民人均消费支出情况

资料来源:根据国家统计局数据绘制。

者信心指数、预期指数、满意指数均在6月开始呈下降趋势。

从需求结构来看,在区域分布上,农村消费增速快于城镇。2015年前三季度,农村消费品零售同比增长率维持在平均12%左右,城镇维持

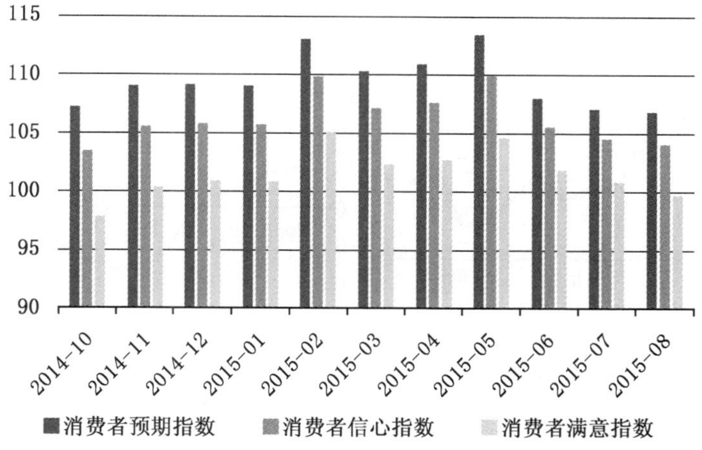

图 1—9　月度消费者预期、信心满意指数

资料来源：根据国家统计局数据绘制。

在 10.5%左右。10 月份，城镇与农村消费品零售同比增速分别为 10.8%与 12.2%，继续保持平稳回升态势。在消费业态上，2015 年前三季度餐饮同比增长率维持在 11%左右，商品零售维持在 10.5%左右。10 月份商品零售与餐饮分别增长 10.8%和 12.4%，消费回暖趋势明显。

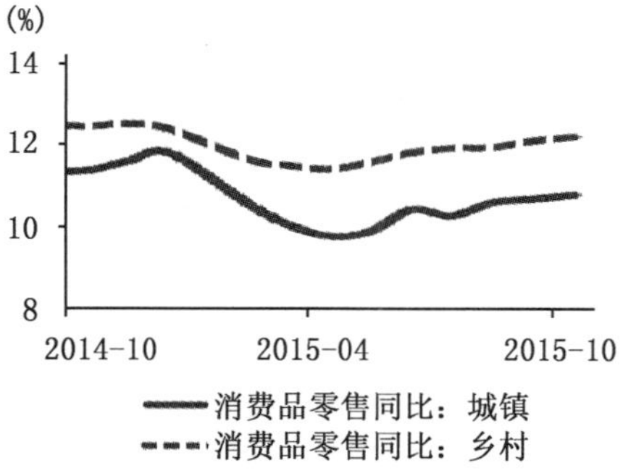

图 1—10　城乡零售增长率

资料来源：海通证券研究所。

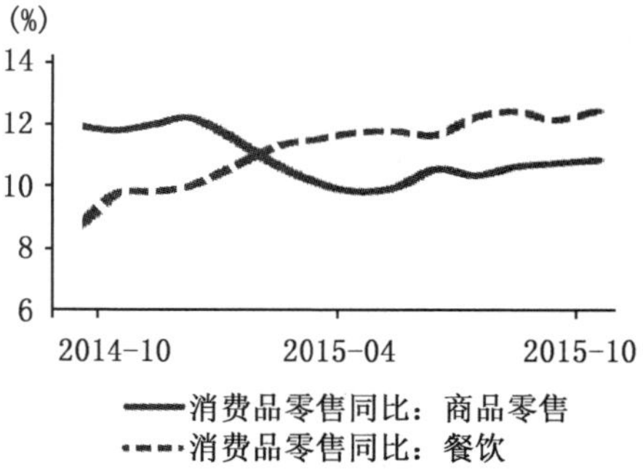

图 1—11　商品零售与餐饮增长率

资料来源：海通证券研究所。

从产品分类来看，2015 年前三季度，通信器材类商品零售继续维持较高增长率，同比增长率总体在 35%左右，10 月份增长率为 36.6%，继续领跑各行业。石油及制品类持续维持负增长，2015 年前三季度平均同期增长率约为—7%，10 月份降幅收窄至—7.1%，在各行业中增长率处于低位。

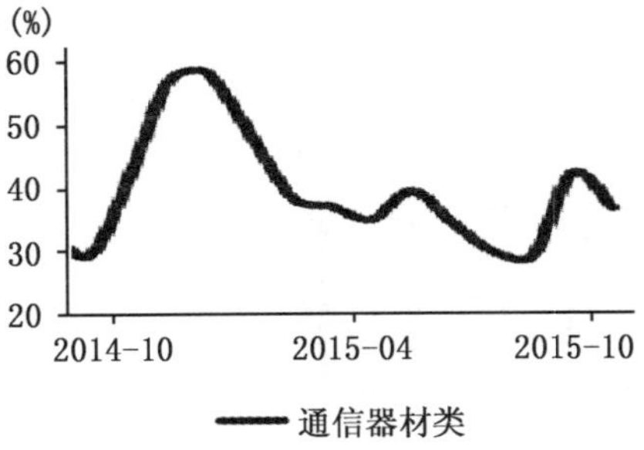

图 1—12　通信器材零售增长率

资料来源:海通证券研究所。

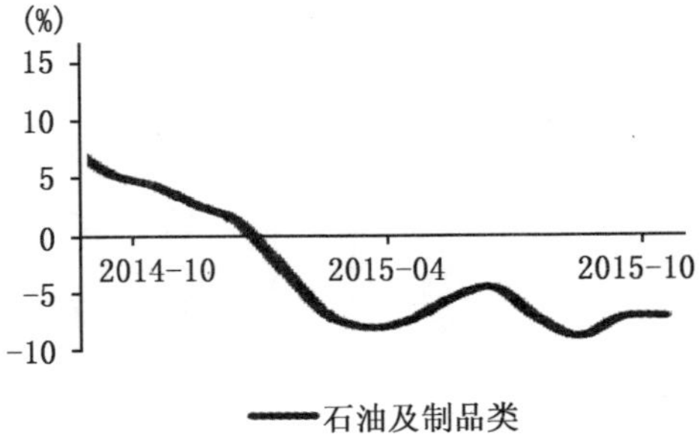

图 1—13　石油及制品零售增长率

资料来源:海通证券研究所。

在必需消费品中,2015 年前三季度,粮油食品饮料烟酒类零售增长率呈螺旋上升态势,平均同比增长率为 15%左右,而服装鞋帽针纺织品类及日用品类增长率稳中趋降,平均同比增长率为 10%左右。10 月份,粮油食品饮料烟酒类增长率由 9 月份的 18.9%回落至 16.1%;服装鞋帽针纺织品类增长率由 8.5%上升至 9.8%;日用品类增长率由 8.8%上升至 10.1%。

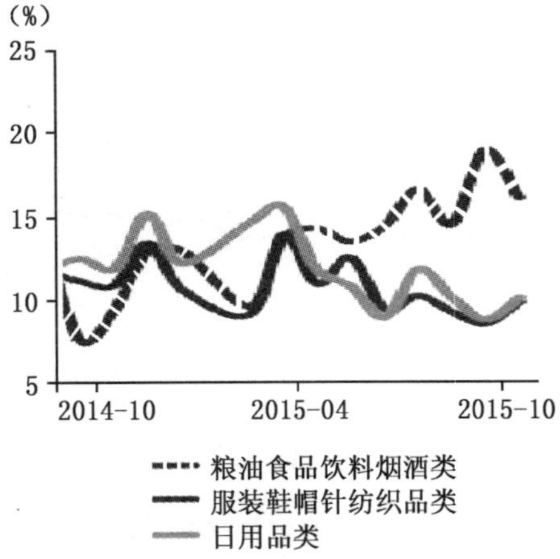

图 1—14　生活必需品零售增长率

资料来源:海通证券研究所。

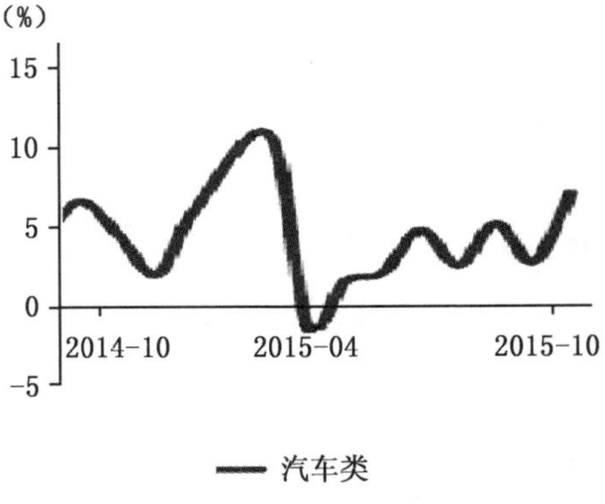

图 1—15　汽车零售增长率

资料来源:海通证券研究所。

在可选消费品中,2015 年前三季度,汽车类零售增长率波动幅度较大,第一季度同比增长率大幅下降,出现负增长,第二季度开始回暖,平均增长率在 3.5%左右,仍处于较低增长水平。受相关政策影响,10 月份,汽车同比增长率自9月份的2.7%大幅回升至7.1%。家具与建筑及装潢材料类零售增长率稳中趋升,2015年前三季度建筑及装潢材料类零售平均同比增长率在17%左右,家具类零售平均同比增长率为15%左右,总体维持较高增速。10月份,家具类从9月份的19.1%回落至12.4%,建筑及装潢材料类从23.2%回落至19.7%。家用电器和音像器材类零售增长率波动较大,2015年前三季度平均同比增长率维持在10%左右,10月份从9月份的11.3%回落至7.1%。这些行业的消费需求与房地产有较大关联。

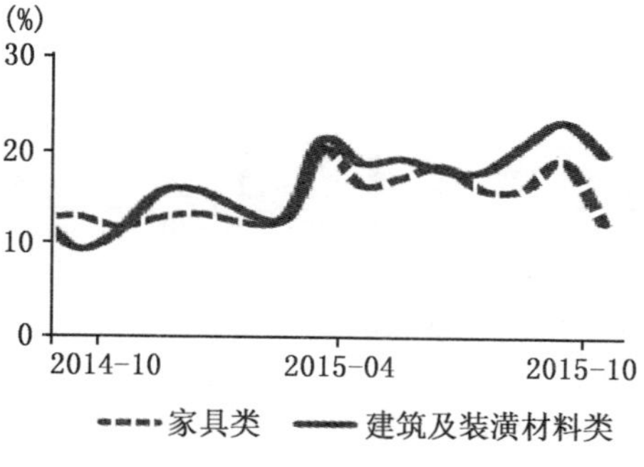

图1—16 家具与建筑及装潢材料零售增长率

资料来源:海通证券研究所。

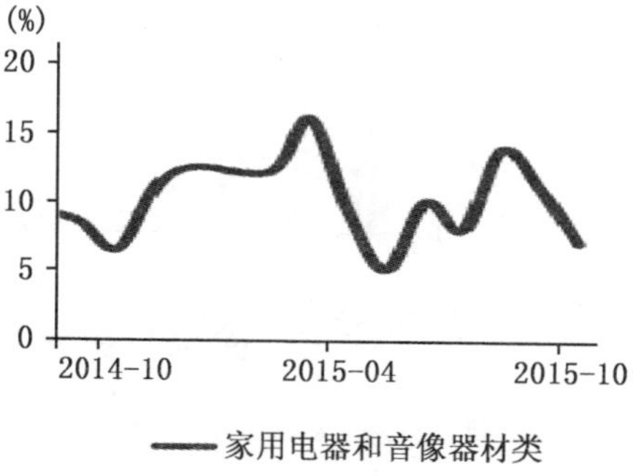

图1—17 家用电器和音像器材零售增长率

资料来源:海通证券研究所。

从居民消费结构上看,随着收入水平的持续提高、消费理念的改变和技术的进步,居民消费结构不断升级。2015年上半年,食品、衣着、家庭设备用品、居住等在消费支出中的占比下降,交通通信、医疗保健、教育文化娱乐、旅游等占比上升并保持较高增速。2015年上半年,网上零售额一直保持30%以上的高速增长。不难预计,居民消费结构的转变将直接影响居民对不同行业需求的改变,进而推动现有产业结构的调整。据华泰证券预计,少儿和老年人消费或将成为"蓝海":婴幼儿用品和与母婴市场相关的童装、乳制品行业,文化教育相关产业,娱乐产业,医药行业,医疗、保健、养老产业等将在未来呈现出相当大的成长机会。

(2)进出口贸易

在全球经济增长放缓背景下,进出口方面表现持续低迷。2015年前三季度,我国进口贸易额持续降低,月度同比增长率大部分都在0以下,进出口总额平均同比增速分别约为-17%和-7%。进出口持续维持负增长低位运行,衰退性贸易顺差不断扩大,我国内需的弱势仍未得到根本的改善。10 月份,我国进出口总值为 2.06 万亿元人民币,同比下降 9%,连续第 8 个月出现负增长,降幅较上月略有扩大。其中:出口 1.23 万亿元,下降 3.6%,连续 4 个月出现负增长;进口8 331.4亿元,下降 16%,连续 12 个月负增长。贸易顺差继续扩大至3 932.2亿元,扩大 40.2%。

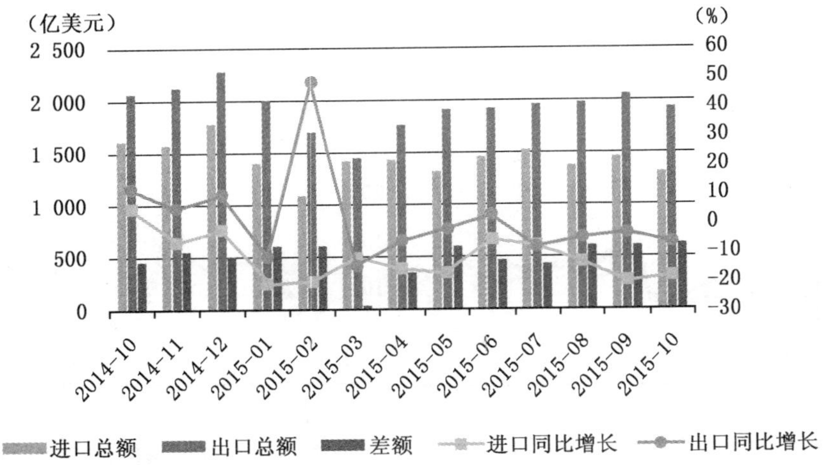

图 1—18　进出口总额及增长率

资料来源:根据国家统计局数据绘制。

从贸易方式看,在进出口总额中,一般贸易方式占比总体呈持续下滑趋势,加工贸易占比在震荡中略有增长。2015 年前三季度,一般贸易平均占比 53%,加工贸易平均占比 32%。10 月份进出口总额中,一般贸易为1 656亿美元,占比 51.2%,较上月下降 2.5 个百分点,连续第 5 个月下滑,达到 2014 年 11 月以来的低谷;加工贸易为1 111亿美元,占比 34.4%,较上月增加 2.9 个百分点。一般贸易出口增速由正转负,一般贸易进口降幅持续扩大,且已连续第 15 个月负增长。

出口方面,海外需求疲软,出口持续下行,在外围经济形势和人民币汇率走势的影响下,负增长态势在短期内难以改善。2015 年前三季度,美国仍为主要出口国,占出口份额比平均为 18%,且比例趋于上升,月度出口同比增长率在 0 上下波动,10 月份增长率由上月的正向增长再次转为负增长,增长率为—1%。欧盟为第二大出口地区,2015 年前三季度出口占比在 15%上下波动,在一季度后期开始趋于平稳,月度同比增长率基本处于负增长状态,10 月份增长率为—3%,降幅略微扩大。中国香港

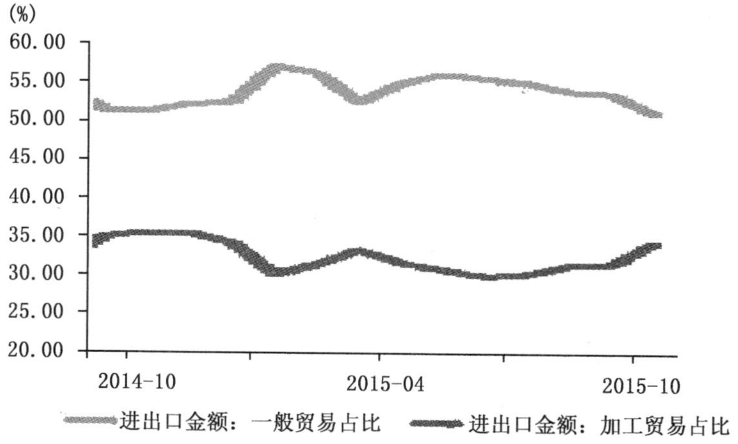

图 1—19 贸易方式占比

资料来源：根据海关总署数据绘制。

为第三大出口地区，2015 年前三季度占比为 13%左右，连续 8 个月处于同比负增长状态，10 月份降幅有所收窄。

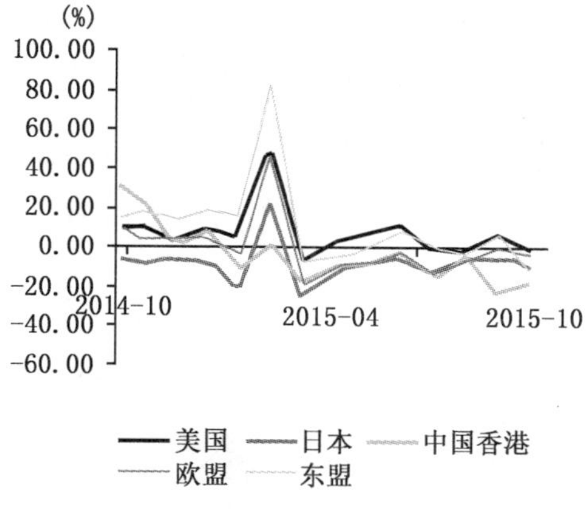

图 1—20 主要国家或地区出口同比增速

资料来源：民族证券。

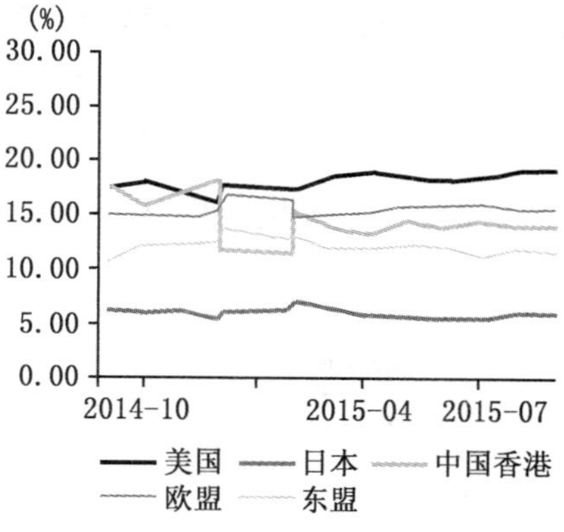

图 1—21 主要国家或地区出口份额

资料来源：民族证券。

从外围环境看，各国和地区 PMI[①] 指数无明显改善，外部需求总体仍在低位徘徊。在主要出口地区中，2015 年前 10 个月，美国和中国香港地区 PMI 指数持续下滑；欧元区制造业、服务业增速均有所回升，但能否有

① PMI 为采购经理指数，指数值 50 为荣枯分水线。当 PMI 大于 50 时，说明经济在发展；当 PMI 小于 50 时，说明经济在衰退。

进一步的增长有待观察;日本基本保持平稳。此外,各国经济政策和货币政策所带来的不确定性依然很大。

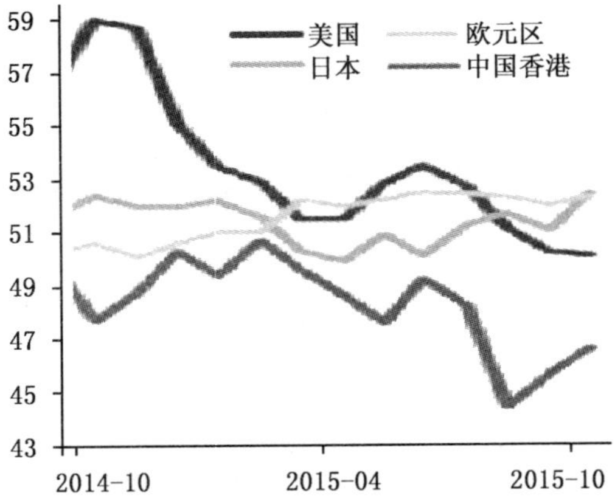

图 1—22 主要出口国或地区 PMI

资料来源:申万宏源研究。

从汇率走势看,人民币兑美元汇率和欧元汇率分别自第三季度和第二季度开始上升,人民币贬值。然而,10 月份人民币汇率小幅回升,人民币兑美元汇率较 9 月末回升 0.6%,而人民币兑欧元大幅回升 2.7%,一定程度上抑制了出口的增长。美联储年底加息预期再度高涨,推升美元,而人民币将大概率维稳,单边贬值可能性不大,汇率对于出口的推动作用较小。

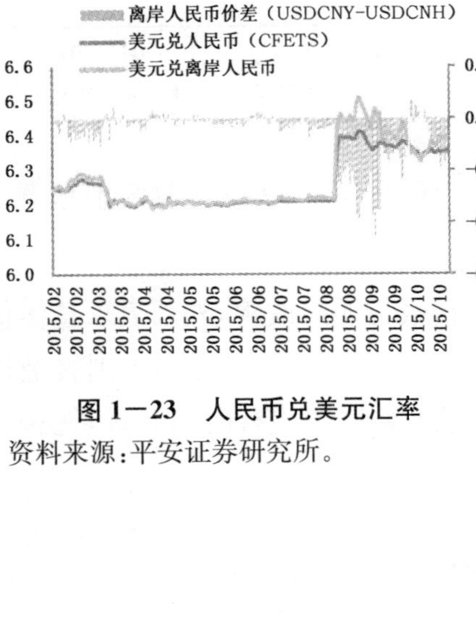

图 1—23 人民币兑美元汇率

资料来源:平安证券研究所。

图 1—24 人民币兑欧元汇率

资料来源:http://www.yinhang.com/Exchange/6_1。

从出口产品来看，工业制成品占出口产品的绝大部分，占出口总额的95%以上，2015 年前三季度除 3 月份外，初级产品出口同比增长率均为负值，工业制成品同比增长率在震荡中下降，到第二季度后呈负增长态势。在工业制成品中，到 9 月末，化学品中的制成肥料，机械及运输设备中的其他运输设备，杂项制品中的活动房屋、卫生、水道、供热及照明装置累计增长率最高，分别为 43.6%、21.4%和 14%；化学品中的初级形状塑料，原材料纸制品中的橡胶制品，机械及运输装备中的办公用机械及自动化设备，杂项制品的累计增长率最低，分别为－13.1%、－13.7%、－12%、－16.1%。10 月份，纺织品、玩具、塑料制品等低端制造业产品以及集成电路、数据处理设备等中高附加值产品出口均出现同比下降，但前者降幅大于后者，显示外需倒逼国内产业升级及低端产业出清的状况。

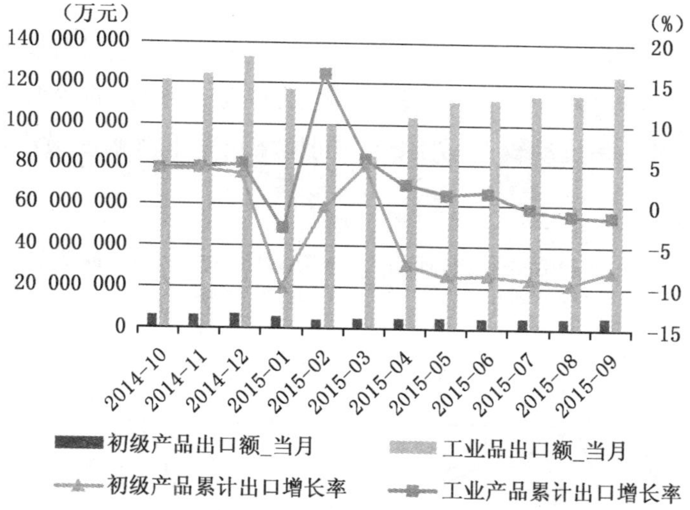

图 1－25　出口产品结构

资料来源：根据海关总署网站数据绘制。

总体而言，出口先导指数环比下滑，负增长态势在短期内难以改善。

进口方面，国内进口需求和商品价格仍然维持低迷。从进口结构来看，大宗商品类原材料占进口的大部分。2015 年前三季度，在大宗商品供需调整尚未结束的情况下，我国进口陷入持续负增长状态，大宗商品价格维持低位对我国进口的负面影响仍在持续。虽然 10 月份进口降幅有所收窄，但短期内进口难以得到切实改善。2015 年前三季度，各地区进

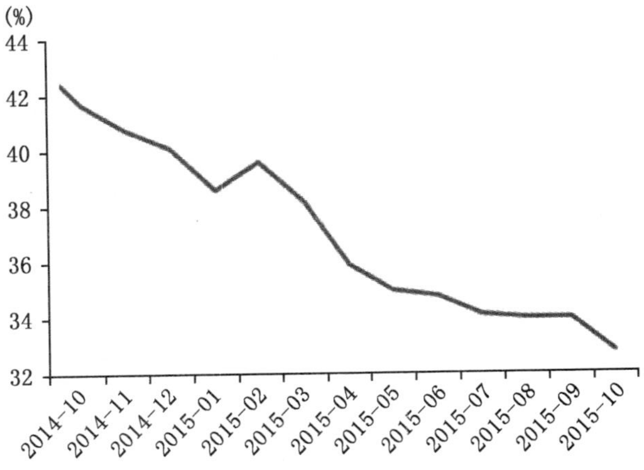

图 1—26 外贸出口先导指数

资料来源:申万宏源研究。

口同比增长率基本处于负增长状态,但主要贸易伙伴进口有所分化,欧盟与日本进口下滑较为平稳,增长率平均维持在－0.2%的较低水平,中国香港进口增长率震动较大,美国进口同比增长率下滑幅度最小,基本在0上下波动。

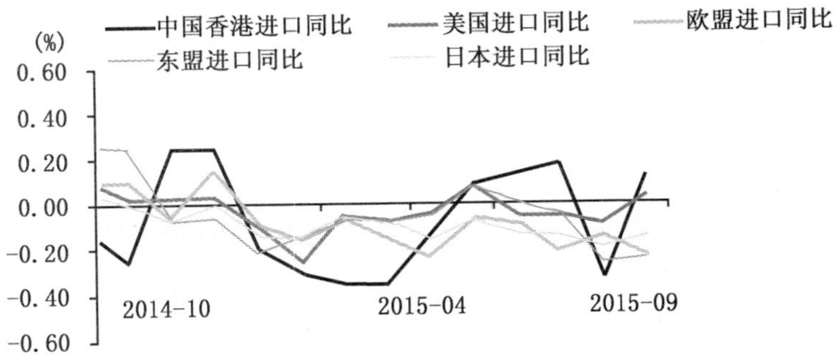

图 1—27 主要国家或地区进口同比增速

资料来源:民族证券。

从进口产品来看,工业制成品占进口产品的大部分,占进口总额的70%左右且比例震荡上升。2015年前三季度,初级产品及工业制成品同比增长率皆为负数,平均增长率分别约为－28%及－9%。在工业制成品中,到9月末,化学品中的香油、精料及光洁用品,制成肥料,杂项制品中的鞋靴累计增长率最高,分别为18.5%、10.2%和19.1%;化学品中的有机化学品，原材料纸制品中的橡胶制品，非金属矿物制品，机械及运输装备中的金工机械，陆路车辆的累计增长率最低，分别为－19.6%、－20.2%、－58.4%、－18%、－21.7%。

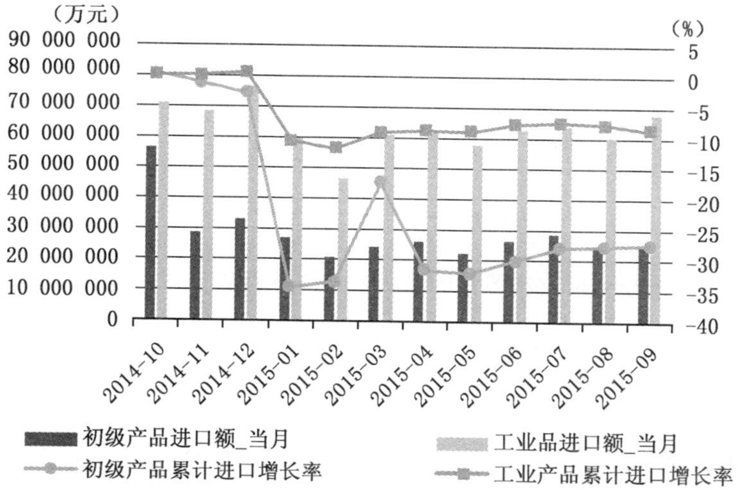

图1—28　进口产品结构

资料来源：根据海关总署网站数据绘制。

1.1.3　产业发展的投资与供给：总投资增长率下滑，企业生产经营面临较大压力

(1)固定资产投资

2015年前10个月，固定资产累计投资增长率保持在10%以上，但总投资额增长率维持加速下滑趋势，10月份单月投资同比增长率为9.3%，投资拉动经济增长效应减弱。1～10月，全国完成固定资产投资(不含农户)447 425亿元，同比增长10.2%。

从投资的产业构成来看，2015年前三季度，第二产业和第三产业投资力度继续增加，但增速不断放缓。第三产业在总投资额中所占比例最大，超过50%，且有不断扩大趋势，10月份累计投资额占比达到56.1%，投资累计同比增长率总体较第二产业高出约3个百分点，在10月份，第三产业投资增长率降至11%。第二产业在总投资额中的比例呈缩小趋势，在10月份，第二产业在累计总投资额中所占比例为41.1%，累计同比增长率降至8%。第一产业投资增长率虽然从第二季度开始扭转下降局面，平均保持在27%的高速累计同比增长率水平上，但在总投资额中

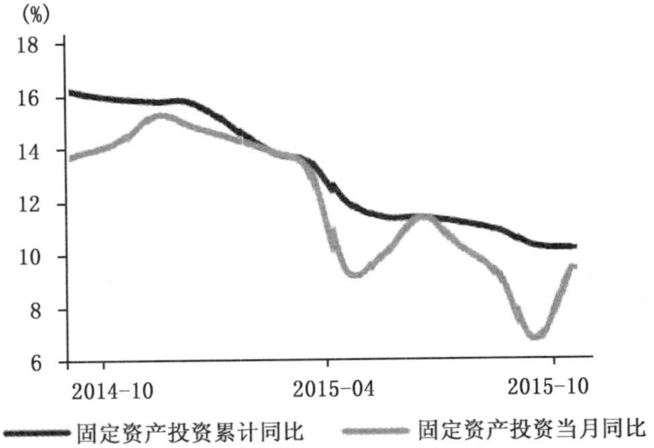

图 1—29 固定资产投资额同比增长率

资料来源:海通证券研究所。

所占的比例仍然很低,10 月份累计投资额比例不足 0.5%。

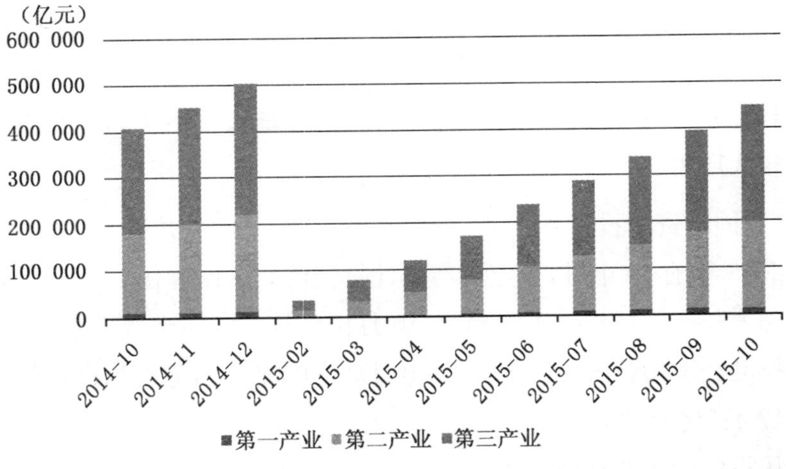

图 1—30 累计固定资产投资额完成情况

资料来源:根据国家统计局数据绘制。

地方项目占固定资产总投资额的绝大部分,超过 95%,且总体呈扩大趋势。2015 年前三季度,地方项目累计同比增长率保持在 10%以上,比中央项目平均高 5~7 个百分点,两者累计同比增长率都呈下滑态势,且中央项目累计同比增长率加速下滑。

在当月同比增长率中,中央项目固定资产投资维持在较低水平,在

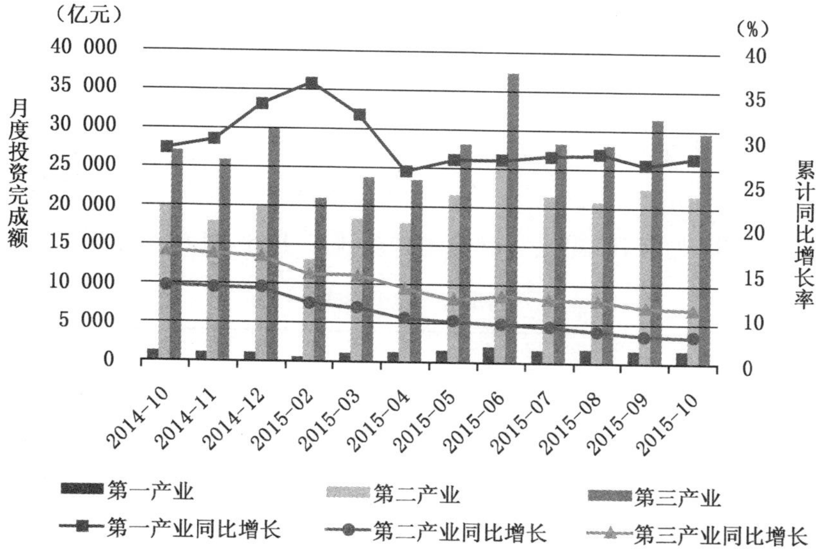

图 1—31　当月固定资产投资额及累计同比增长率

资料来源:根据国家统计局数据绘制。

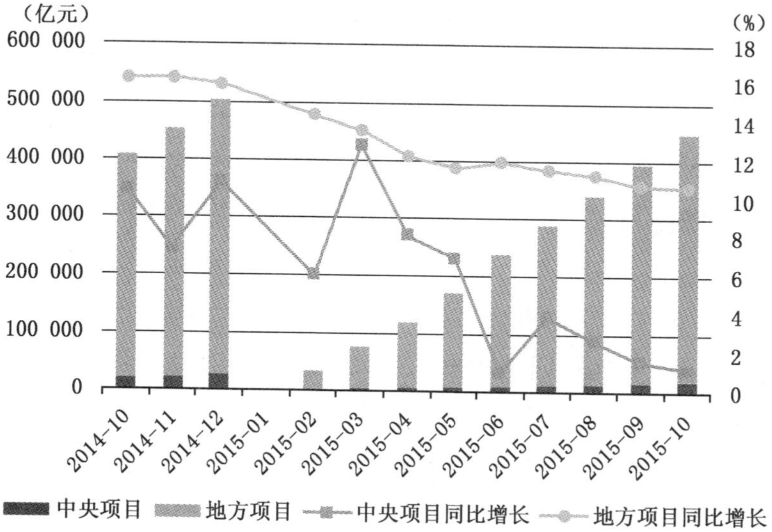

图 1—32　中央和地方项目固定投资当月同比增速

资料来源:海通证券研究所。

0 左右震荡,地方项目固定资产投资从 2015 年 1 月的 18%持续下降至 10 月的 10%。10 月份,中央、地方项目投资增速均有所回升。中央项目投资由9月的−3.7%回升至−1.8%,地方项目投资由9月的7.4%回升至10.0%。

从固定资产投资的形式来看,到2015年第三季度末,新建、扩建、改建的投资分别为205 176亿元、47 484亿元和55 712亿元,其中,新建投资占固定资产投资的绝大部分。在三种形式的投资中,新建与扩建的同比增长率呈下降趋势,改建投资同比增长率不断上升,且在三者中最高。

表1−1 **固定资产投资形式**

指标 时间	投资额(亿元)			同比增长率(%)		
	新建	扩建	改建	新建	扩建	改建
2015−03	38 421	9 392	10 294	13.6	16.2	16.5
2015−09	205 176	47 484	55 712	10.2	11.1	18.6

资料来源:根据慧博智能策略宏观数据制成。

在投资使用方面,建筑安装工程占固定资产总投资的绝大部分。到2015年第三季度末,建筑安装工程费、设备及工器具购置费和其他费用分别为274 265.63亿元、75 382亿元、44 883.41亿元。其中,比例最大且同比增长率最高的建筑安装工程费同比增速不断下降至11.7%,设备及工器具购置费维持在8%~10%。

在资金来源方面,2015年,固定资产投资资金来源总体同比增长率较为稳定,维持在6%~7%之间,1~10月份,全国投资到位资金471 059亿元,同比增长7.3%,投资资金不足制约有所改善。资金来源仍然以自筹资金为主,占比在70%上下浮动,同比增长率由2014年12月的14.4%连续下滑至2015年10月的8.2%。第二大资金来源为国内贷款,总体占比在11%左右,同比增长率大大低于2014年平均水平,基本维持在负增长状态。自第二季度开始,预算内资金同比增长率不断上升,至10月达到20.5%。而外资利用水平大幅下降,基本维持−25%以下的负增长。

分项来看,在基础投资、制造业投资和房地产投资三大类投资中,1~10月基建投资完成额103 843亿元,同比增速为17.39%,其中铁路运输业投资增速为8.36%;制造业投资同比增速为8.3%;房地产投资完成额78 801亿元,同比增速为2.05%。各项当月同比增长率均出现不同幅度的下滑,房地产投资下滑幅度最大,8月开始当月同比增长率出现负

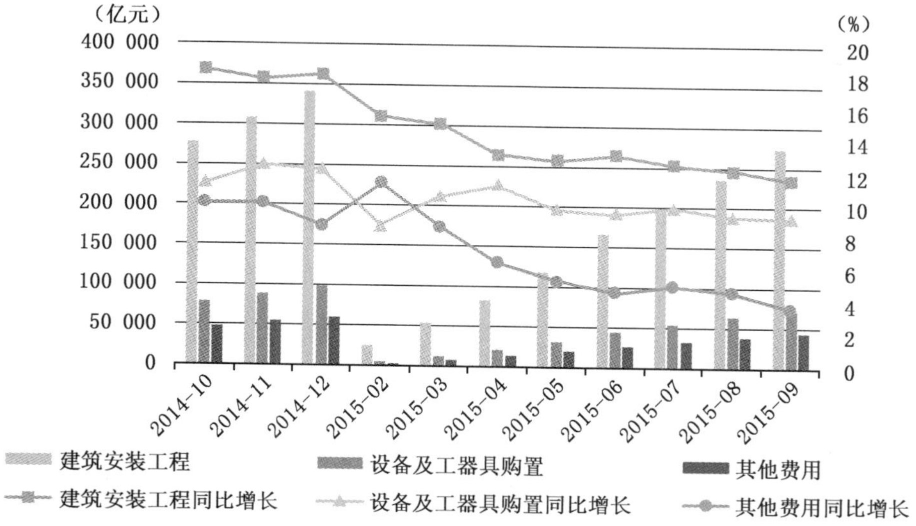

图1—33　累计固定资产投资使用情况

资料来源：根据慧博智能策略宏观数据绘制。

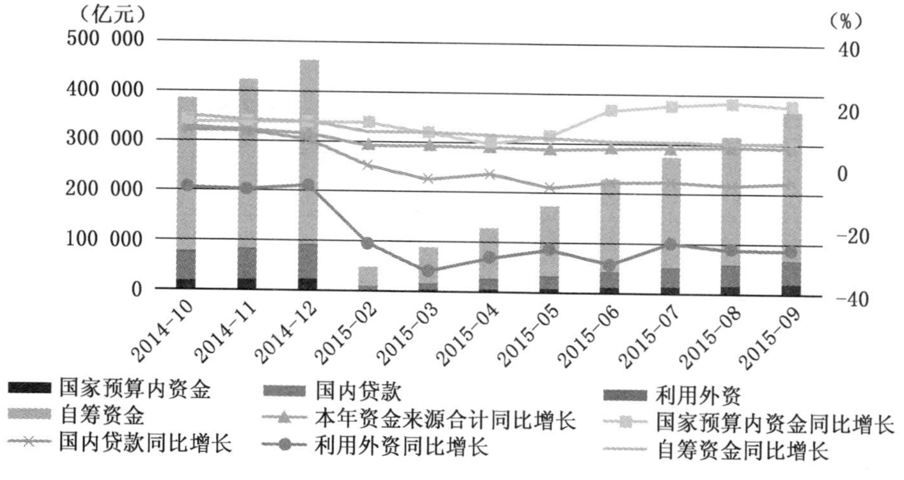

图1—34　固定资产投资资金来源

资料来源：根据慧博智能策略宏观数据绘制。

值；基础设施投资和制造业分别维持在15%以上和10%左右的当月同比增速。

2015年前10个月，基建投资同比增速在震荡中下滑，10月份继续下滑至12.9%，但总体仍然维持较高增长率。其中，水利环保市政占基建

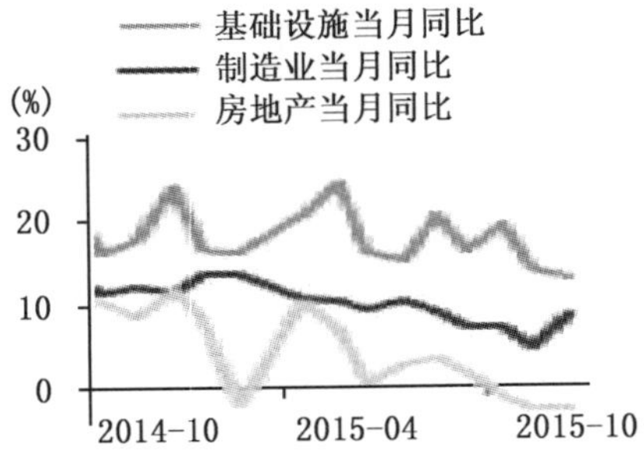

图 1—35　三类投资当月同比增速

资料来源：申万宏源研究。

投资额最大，波动幅度也较大，其当月同比增长率在 10%～30%浮动；电力热力燃气水当月同比增速在波动中下降；交运仓储邮政增速从第三季度开始持续下降。10 月份基建投资出现环比下降，资金来源不足仍是制约基建发力的主因。

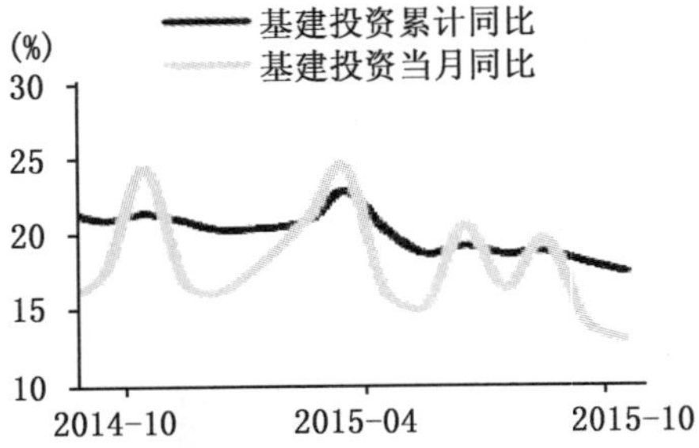

图 1—36　基建投资增速

资料来源：海通证券研究所。

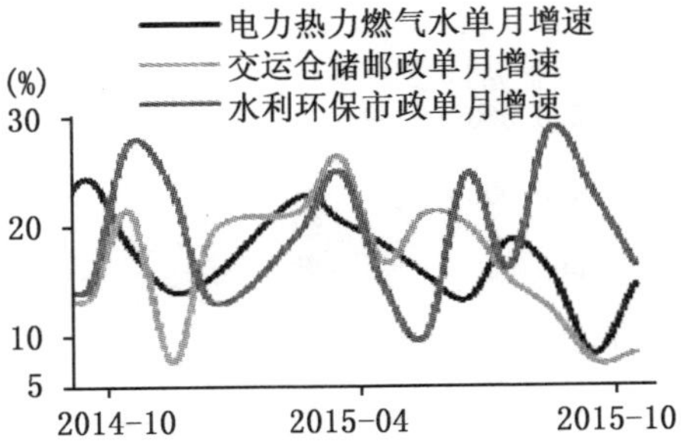

图 1—37　基建分类投资当月增速

资料来源：海通证券研究所。

在制造业中，2015 年前三季度投资同比增长率下滑趋势明显，当月同比负增长状态持续。1～10 月固定资产投资累计同比增速下滑至 8.1%。从细分行业看，偏上游原材料的非金属矿、黑色金属投资增速处于较低水平，而偏中游加工组装的专用设备投资增长率较高，受需求影响，专用设备、铁路船舶航空航天、电器机械等行业投资增速下滑。生活必需品中的电力和热力生产供应同比增长率仍然较高。

在房地产投资方面，住房投资占房地产投资的绝大部分，受住房需求影响，2015 年房地产投资增长率大幅下降，到 10 月底，房地产投资累计同比增长率下滑至 2%。住宅类房地产投资增长率持续从 2014 年底的

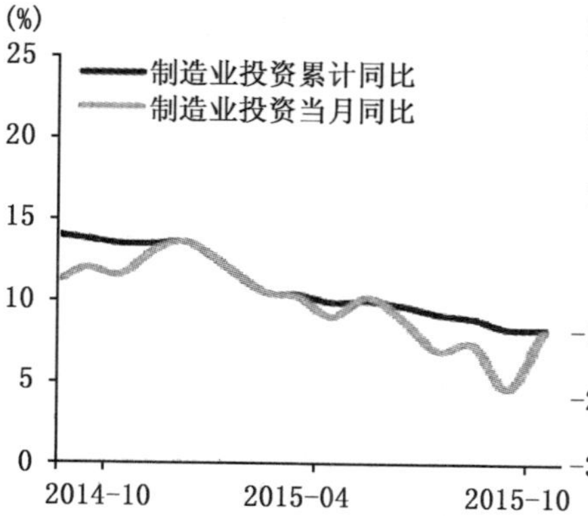

图 1—38　制造业投资增速

资料来源:海通证券研究所。

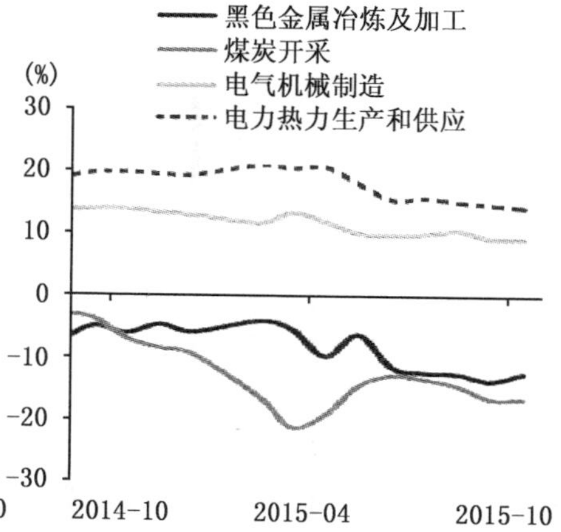

图 1—39　部分制造业行业投资增速

资料来源:海通证券研究所。

10.5%降至 2015 年 10 月底的 1.3%。此外,办公楼和商业营业地产投资额同比增长率也呈持续下降趋势,其中商业营业地产增速降幅较大。此外,从 2014 年第四季度开始,房地产新开工面积同比增长率持续为负值,竣工面积累计同比增长率也从 2015 年第一季度开始由正转负,施工面积累计同比增长率加速下滑。10 月底,土地购置面积(—34%)和购置金额增速(—25%)维持在历史低位。

服务业投资同比增长率下滑,但整体维持较高增速。在主要服务业中,教育、文化体育娱乐、卫生和社会工作投资增长率均微幅下滑,整体表现不温不火,文化体育娱乐业投资增速最小,卫生和社会工作投资增速最大。

(2)工业企业经营状况

从供给的微观层面看,2015 年前三季度,工业企业利润总额增长率大幅下降,9 月整体工业企业利润同比增速为 0.9%,企业过冬模式仍将继续,产业增长动力仍然不足。工业企业总体主营业务收入和成本当月同比增长率均维持在 2%左右,月度利润增长率波动幅度较大,累计同比利润增长率维持在—5%～—1%,企业生产经营面临较大压力。

在上中下游工业企业中,上游行业利润率和主营业务增长率下降最快,其利润增长率从 2014 年 9 月的 10%降至 2015 年 9 月的 6%,其中,子行业石油和天然气开采主营业务收入同比增长率降幅最大,大于

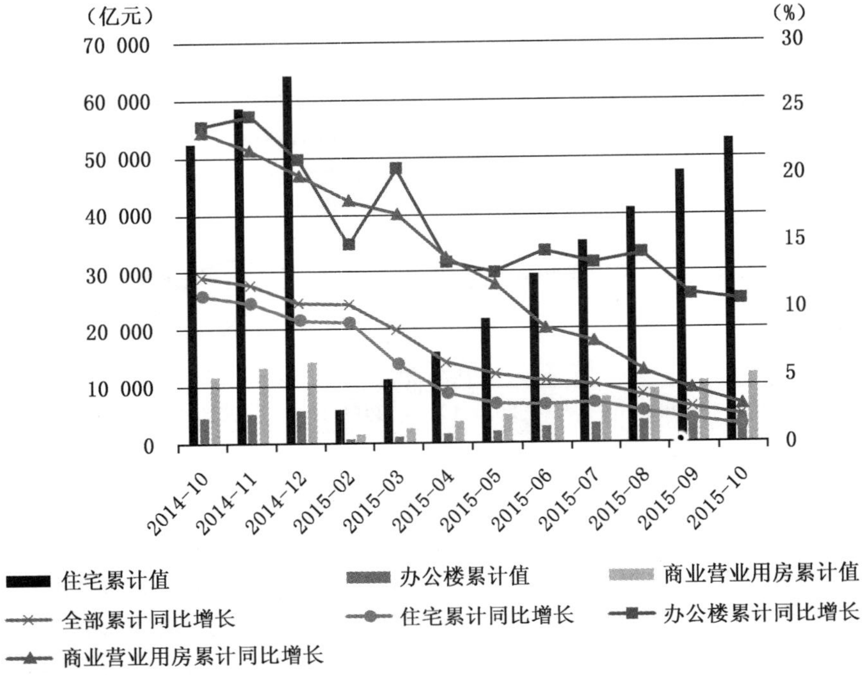

图 1—40　三类房地产投资当月同比增速

资料来源:根据国家统计局数据绘制。

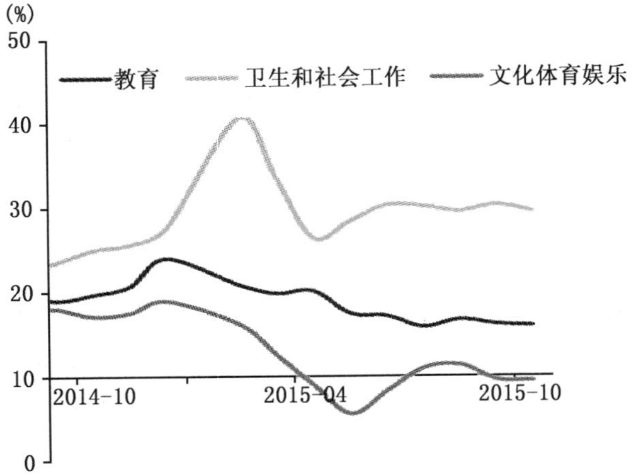

图 1—41　主要服务业投资同比增速

资料来源:海通证券研究所。

－30％。中游行业和下游行业的利润率分别基本维持在 5％～6％及 7％～8％之间，7～8 月原材料价格的大幅下降对中游和下游行业利润率有所提振。中游行业中的石油加工、炼焦和核燃料加工，黑色金属冶炼和压延加工业主营业务增长率均在－10％以下。

2015 年 8 月份，在主要工业行业中，计算机、通信和其他电子设备制造业新增利润最多，总额接近 400 亿元；食品制造业利润较少，总额约为 100 亿元。第三季度末，汽车制造、水供应、木材加工和家具制造、医药制造以及计算机和通信设备等行业营业收入增速上升最为显著。同时，汽车制造、文化和娱乐用品、石油炼焦、化学产品、水供应、医药制造以及计算机和通信设备等行业的利润率有所增加。

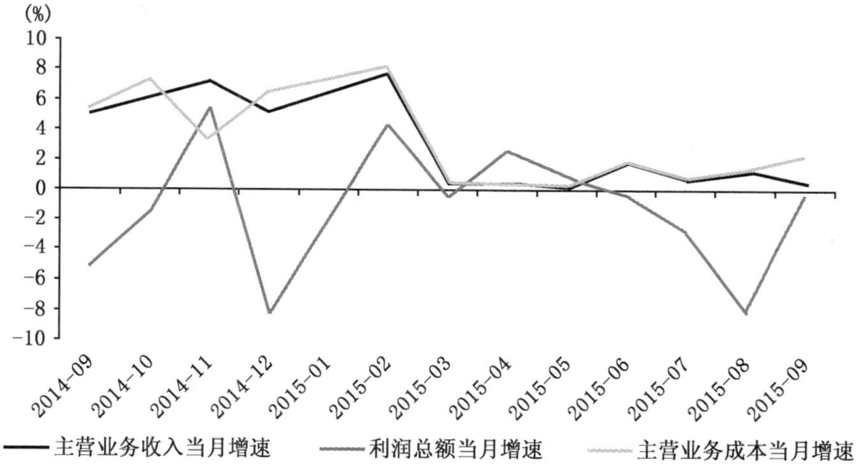

图 1—42 主要利润指标当月增速

资料来源：申万宏源研究。

总体而言，工业企业月亏损额增长率继续攀升，到第三季度末达到 30％。库存同比增长进一步放缓，库存销售比小幅走低，去库存取得一定成效，但库存与年化利润比持续升高，利润质量持续下降。

2015 年前三季度，工业企业的资产负债率持续下降，长期资本比率上升，但应收账款比率上升，流动资产比率下降，企业现金流状况持续恶化。企业资金状况总体趋紧，生产经营面临较大的不确定性。

总体而言，就产业供给的微观基础来看，我国 2015 年产业总体发展形势不容乐观。

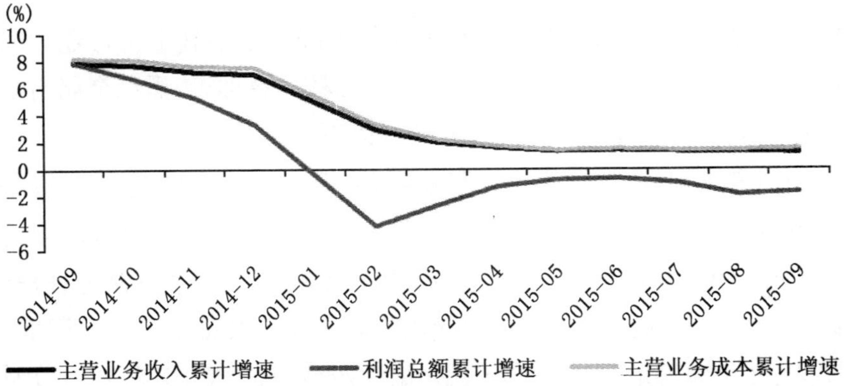

图 1—43　主要利润指标累计增速

资料来源:申万宏源研究。

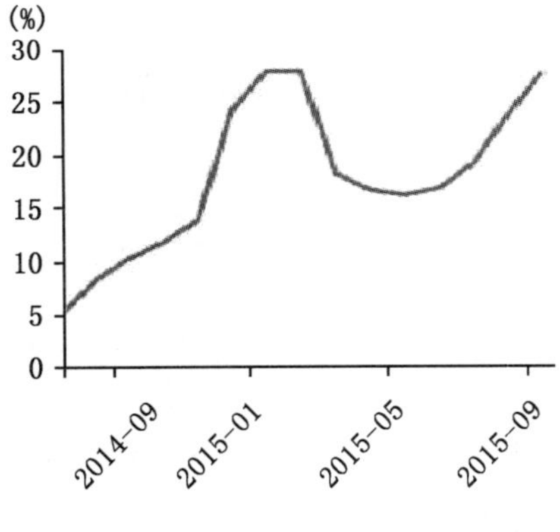

图 1—44　工业企业亏损额累计同比增速

资料来源:中金公司研究部。

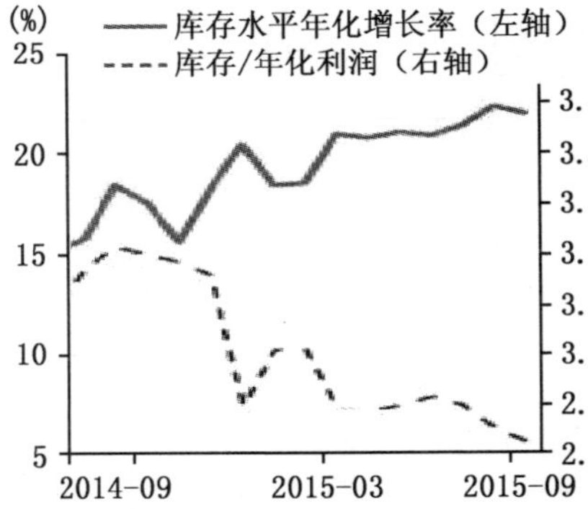

图 1—45　库存水平(季调后)

资料来源:中金公司研究部。

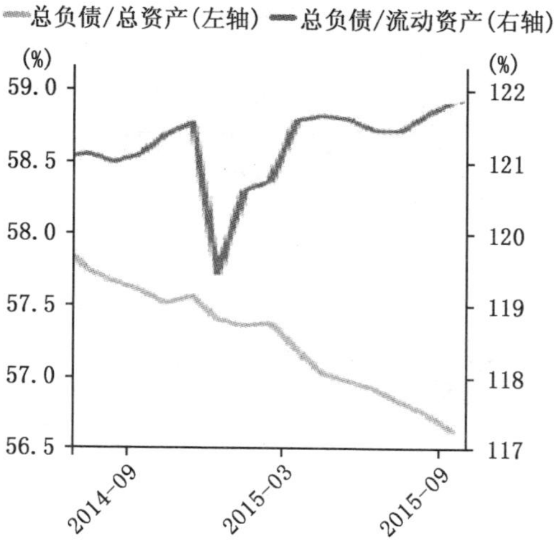

图1—46 工业企业负债率(季调后)

资料来源:中金公司研究部。

1.2 我国现有三次产业结构情况和特征

1.2.1 三次产业结构总体情况

(1)工业持续低迷,结构调整继续深化

2014年第四季度以来,工业增加值同比增长率持续下降。工业生产和投资增速延续下滑态势,10月份同比增长率达到极低值5.6%,而环比增速较上月有所上升,经济短期触底企稳迹象有所显现。在工业增加值同比增长率中,私营企业和股份制企业的工业增加值同比增长率高于国企。

制造业经理采购指数近一年来持续地在临界值50%左右波动,表明我国制造业总体发展持续低迷。同时,实体经济价格持续下跌,工业品通缩压力持续。

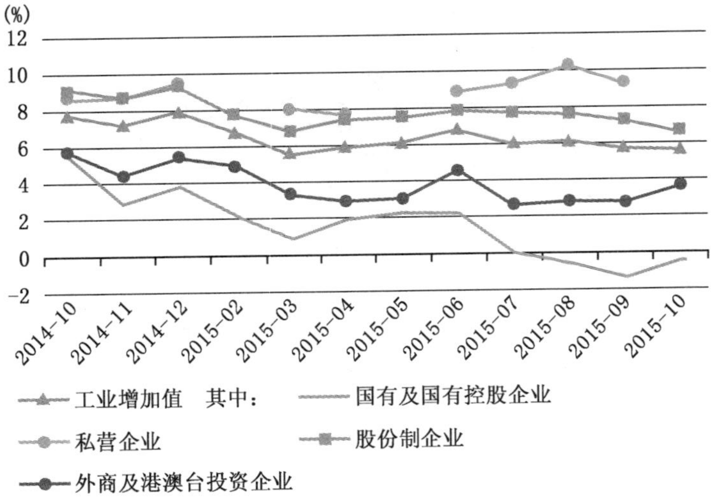

图 1—47 工业增加值月度同比增长率

资料来源:根据国家统计局数据绘制。

表 1—2 2014 年第四季度至 2015 年 10 月各月制造业 PMI 值

时间	2014—10	2014—11	2014—12	2015—1	2015—2	2015—3	2015—4
数值	50.8	50.3	50.1	49.8	49.9	50.1	50.1
时间	2015—5	2015—6	2015—7	2015—8	2015—9	2015—10	
数值	50.2	50.2	50	49.7	49.8	49.8	

资料来源:根据国家统计局网站制成。

主要工业品产量增速普遍下滑。发电量、粗钢、水泥等工业产品 1~10 月累计同比增长率为负值;乙烯、有色金属增长率总体呈下降趋势;由于政策影响,汽车在维持较长时间负增长后大幅回升,由负转正。

分行业来看,原材料工业增加值普遍下滑,同比增长率在 5%以下,如电力热力、采矿业等;加工组装同比增长率居中,在 5%~10%,如汽车、纺织等;消费工业品工业增加值同比增长率较高,如化学制品、医药等,同比增长率在 10%以上。

尽管总体工业形势仍不容乐观,但工业的结构性改善进一步深化。

首先,在工业增加值构成方面,从三大行业门类来看,采矿业继续快速下滑,10 月份同比增长率创近些年来的最低值;制造业同比增速降幅收窄,趋于平稳,出口产品比例中工业制成品比例持续提升,表明制造业

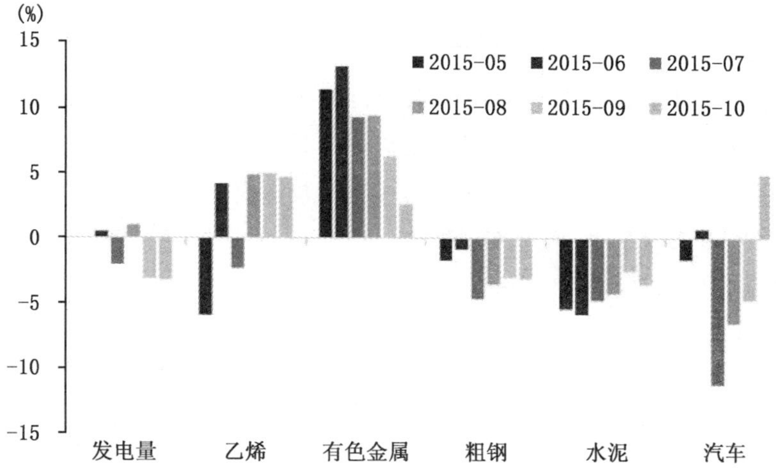

图1—48 主要工业品产量增速

资料来源:海通证券研究所。

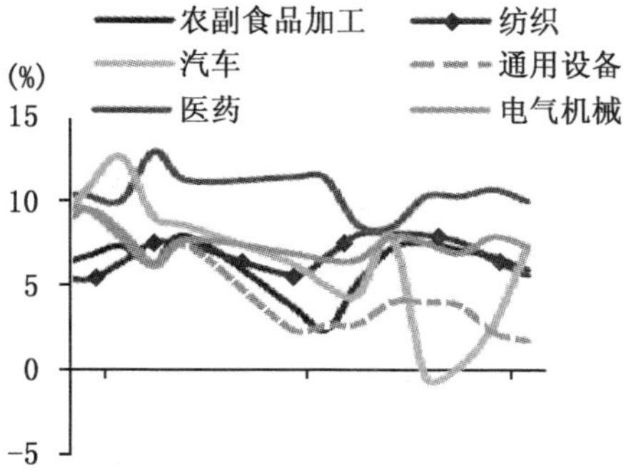

图1—49 部分工业行业增加值增速

资料来源:海通证券研究所。

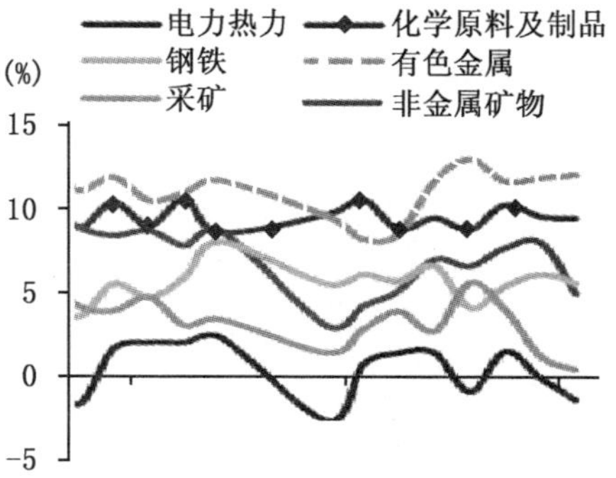

图1—50 部分行业工业增加值增速

资料来源:海通证券研究所。

被动转型及部分过剩产能市场出清可能已经见底;受季节性因素影响,水电燃气生产及供应业同比下滑。

从细分行业来看,高能耗产业如煤炭业、采矿业、汽车业、专用设备制造业、通用设备制造业、电力热力生产供应业等行业的月度平均增长率低于4%;而技术密集型产业如废弃资源综合利用业,计算机、通信和其他电子设备制造业,化学原料和化学制品制造业,医药制造业,及教育、文化、体育用品制造业等低耗能高附加值行业的月度平均增长率高于9%,表现出良好的发展态势。

高技术产业整体呈现出比工业总体更高的成长率。表1—3分别给出了我国2014年第四季度至2015年10月的高新技术行业与整体工业增加值的累计同比增速的对比。表中行业1至行业9分别对应化学原料及化学制品制造业,医药制造业,化学纤维制造业,橡胶和塑料制品业,通用设备制造业,专用设备制造业,电气机械及器材制造业,计算机、通信和其他电子设备制造业,仪器仪表制造业。

然而,值得注意的是,传统高耗能及低附加值产业仍占总工业的主导部分。未来结构优化的空间仍然巨大。

表1—3　　高技术产业与工业总体增速比较

	行业1	行业2	行业3	行业4	行业5	行业6	行业7	行业8	行业9	工业总体
2014—10	9	10	8.9	7.7	7.8	3.5	8.2	12.2	7.3	7.7
2014—11	10.6	12.9	11	8.1	6.1	5.4	6.3	12.6	9.6	7.2
2014—12	8.6	11.2	10.2	8	7.3	3.8	7.7	14.3	7.2	7.9
2015—03	9.7	11.4	11	7.7	2.4	−0.2	6.9	12.3	7.9	5.6
2015—04	10.6	11.4	13.8	7.2	2.6	2.4	6.5	10.2	6.6	5.9
2015—05	8.8	8.6	14.4	8.6	2.7	3.1	6.5	9.9	3.8	6.1
2015—06	9.5	8.5	12.4	9.4	4	4.9	7.9	9.2	6.8	6.8
2015—07	8.8	10.3	7.6	10.3	4	4.8	7.5	9.4	5.4	6
2015—08	10.3	10.3	8.5	9.9	3.8	5.2	6.9	11.1	4.3	6.1
2015—09	9.6	10.7	12.2	9	2.2	3.8	7.9	10.5	4.1	5.7
2015—10	9.5	10	10.6	7.2	1.7	4.6	7.3	11.7	4.2	5.6

资料来源:根据国家统计局网站数据制成。

其次,在工业固定资产投资方面,技术密集型行业的投资同比增长率高于制造业整体投资水平。一是装备制造业投资增速提高,1～10月份,装备制造业累计投资59 480亿元,同比增长10.4%,增速比全部制造业投资增速高2.1个百分点。二是高技术制造业投资增速提高。1～10月份,高技术制造业投资16 211亿元,同比增长12.6%,比全部制造业投资增速高4.3个百分点。

(2)第三产业整体略升,在国民经济中比重提高

相比于工业和农业,第三产业2015年总体维持较高增长速度,同比增长率在8%以上。到第三季度末,第三产业累计对国民经济的贡献超过50%。

从产业构成来看，批发与零售业，金融业，房地产业，交通运输、仓储和邮政业，住宿和餐饮业为服务业中的五大行业。其中，批发与零售业占比最大，到 2015 年第三季度，行业累计增加值分别为47 689.5亿元和42 606.6亿元，分别占第三产业增加值的 19.02%和 16.99%。五大行业中住宿和餐饮业总体规模最小，各季度平均增加值为2 978.3亿元，到第三季度末，累计占第三产业总增加值的 3.49%。

表 1—4　　第三产业中各行业当季占比

	2014 年四季度	2015 年一季度	2015 年二季度	2015 年三季度
批发和零售业	21.15%	18.77%	18.97%	19.30%
交通运输、仓储和邮政业	9.44%	8.42%	9.17%	9.27%
住宿和餐饮业	3.87%	3.51%	3.33%	3.64%
金融业	14.76%	17.49%	17.06%	16.44%
房地产业	13.08%	11.40%	12.14%	12.15%
其他行业	37.69%	40.40%	39.33%	39.21%

资料来源：根据国家统计局网站数据制成。

表 1—5　　第三产业中各行业累计占比

	2014 年四季度	2015 年一季度	2015 年二季度	2015 年三季度
批发和零售业	20.33%	18.77%	18.87%	19.02%
交通运输、仓储和邮政业	9.39%	8.42%	8.80%	8.96%
住宿和餐饮业	3.66%	3.51%	3.42%	3.49%
金融业	15.22%	17.49%	17.27%	16.99%
房地产业	12.47%	11.40%	11.78%	11.90%
其他行业	38.93%	40.40%	39.86%	39.64%

资料来源：根据国家统计局网站数据制成。

从细分行业来看，商品零售增加值 2015 年月度环比持续增加，从 3 月末的20 343.8亿元增长至 9 月的22 549.3亿元。1～9 月，商品零售累计增加值193 009.4亿元。同比增长率虽然略低于 2014 年增长水平，但仍维持在 10%以上的高速增长水平，且较为稳定。

金融业季度增长值较为稳定，基本在14 200亿元左右，2015 年 1～9 月份累计增加值为42 602.6亿元，基本维持在 15%以上的高增长水平，远

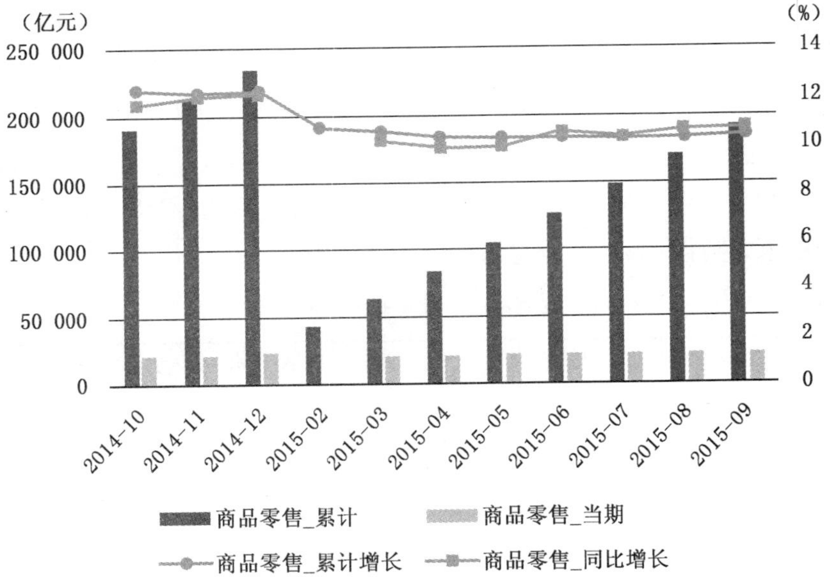

图 1—51 批发零售业—商品零售增加值与同比增长率

资料来源:根据国家统计局网站数据绘制。

高于 2014 年的同期值(9%~10%)。在五大类服务业中增速最高,成为拉动服务业增长的强大动力。

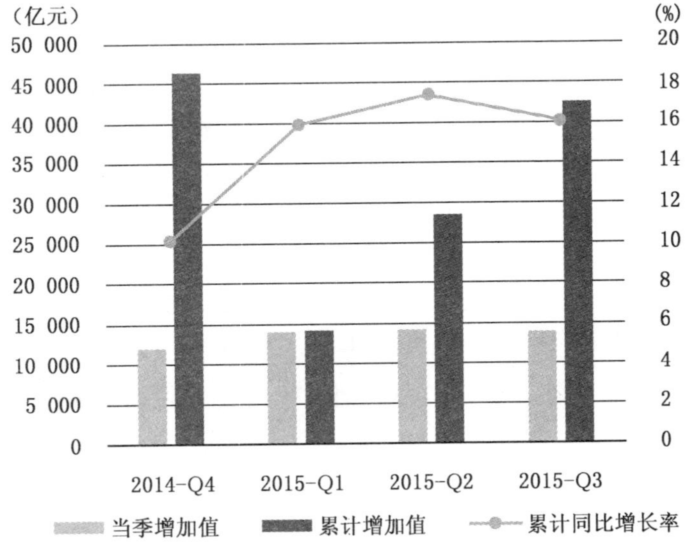

图 1—52 金融业增加值与同比增长率

资料来源:根据国家统计局网站数据绘制。

2015 年,房地产行业增加值环比增长,当季增加值从一季度的9 263.2亿元增长至三季度的10 409.4亿元,到 2015 年第三季度,累计增加值为29 847.9亿元。同比增长率低于 5%,在服务业中处于较低水平,但处于不断增长态势。在需求有限与房地产企业投资增长率不断减小的情况下,预计房地产行业在未来将保持平稳态势。

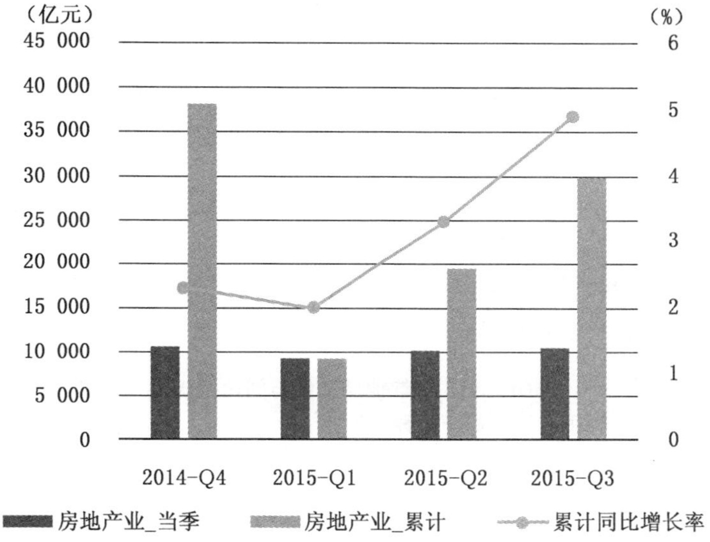

图 1—53 房地产业增加值与同比增长率

资料来源:根据国家统计局网站数据绘制。

餐饮业继续平稳发展。环比略有增长,单月增加值从 2015 年 3 月的2 379亿元增加至 9 月的2 721.3亿元。同比增长率保持在较高水平,当月同比增长基本在 12%以上,累计同比增长率在 11%以上,且总体增长率水平高于 2014 年。随着居民生活方式与消费结构的变化,预计餐饮业将在未来继续维持高速增长态势。

交通运输业总体增长率较低。除 3 月份出现大幅下降外,当月同比增长率基本维持在 3%~4%,月度货运总量在230 000万~410 000万吨,2015 年 1~9 月份,累计货运总量在3 300 000万吨左右。

从运输方式上看,公路运输占总货运量的绝大部分,超过 70%。其次是铁路运输和水路运输,航空运输所占比例最小。不同运输方式呈现出不同增长态势:铁路运输全年增长率在 0 以下,持续负增长,且降幅不断扩大,9 月末累计同比增长率已降至—11.4%;公路运输和民航运输增

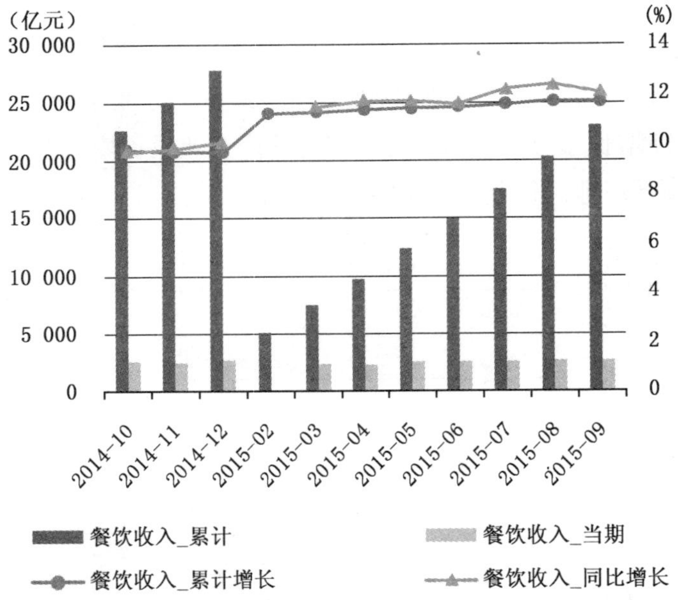

图 1—54　餐饮业增加值与同比增长率

资料来源:根据国家统计局网站数据绘制。

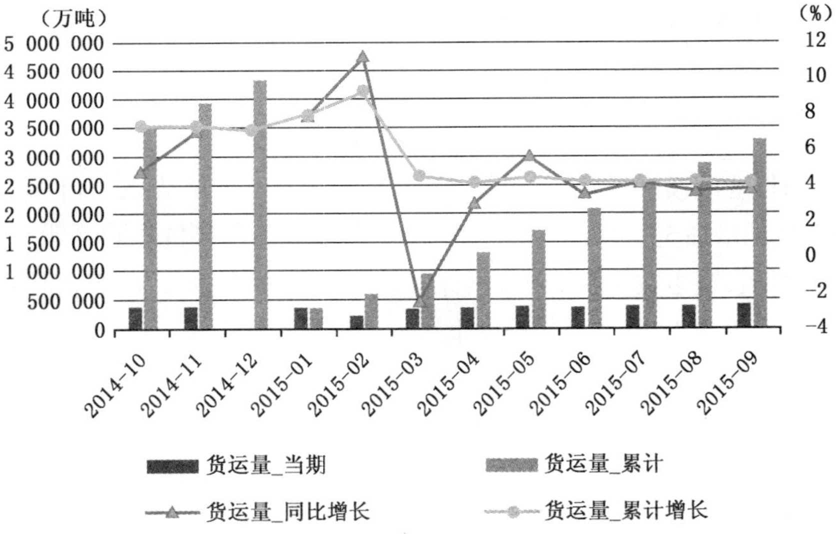

图 1—55　交通运输业货运量与同比增长率

资料来源:根据国家统计局网站数据绘制。

长率最高,基本保持 5%以上的累计增速。

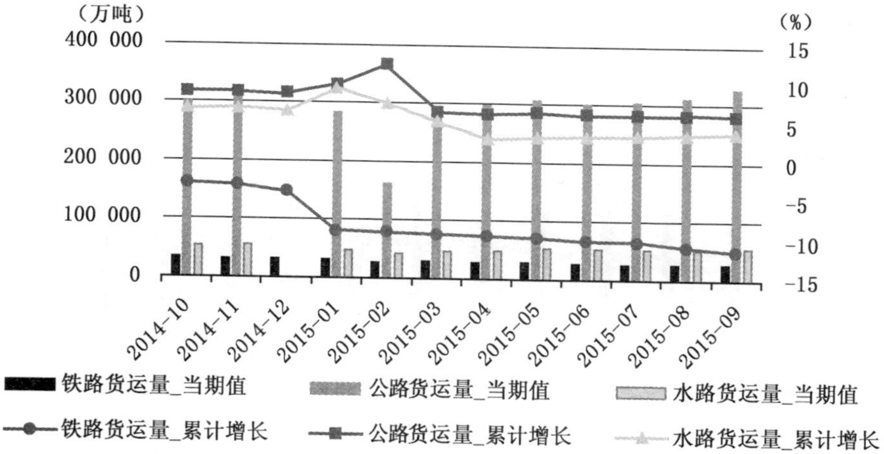

图 1－56　铁路、公路、水运货运量与同比增长率

资料来源：根据国家统计局网站数据绘制。

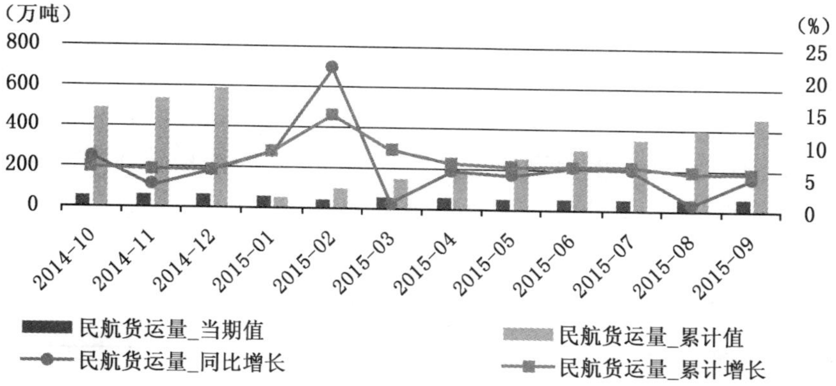

图 1－57　民航货运量与同比增长率

资料来源：根据国家统计局网站数据绘制。

与货运情况相同，2015 年，客运量中公路运输占比最大，超过 80%，其次是铁路运输。不同的是，水路客运占比最小；民航客运增速最快，同比增长率在 10%以上；铁路客运到 9 月底累计同比增长率为 9.8%；公路客运量增长率最低，基本在 1%以下。

邮电行业是服务业中增长最快的行业。在邮电大类行业中，主要包括邮政行业和电信行业两个子行业，其中，电信业增加值占主要部分，超过 70%。2015 年 1～8 月份，邮电行业总增加值为17 515.3亿元，且保持在20%～30%的高同比增长率。邮政业增长率高出电信业增长率8～10个百分点,累计增长率保持在30%以上。

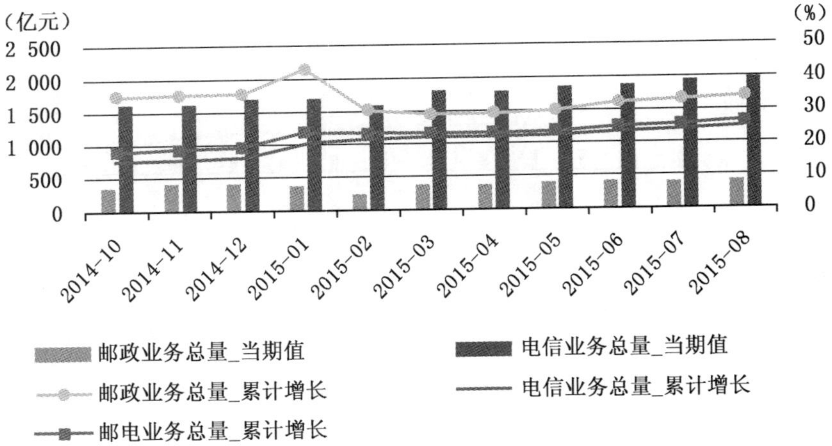

图1—58 邮电业增加值与同比增长率

资料来源:根据国家统计局网站数据绘制。

(3)第一产业低速增长,农业企业利润率持续较低

第一产业2014年四季度至2015年三季度同比增速维持在3%～4%,2015年前三季度第一产业累计增加值为39 195亿元。在第一产业各行业中,农业所占比重最大,超过50%;其次是畜牧业。

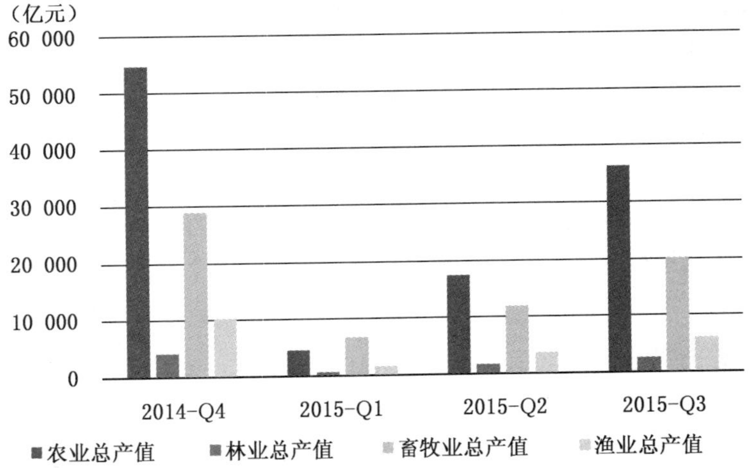

图1—59 第一产业产值

资料来源:根据国家统计局网站数据绘制。

从农业企业来看，收入同比增长率基本维持在 0 左右，利润率同比增长率在 0 上下浮动，波动幅度较大。2015 年前三季度，上市农业企业实现营业收入2 136亿元，收入维持 0 增长；实现净利润 22.6 亿元，同比下滑 9%。在子行业中，饲料业和养殖业对农业企业的影响较大。

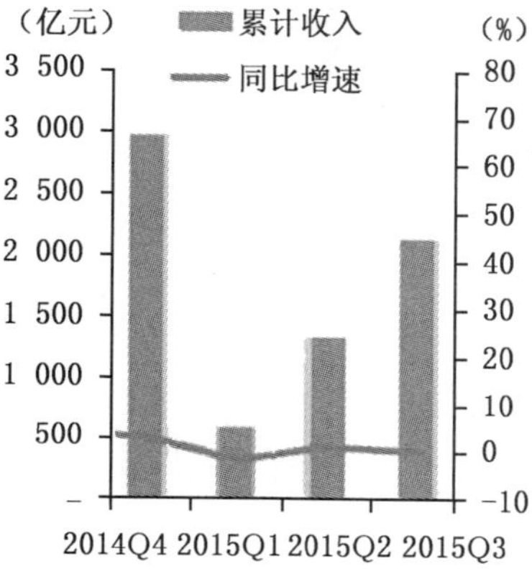

图 1—60　上市农业企业收入情况

资料来源：兴业证券。

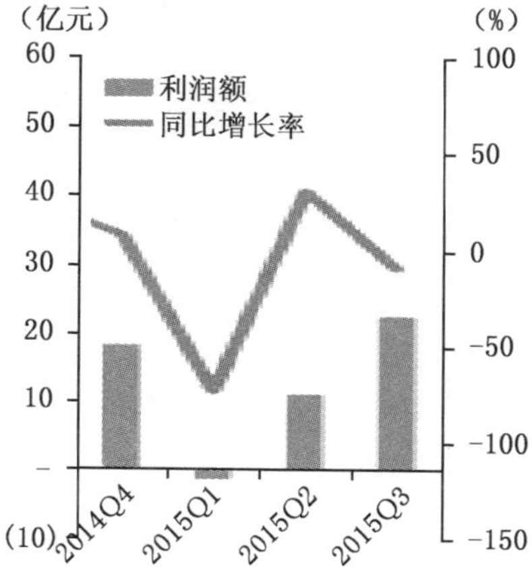

图 1—61　上市农业企业利润情况

资料来源：兴业证券。

1.2.2　我国现有产业结构的主要特征

综观 2014 年第四季度至 2015 年第三季度我国一、二、三次产业的总体情况与消费、投资、进出口数据，这一期间，我国产业发展呈现出如下特征：

(1)传统产业是我国经济构成中的重要部分

2014 年，在各大类产业中，工业增加值比例最大，占 36%；交通运输、仓储和邮政业增加值比例最小，占 5%。在这些行业中，批发零售，交通运输、仓储和邮政，农林牧渔等非技术密集型传统行业合占 32%；而在房地产和工业中，传统劳动密集型、资源依赖型行业也占很大比例。

从规模以上工业企业的销售来看，传统基于原材料加工的制造业占绝大部分比例，其中基于矿产品的采掘和加工业占比超过 20%(包括黑色金属冶炼和压延加工业，有色金属冶炼和压延加工业，非金属矿物制品业，煤炭开采和洗选业，石油和天然气开采业，石油加工、炼焦和核燃料加工业，黑色金属矿采选业，有色金属矿采选业，非金属矿采选业，燃气生产

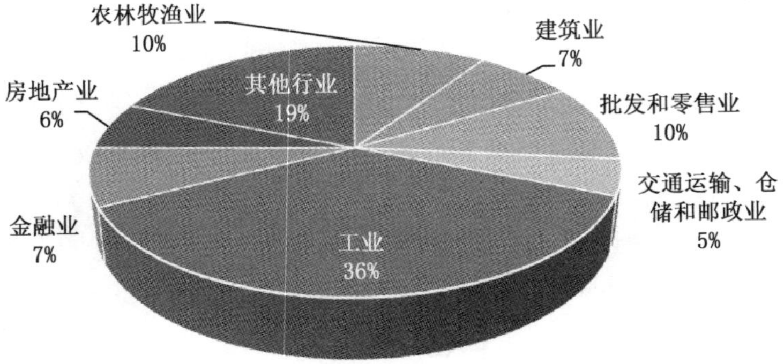

图 1—62　2014 年各行业增加值构成

资料来源:根据国家统计局网站数据绘制。

和供应业,开采辅助活动等行业),农副食品加工占比为 5.57%,纺织业占比为 3.36%。而技术密集型、知识密集型的高科技行业比例较低。

表 1—6　　2014 年按行业分规模以上工业企业销售额比例

行　业	占比(%)	行　业	占比(%)
黑色金属冶炼和压延加工业	6.71	石油和天然气开采业	1.03
汽车制造业	6.13	黑色金属矿采选业	0.84
电气机械和器材制造业	6.05	烟草制品业	0.81
农副食品加工业	5.75	仪器仪表制造业	0.75
非金属矿物制品业	5.19	家具制造业	0.66
电力、热力生产和供应业	5.15	化学纤维制造业	0.65
有色金属冶炼和压延加工业	4.64	印刷和记录媒介复制业	0.61
通用设备制造业	4.25	有色金属矿采选业	0.57
石油加工、炼焦和核燃料加工业	3.71	非金属矿采选业	0.48
纺织业	3.46	燃气生产和供应业	0.47
金属制品业	3.29	其他制造业	0.23
专用设备制造业	3.15	开采辅助活动	0.19
煤炭开采和洗选业	2.74	水的生产和供应业	0.15
橡胶和塑料制品业	2.70	金属制品、机械和设备修理业	0.08
纺织服装、服饰业	1.90	其他采矿业	0.00
食品制造业	1.84	计算机、通信和其他电子设备制造业	7.72
铁路、船舶、航空航天和其他运输设备	1.64	化学原料和化学制品制造业	7.51
酒、饮料和精制茶制造业	1.48	医药制造业	2.11

续表

行　业	占比(%)	行　业	占比(%)
皮革、毛皮、羽毛及其制品和制鞋业	1.26	文教、工美、体育和娱乐用品制造业	1.35
造纸和纸制品业	1.22	废弃资源综合利用业	0.33
木材加工和木、竹、藤、棕、草制品业	1.20		

资料来源:根据国家统计局网站数据制成。

(2)产业结构有所优化,产业调整加速

国民经济结构调整以来,我国产业结构调整取得初步成效。一方面,第三产业在国民经济中的比例不断上升,第一产业及第二产业比例不断下降。到 2015 年第三季度,第三产业累计占比已超过国民经济总量的 50%。另一方面,工业产业结构不断优化。资源密集型高耗能产业投资、消费及增加值的增长率均不断下滑,技术密集型、环境友好型产业维持较高增速。消费型轻工业也展现出较强的生命力。高技术行业增长率高于总体工业增长率。

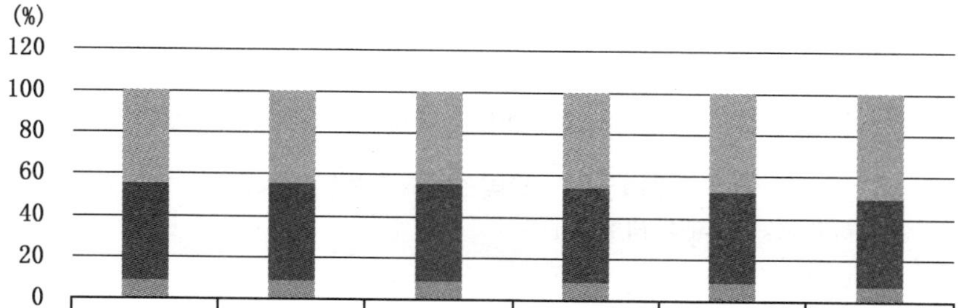

	2010年	2011年	2012年	2013年	2014年	2015年第三季度
第三产业	44.2	44.3	45.5	46.9	48.1	51.4
第二产业	46.2	46.1	45	43.7	42.7	40.6
第一产业	9.6	9.5	9.5	9.4	9.2	8.0

第一产业　第二产业　第三产业

图 1—63　三次产业比例

资料来源:根据国家统计局网站数据绘制。

尤其在 2015 年工业整体下滑形势的影响下,工业行业加速了自身结构的调整,附加值低、资源消耗大的企业加速淘汰,市场需求的下滑为我国低端制造业和过剩产业的出清提供了有利的外部条件。

(3)三次产业结构仍存在突出问题

虽然我国产业结构调整取得了初步成效,然而,我国产业发展方面还存在诸多问题。

农业是国民经济的基础产业,也是关系百姓生计的民生产业。然而,我国农业基础依然薄弱,部分农产品对外依存度高,国内外农业产品差价加大,农业现代化水平较低。同时,粮食安全和食品安全是我国农业面临的两大困局。然而,我国耕地面积持续减少、地下水污染严重、传统小农经营模式、农产品难以优质优价等因素令国内农产品的食品安全问题非常严峻。

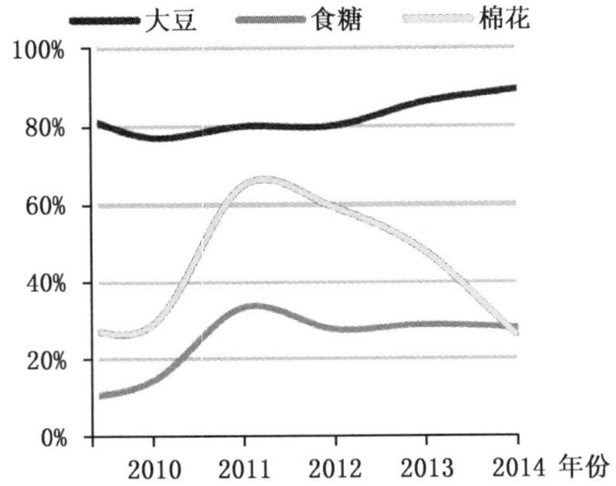

图 1—64　我国主要农产品对外依存度

资料来源:安信证券研究中心。

工业是推动经济发展的重要动力,对于农业和服务业均有带动效应,工业的发达程度是国家实力的综合体现。虽然我国制造业发展取得了一定成效,但与世界先进水平相比还存在明显差距,提质增效升级的任务紧迫而艰巨。我国现有工业总体增长率与工业企业利润率不断下滑。同时,随着我国劳动力成本优势逐渐丧失,低附加值与技术水平低的工业行业加速转移。但由于技术水平与创新能力的限制,高技术产业支撑力尚显不足,导致工业总体下滑。

服务业的繁荣发展是现代化的重要标志。服务业,特别是生产性服务业的发展对于加强和改善供给、扩大就业、拓宽服务消费,具有十分重要的意义。虽然目前服务业已经成为推动国民经济增长的最主要动力,然而在我国现有服务产业体系中,服务业中生活性服务业与生产性服务业发展不均衡,生产性服务业水平总体不高,对产业结构优化升级的支撑作用有限。从国际比较来看，我国服务贸易长期逆差，国际竞争力薄弱。从产业发展的后备储备来看，我国服务业人才不足，服务水平有待进一步提升。从业态来看，虽然技术的发展，尤其是互联网技术的发展，给我国服务业带来了一定的变化，但总体是以新型服务业替代传统服务业为主，缺乏新增长点。

(4)供需矛盾依然突出，产业失衡在短期内难以消除

在工业方面，从经济发展总量来看，工业总体呈现出投资与需求增长速度双降趋势，但到 2015 年底，工业固定资产投资增速总体仍保持在 8%以上的较高增长速度，工业总体增加值增长与总需求仍然持续低迷，投资增长大于需求增长，产能过剩压力将长期存在。

从产能利用率来看，我国总体工业产能利用率较低，2014 年第三季度工业产能利用率仅为 78.7%。从供给与需求的均衡价格来看，2015 年三季度各月，工业生产者价格同比分别下跌 5.4%、5.9%和 5.9%，显示工业产能过剩形势依然十分严峻；截至 2015 年三季度末，工业企业产成品资金同比增速为 5.7%，虽然连续 4 个季度呈放缓走势，但仍高于主营业务收入增速 4.4 个百分点，工业去库存化尚未结束。

传统工业产能淘汰缓慢，绝对过剩依然存在，主要表现在煤炭、汽车、钢铁、水泥、纺织、电解铝等行业，这些行业产能利用率平均在 70%以下，市场需求增长乏力。行业增加值增长率虽不断下降，但产能过剩依然严重。

表 1—7　　主要传统行业增速变化值　　单位：%

当月同比	2015—10	2015—09	2015—08	2015—07
汽车	4.90	—4.70	—6.50	—11.20
钢材	—0.20	—0.60	0.40	—1.90
发电量	—3.20	—3.10	1.00	—2.00
粗钢	—3.10	—3.00	—3.50	—4.60
乙烯	4.70	5.00	4.90	—2.30
水泥	—3.50	—2.50	—4.20	—4.70
天然原油	0.20	2.70	3.60	4.20
十种有色金属	2.60	6.30	9.40	9.30

资料来源：申万宏源研究。

服务业方面，虽然总体维持较快增长速度，但部分生活性服务业有效供给不足，难以满足人民群众日益增长的服务需求。如旅游服务：从需求

方面来看，旅游市场格局发生了结构性变化，国内游和出境游兴起，节假日旅游异常火爆，旅游细分市场如老年游、儿童游乐、青年游等也逐渐形成规模。从供给方面看，旅游产业边界不断扩大，产业融合持续深化，商业形态与产业组织形式不断创新。然而，旅游业发展极不规范，服务水平低，相关政策的制定也滞后于行业发展。

医疗服务业供求矛盾尤其突出，一方面，“看病难”、“看病贵”问题长期得不到解决，医疗资源紧张，医疗体制改革推进缓慢；另一方面，随着人口老龄化来临和人们生活方式、生活理念的改变，对医疗服务的需求持续增加，供需矛盾在短期内难以解决。

1.3 产业体系中的新增长力

1.3.1 新兴产业增速较快，但在未来一段时间内不足以支撑国民经济的发展

战略性新兴产业以重大技术突破和重大发展需求为基础的知识技术密集、物质资源消耗少、成长潜力大、综合效益好的产业，对经济社会全局和长远发展具有重大引领带动作用。我国确定的战略性新兴产业包括新一代信息技术、节能环保、生物、高端装备、新材料、新能源、新能源汽车七大产业。

从各新兴产业占比来看，新一代信息技术产业的上市公司数和总市值占比最大，超过 40%；其次是生物产业；占比最小的是新能源汽车。

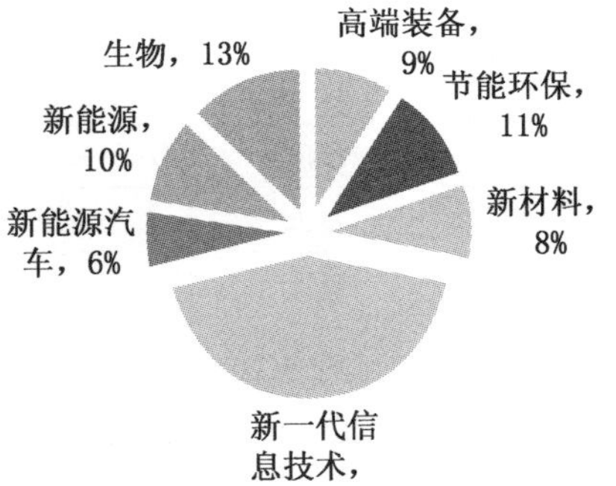

图 1－65 各新兴产业的上市公司数量

资料来源：Wind，浙商证券研究所。

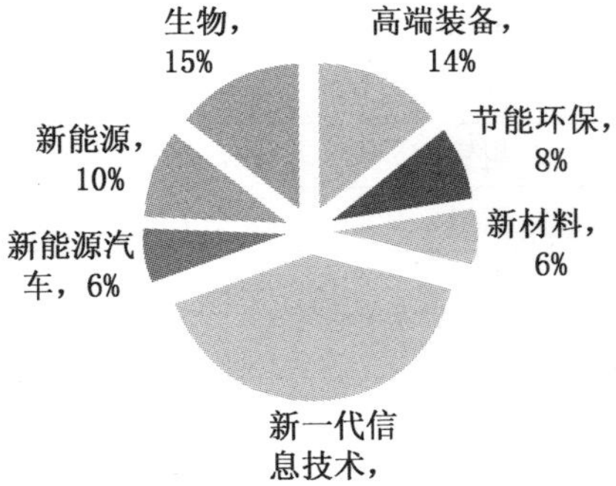

图 1－66 各新兴产业的上市公司总市值

资料来源：Wind，浙商证券研究所。

从发展趋势来看，新兴产业表现活跃，增长速度较快，战略性新兴产业采购经理人指数(EPMI)总体高于一般制造业，且在7月份触底后迅速反弹。在各子行业中，2015年期间，新材料产业采购经理人指数较高，新能源汽车较低。

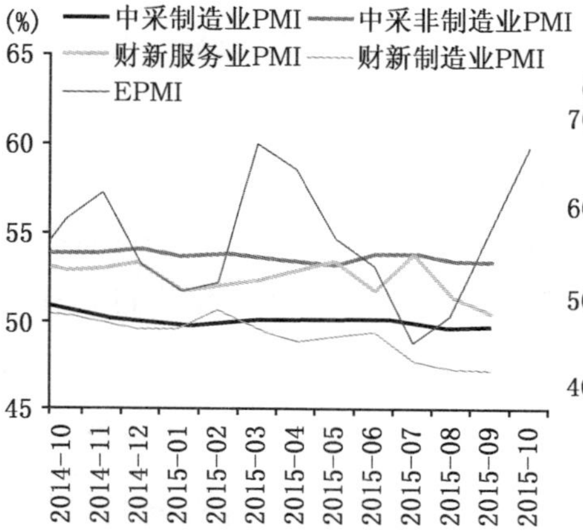

图1—67　各产业板块PMI

资料来源：Wind，浙商证券研究所。

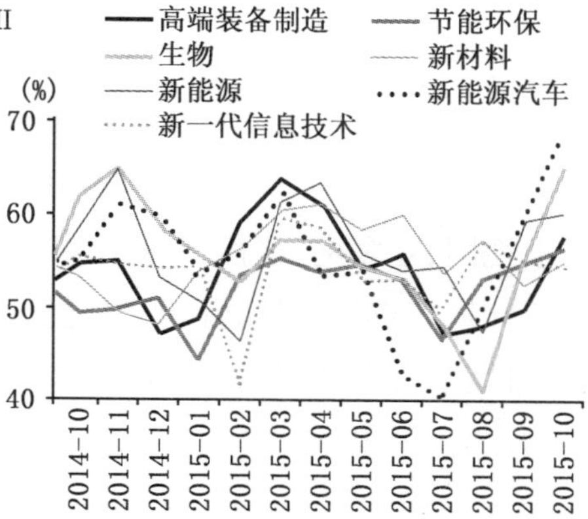

图1—68　各新兴产业PMI

资料来源：Wind，浙商证券研究所。

虽然新兴产业总体保持较大活力，但整体发展波动幅度加大，受市场环境因素影响较大。同时，新兴产业在国民经济中所占比例较低，自身结构方面存在一定问题，"投资驱动"发展导致增长过快而市场前景不清晰，需求定位不明确，国内外市场有效需求不足，市场开拓面临较大阻力，重复建设现象较为严重，总体产能过剩；企业创新能力和动力不足，面临人才瓶颈，针对未来需求的创新能力不足；各项基础设施和制度不完善(如知识产权保护)等。这些问题导致新兴产业持续增长乏力，要成为主导产业或支柱产业还需要很长时间的发展。

首先，我国新兴产业的发展主要以政府政策引导与投资驱动为主。然而，在新兴战略产业领域，许多技术路线仍然在调整，发展方向并不十分明确。同时，运营模式、商业模式、消费模式等都尚在探索之中，发展中存在较大的不确定性。投资驱动型发展模式一方面导致过早进行产业化，技术创新不充分，造成产业生命周期过短；另一方面也容易出现投资过度，使产能与市场需求严重脱节，出现产能过剩，如我国的光伏产业。

其次，我国战略性新兴产业技术创新能力不够，技术储备不足。一方面,我国战略性新兴产业在工业化方面与发达国家相比存在一定差距,科技成果转化的产业化创新水平较低。同时,相关核心技术我国还处在追赶之中,与发达国家"生产一代、开发一代、储备一代"的滚动式发展模式相比存在较大差距。另一方面,我国企业对于核心技术、关键零部件、关键原材料掌握不够,在整个产业链条上缺乏掌控力,在竞争中处于不利地位。

另外,我国战略性新兴产业的基础设施、法律法规不完善。在基础设施方面,我国新能源汽车充电设施不完善,由此导致我国新能源汽车发展的不利局面。另外,我国不同部门之间存在政策分歧和行政壁垒,比如广播电视网、互联网、电信网的三网融合进展很慢。在法律法规方面,我国对于知识产权的保护力度与发达国家相比较小,知识产权维权过程耗时长、难度大,而技术创新难度大、风险高,这对于我国新兴产业的发展十分不利。

1.3.2 互联网行业发展迅速,不断渗透各领域,但经济带动效应有限

目前,我国互联网产业的发展主要发生在消费领域,消费互联网主要满足消费者在互联网中的消费需求,在以消费者为服务中心,以提供个性娱乐、便捷生活为主要方式,以低价吸引消费者为主要营销模式的发展模式下,互联网在短时间内迅速吸引了大量消费者,对生活与消费方式影响巨大,增长强劲。

2014 年,各类互联网交易数量高达 400 万亿元。据中国互联网络信息中心(CNNIC)发布的第 36 次《中国互联网络发展状况统计报告》显示,截至 2015 年上半年,我国网民数达 6.68 亿,互联网普及率 48.8%,并处在不断高速增长过程中。在通信、电子商务、互联网金融、信息消费等方面,互联网发挥着越来越重要的作用。

从细分行业来看,通信行业市场规模不断扩大,根据《2014 年通信运营业统计公报》数据显示,2014 年,移动电信投资以 20.2%的速度高速增长。电子商务行业继续快速发展,2014 年中国电子商务市场实现交易规模 13.4 万亿元,同比增长 31.4%。互联网金融规模与渗透率不断提升。此外,互联网传媒行业也取得了飞速发展。

然而,我国以互联网为主导的产业融合主要发生在零售和金融行业,对现有产业形成了巨大的冲击,在生产领域的渗透率则十分有限。随着

电子商务的发展，传统零售行业历经寒冬，百货纷纷转型，品牌关闭，大量门店执行收缩战略。互联网金融替代了原有银行和金融机构的功能。其所带来的经济增长十分有限，产业带动效果不十分明显。

总结起来，虽然目前我国互联网行业取得了重大发展，然而，总体而言，主要发生在消费领域。而消费领域的互联以对传统经济的替代效应为主，转化为非创造需求。同时，由于互联网服务范围的局限性，以及未触动消费者本质生活，互联网产业融合带动效应不明显，对经济增长贡献有限。

1.4 本章小结

1.4.1 我国产业发展总体特征

总体分析可见，2015 年，我国产业发展表现出如下几个方面的特征：

首先，我国国民经济总体下行，政策利好效应趋缓。在消费、投资和出口“三驾马车”中，消费成为拉动经济增长的最强动力。在产业消费与需求方面，居民消费需求增长高于海外需求增长，农村需求增长高于城镇需求增长。在消费结构方面，居民食品、衣着、家庭设备用品、居住等在消费支出中占比下降，交通通信、医疗保健、教育文化娱乐、旅游等占比上升并保持较高增速。在产业投资与供给方面，固定资产投资增速全面下滑，但仍高于 GDP 增速，工业下滑幅度最大，工业企业利润大幅下降。在投资结构方面，基建投资增长率最高，房地产投资增长率最低。在制造业投资中，采矿业投资全面下滑，部分高科技企业投资增长率上升。服务业投资增长率总体较高。

其次，在现有三次产业结构中，服务业比重持续提高，增长率在三次产业中最高。工业持续低迷，工业结构有所优化。第一产业维持低速增长，农业企业利润率持续较低。三次产业总体结构有所优化，产业调整加速。

最后，在我国产业体系中，传统劳动密集型、资源密集型产业仍然有较高比例，而新兴产业与互联网产业虽然在经济总量中比例较小，但保持较高的增长率。

1.4.2 产业发展存在的问题

三次产业的发展均存在一定问题。其中,我国农业基础薄弱,部分农产品对外依存度高,农业现代化水平较低;工业总体下滑,工业企业盈利情况不佳,资源依赖型工业企业仍然占很大比例;生产性服务业落后,生活性服务业有效供给不足。

产业供需矛盾突出,供给过剩与供给不足同时存在。供给过剩主要体现在传统工业行业,包括煤炭、汽车、钢铁、水泥、纺织、电解铝等行业。供给不足则表现在新兴服务业方面,尤其是旅游服务业和医疗服务业。

新增长力方面,新兴产业结构性问题突出,在未来一段时间内不足以支撑国民经济的发展。互联网主导的产业融合替代效应明显,经济带动效应有限。

1.4.3 问题的可能原因及解决途径

这些问题的可能原因在于我国产业结构调整的动力不足。

从内生动力角度考虑,市场化产业结构调整阻力过大。一方面,产业发展的市场机制不完善,地方保护主义力量较大,对于落后传统产业的淘汰和兼并调整难以实施。另一方面,企业创新能力不足,资金压力大,企业缺乏结构调整的内生动力机制。

从外部推动角度考虑,我国产业调整政策导向以探索新增长点为主,对现有产业总量巨大的存量的整合、升级、转移、淘汰方面的引导不够。一方面,对于要发展的新兴产业考虑不够全面,无明确方向,产业发展的生命力和带动效用并不明确;另一方面,产业存量数量巨大,产能过剩问题严重,缺乏有效引导和政策支持,调整难度大。

解决这些问题,需要进一步转变思路,注重产业结构调整方式和调整重点,针对不同行业采取不同政策,如对于不同产能过剩行业:市场还在但过于分散的产业,通过并购进行行业整合,提供并购金融支持;市场供给严重过度且污染严重的产业,完善倒闭、退市等相关制度;国内产能过剩但其他国家需要的产业,鼓励“走出去”,加大外汇贷款、债券融资等支持力度。

2

2015年主要大类产业发展动态分析

2.1 2015年传统基础性产业发展动态分析

传统基础性产业主要是指在中国工业化发展进程中发挥重要作用的能源产业(煤炭、原油开采、电力等)和原材料工业(如钢铁、有色金属、建材、化工原料或材料等)。在过去的国民经济发展中,传统基础性产业发挥了很大的作用,曾经一度在整个经济贡献中占很大的比重,时至今日虽然已进入成熟期或衰退期,但其在国民经济发展中的作用依然举足轻重。然而,传统基础性产业近期发展形势不容乐观,面临着产能严重过剩、发展趋缓、转型压力巨大等诸多问题。传统基础产业发展如果出现问题,必然会导致整个产业体系出现问题,从而导致中国经济发展出现问题。因此,深入研究其发展规律对维稳我国经济发展有极其重要的意义。

2.1.1 传统基础产业总量与结构双重过剩凸显

(1)2015年基础产业主要产品产量及其走势分析

增长趋于停滞。“新常态”下我国经济运行速率由高速向中高速换挡,2015 年以来,随着国际经济发展环境的变化及我国产业结构调整的进一步加强,传统基础产业增长逐步趋缓,其中大多数产业主要产品的产量开始缩减。自 2014 年 10 月至 2015 年 9 月,生铁产量共 6.97 亿吨,同期减少 0.15 亿吨;粗钢产量共 6.18 亿吨,同期减少 0.04 亿吨;水泥产量共 18.20 亿吨,同期减少 1.14 亿吨;而钢材生产略有上升,产量共 11.26 亿吨,同期增加 0.15 亿吨。

增速出现负增长。2014 年第四季度,我国传统基础产业生产表现出短期加快的特征,但进入 2015 年以来,增速逐步趋缓。钢材生产在 2014 年 12 月产量同比增速高达 6.4%,到 2015 年增速逐步降低,甚至产量出现负增长;生铁生产在 2014 年 12 月同比增速为 3.7%,2015 年开始增速持续下降,负增长趋势日趋显著;粗钢生产一直保持同比负增长,只有在 2014 年 12 月有轻微的回升,且负增长幅度逐步加大;而水泥生产持续保持负增长,2015 年 3 月同比减少幅度高达 20.5%。

表 2—1　2014 年 10 月～2015 年 9 月典型产业主要产品产量及增长率

时间	钢材产量(万吨)	同比增长(%)	生铁产量(万吨)	同比增长(%)	粗钢产量(万吨)	同比增长(%)	水泥产量(万吨)	同比增长(%)
2014—10	9 525.1	2.00	5 701.3	—3.10	6 751.9	—0.30	23 352.7	—1.10
2014—11	9 205.3	1.20	5 323.4	0.90	6 330.3	—0.20	21 862.7	—4.00
2014—12	9 822.0	6.40	5 685.5	3.70	6 809.1	1.50	20 400.7	—1.40
2015—01～02	16 806.9	—	11 869.8	—	13 052.6	—	26 365.7	—
2015—03	9 756.0	3.60	6 024.7	—2.40	6 948.3	—1.20	16 138.5	—20.50
2015—04	9 641.2	3.40	5 948.6	—2.10	6 891.0	—0.70	20 865.1	—7.30
2015—05	9 847.9	2.10	6 096.2	—2.00	6 995.3	—1.70	22 043.6	—5.40
2015—06	9 842.7	1.30	5 903.9	—2.10	6 894.6	—0.80	21 775.6	—5.80
2015—07	9 230.2	—1.90	5 732.5	—4.80	6 583.6	—4.60	21 192.6	—4.70
2015—08	9 449.1	0.40	5 760.6	—5.10	6 694.4	—3.50	21 499.4	—4.20
2015—09	9 468.6	—0.60	5 659.3	—4.90	6 611.8	—3.00	21 764.0	—2.50
合　计	10 235.9	—	69 705.8	—	80 562.9	—	237 260.6	—

资料来源:根据国家统计局数据制成。

2010 年以来,我国传统基础产业增速在波动中逐步趋缓,已从快速增长过渡到低速增长甚至负增长。随着国家产业结构调整力度的进一步加强及“去产能”任务的进一步加紧，我国传统基础产业生产短期内可能存在波动，但总体会继续延续生产趋缓及产量趋稳或递减的趋势。

表2—2　**2010年以来典型产业主要产品增速**　单位：%

时间＼产品	钢材	生铁	粗钢	原煤	水泥
2010年	15.66	8.05	11.37	10.05	14.47
2011年	10.39	7.23	7.54	9.80	11.55
2012年	7.85	3.60	5.63	4.81	5.27
2013年	13.21	7.23	12.33	0.61	9.48
2014年	4.03	0.01	1.18	−2.39	2.35
2015年前三季度	0.23	−2.29	−1.83	−4.39	−5.70

资料来源：根据国家统计局数据制成。

(2)2015年基础产业主要产品价格及其走势分析

价格持续走低。近年来，我国传统基础产业市场供大于求，市场价格总体水平持续走低。据国家统计局公布的数据显示，2011年第三季度至2012年第三季度期间，钢材和水泥价格指数迅速下降，降幅分别高达17.57%和13.25%，2012年第四季度至2014年第一季度期间价格指数虽有所增加，但增长幅度较小，此后其价格指数又再一次下降，尤其是钢材，自2012年第一季度以来价格指数一直低于100点，价格持续下降。工信部资料显示，重点大中型钢铁企业2011年至2014年全年平均销售结算价格分别为4 468元/吨、3 750元/吨、3 442元/吨、3 074元/吨，呈不断下滑趋势[1]。

盈利空间逐步收窄。伴随传统基础产业产品价格的大幅下滑，相关企业盈利空间逐步收窄，亏损面不断加大。中钢协数据显示，国内钢企亏损加剧。2015年前三季度，大中型钢铁企业亏损281.22亿元，而主营业务亏损552.71亿元；亏损企业49家，占统计会员企业户数的48.51%；亏损企业亏损额450.42亿元，同比增长352.85%。

传统基础产业产品价格下降，其根源在于企业生产大于市场需求，长期来看，随着“调结构”、“去产能”等相关政策进一步实施，相关行业市场供给会逐步减小，且国际产能合作的深入推进，会进一步打开国际市场，增加传统产业的市场需求，通过改善供需结构而使价格回升，但短期内价

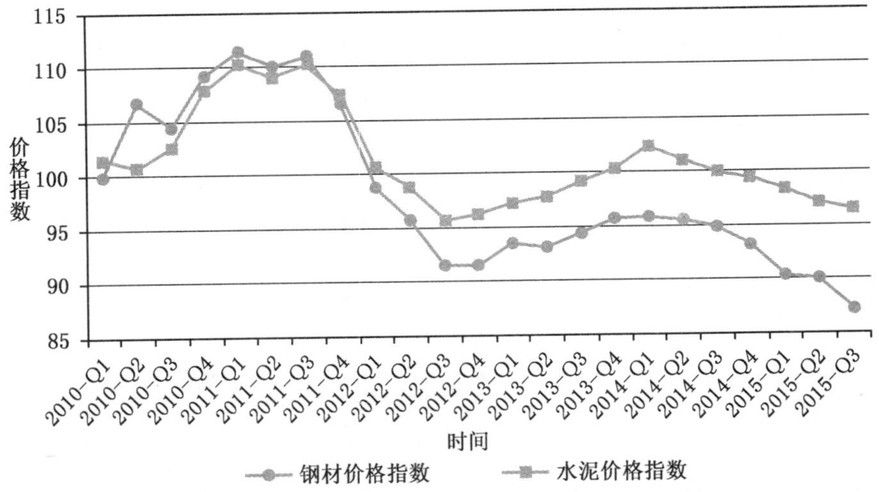

图 2—1 2010 年以来钢材与水泥价格指数走势

资料来源:根据国家统计局数据绘制。

注:Q1、Q2、Q3、Q4 分别表示第一、二、三、四季度,下同。

格下行的趋势很难扭转。

(3)传统基础产业产能总量过剩情况分析

从供给层面来看,在中央政府前些年过度刺激、地方政府的助推之下,传统基础产业过度扩张,煤炭、钢铁、建材、基础化工等产业持续扩产。

一方面,2008 年中央及地方政府实施经济刺激政策,主要增加基础设施建设的投资支出,如保障性住房建设、基础交通设施等。在巨大的市场需求拉动下,煤炭、钢铁、水泥、玻璃等传统基础产业产能迅速扩张。随着经济刺激政策的逐步消退,国内市场对传统基础产业的需求逐步收缩,但需求的减少并未直接引起相关产业供给的减少,产能过剩问题逐步凸显。

另一方面,面对经济的逐步平稳与产能过剩问题的不断突出,国家在经济发展方式转型升级、资源环境约束等因素的综合考虑下,制定了一系列产业调节的政策,旨在淘汰部分落后产能,鼓励技术更新。然而在政策实施过程中,地方政府出于自身经济增长、就业、税收等综合因素的考虑而对政策实施力度打折扣,且企业为了在激烈的产业调整中规避因规模过小而被淘汰的风险,采取"拆小上大"的策略进一步争相扩张产能,最终使这些举措对压缩中国传统基础产业的总体产能收效甚微。

从需求层面来看，后危机时代世界主要经济体发展速度滞缓，国内经济发展步入“新常态”，传统基础产业总体需求逐步萎缩。

首先，钢铁等传统基础产业产能扩张面向国际市场，旨在施行“大进大出”的外贸发展策略，对国际市场需求预期过高。然而，后危机时代国际经济运行迟缓，市场需求低迷，虽然部分产业出口量逐步回升，但其增长远低于生产量的增长。

表2—3　典型产业主要产品生产及出口情况　单位：万吨

时间＼产品	钢材产量	钢材出口	原煤产量	煤炭出口	水泥产量	水泥出口
2005年	8.40	0.21	27.25	0.72	17.16	0.22
2006年	11.26	0.43	38.74	0.63	24.76	0.36
2007年	10.82	0.63	39.69	0.53	24.19	0.33
2008年	9.56	0.59	39.45	0.45	22.10	0.26
2009年	8.86	0.25	37.64	0.22	20.99	0.16
2010年	8.03	0.43	34.28	0.19	18.82	0.16
2011年	6.94	0.49	31.15	0.15	16.44	0.11
2012年	6.05	0.56	29.03	0.09	14.24	0.12
2013年	5.66	0.62	27.60	0.08	13.61	0.15
2014年	4.69	0.94	25.70	0.06	12.37	0.10
2015年前三季度	3.78	0.83	23.65	0.04	10.69	0.07

资料来源：根据国家统计局数据、相关行业协会数据制成。

其次，我国经济发展步入“新常态”，经济发展由高速向中高速过渡，房地产开发、基础设施建设、制造业等投资全面回落，国内市场对传统基础产业的需求逐步萎缩，当前下游整体需求依然相当疲弱。

表2—4　近两年典型产业投资情况

时间	房地产投资额（累计：万亿元）	增长率（%）	制造业固定资产投资额（累计：万亿元）	增长率（%）
2014—Q1	1.53	16.80	2.36	15.20
2014—Q2	4.20	14.10	7.26	14.80
2014—Q3	6.88	12.50	12.11	13.80
2014—Q4	9.50	10.50	16.69	13.50

续表

时间	房地产投资额(累计:万亿元)	增长率(%)	制造业固定资产投资额(累计:万亿元)	增长率(%)
2015—Q1	1.67	8.50	2.60	10.40
2015—Q2	4.40	4.60	7.97	9.70
2015—Q3	7.05	2.60	13.11	8.30

资料来源:根据国家统计局数据制成。

在产业供给不断增加与市场需求逐步萎缩的双重作用下,我国传统基础产业产能利用率偏低,产能绝对过剩现象日趋凸显。如粗钢生产,2008年受金融危机影响,产能利用率低至76.22%,2009年开始经济发展刺激政策逐步发力,带动粗钢产能利用率大幅提升,到2010年达83.38%,但2011年后随着经济刺激政策带动作用的逐步消退,产能利用率逐步下降,到2014年仅为70.92%,远低于国际通行的产能利用率合理区间(79%~83%)。另外,我国传统基础产业生产量整体供给大于市场需求,产品库存长期居高不下,总量过剩异常明显,如钢材销售,产销量波动中趋于下降,尤其2013年以来,钢材库存年末比年初均增长超过20%。

表2—5　2008～2014年粗钢产能利用情况

年份	产能(亿吨)	产量(亿吨)	产能利用率(%)
2008	6.60	5.03	76.22
2009	7.00	5.72	81.74
2010	7.64	6.37	83.38
2011	8.63	6.85	79.41
2012	9.95	7.24	72.74
2013	10.82	8.13	75.16
2014	11.60	8.23	70.92

资料来源:根据工业和信息化部、国际钢铁工业协会、国家统计局数据制成。

表 2—6　**2008 年以来钢材销售及库存情况**

时间	钢材销量(万吨)	钢材产销率(%)	钢材库存比年初增减(%)
2008 年	57 260.8	99.4	11.9
2009 年	68 495.3	99.5	22.5
2010 年	79 284.9	99.8	4.8
2011 年	86 822.7	99.3	24.7
2012 年	93 784.2	99.6	15.8
2013 年	104 416.2	99.1	29.8
2014 年	110 152.4	99.3	22.3
2015 年上半年	54 134.6	98.3	23.2

资料来源:根据国家统计数据制成。

(4)传统基础产业结构性产能过剩情况分析

虽然我国传统基础产业绝对产能过剩问题突出,但主要表现在其中部分产品相对过剩,仍有很多细分领域供不应求,因我国传统产业生产结构不合理而造成的结构性产能过剩现象也十分突出。目前我国企业整体素质还相对较低,创新能力还不强,产业生产结构不甚合理,产品质量尚有待提高,中低端层次产品产能严重过剩,但高端层次产品产能不足。

例如平板玻璃,目前国内产能严重过剩,但电子产品所需的平板玻璃,诸如电视机等的大平板、玻璃基板一直都需要从国外大量进口。虽然近几年通过科技攻关后,国内有一两家企业掌握了这方面的技术,但我国企业生产水平目前尚不能满足市场需求,大部分还要靠进口。

再如钢材,我国钢铁行业存在结构性失衡特征,大多数低附加值的普钢品种出现过剩,而高端装备制造业和新兴产业所需的高端钢材品种供应不足,一些高档关键的优质钢品种仍需大量进口。2010 年以来,尽管我国钢材出口量逐年递增,而钢材库存比年初增长率居高不下,但钢材进口量一直大于1 000万吨,其中进口量最多的是高附加值、高技术含量的镀层板、冷轧薄板带、中厚宽带钢、电工钢板等,主要用于大型及超大型变压器、高档汽车、高档家电、风电、核电等高端制造业领域。

表 2—7 2010 年以来钢材进出口及库存情况

时间	钢材出口量（万吨）	钢材库存比年初增减（%）	钢材进口量（万吨）
2010 年	4 256.00	4.8	1 643.00
2011 年	4 888.00	24.7	1 558.00
2012 年	5 573.00	15.8	1 366.00
2013 年	6 233.00	29.8	1 408.00
2014 年	9 392.60	22.3	1 451.00
2015 年上半年	5 240.00	23.2	665.00

资料来源:根据国家统计局数据制成。

2.1.2 传统基础产业发展已经进入成熟期或衰退期

(1)我国传统基础产业发展特征分析

传统基础产业主要产品产量增长速度逐步放缓,并趋于停滞或负增长。随着我国经济发展的腾飞,传统基础产业迅速发展,至 2004 年前后,产业增长速度达到最大并逐步回落,至 2014 年增速大多降低到 5%以下,很多产业甚至出现负增长。虽然其间 2008 年和 2013 年增速有所波动,但不影响整体变化趋势。

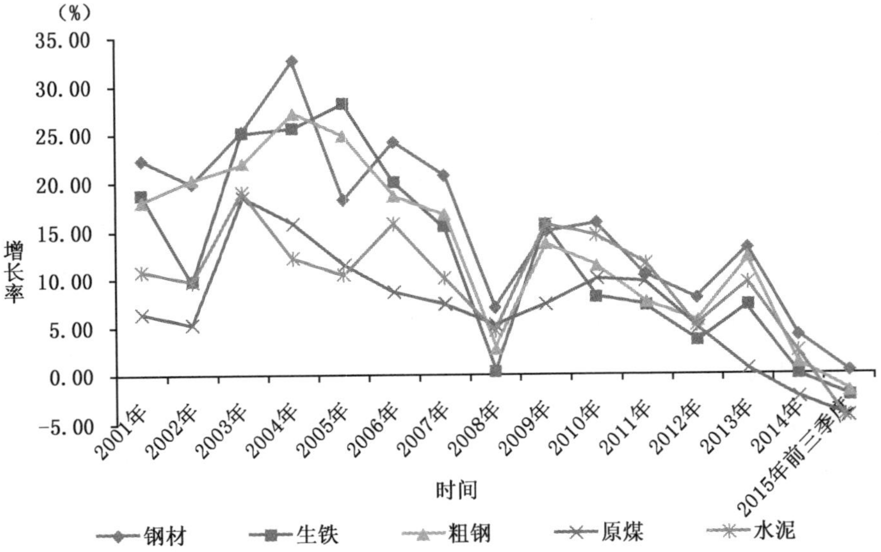

图 2—2 2001 年以来传统基础产业主要产品产量增长率变化情况

资料来源:根据国家统计局数据绘制。

传统基础产业主要产品年度增量逐步减小，产量趋于最大值并呈现降低的趋势。钢材生产在2014年以前，年增量近1亿吨，而2014年增量仅有0.44亿吨，2015年有进一步降低趋势；生铁与粗钢生产在2014年增长近乎停滞，2015年总产量降低趋势明显；原煤生产年增量长期保持在2亿吨左右，但2013年增量仅有0.24亿吨，2014年产量降低0.95亿吨，2015年减产趋势加剧；水泥生产2009～2013年间年增量维持在2亿吨左右，但2014年增量减少至0.57亿吨，2015年呈现出明显的总量减少趋势。

表2—8 2000年以来典型产业主要产品生产量 单位:亿吨

时间	钢材	生铁	粗钢	原煤	水泥
2000年	1.31	1.31	1.29	13.84	5.97
2001年	1.61	1.56	1.52	14.72	6.61
2002年	1.93	1.71	1.82	15.50	7.25
2003年	2.41	2.14	2.22	18.35	8.62
2004年	3.20	2.68	2.83	21.23	9.67
2005年	3.78	3.44	3.53	23.65	10.69
2006年	4.69	4.12	4.19	25.70	12.37
2007年	5.66	4.77	4.89	27.60	13.61
2008年	6.05	4.78	5.03	29.03	14.24
2009年	6.94	5.53	5.72	31.15	16.44
2010年	8.03	5.97	6.37	34.28	18.82
2011年	8.86	6.41	6.85	37.64	20.99
2012年	9.56	6.64	7.24	39.45	22.10
2013年	10.82	7.11	8.13	39.69	24.19
2014年	11.26	7.12	8.23	38.74	24.76
2015年前三季度	8.40	5.30	6.07	27.25	17.16

资料来源：根据国家统计局数据制成。

(2)我国传统基础产业发展阶段判定

传统基础产业发展已进入成熟期或衰退期。根据产业生命周期理论，产业生命周期的一般形态可以描述为S形曲线[2]，而针对国外煤炭、钢铁等产业生命周期的研究也得出类似的结论,且研究发现运用皮尔曲线方法能取得较好的拟合效果[3][4]。从历史时期传统产业生产曲线特征来看,我国传统基础产业比较符合皮尔曲线拟合法的条件,因此本研究以粗钢生产为例,以2000年以来的年度产量为基础,运用皮尔曲线进行生产曲线拟合,以判断我国传统基础产业所处的产业生命周期阶段。将标准皮尔曲线公式变形后所得曲线拟合公式为:

$$y_t = \frac{1}{1/K + a \cdot b^t}$$

式中,y_t为产量,K为产量饱和值,t为时序,a和b为待求解参数。

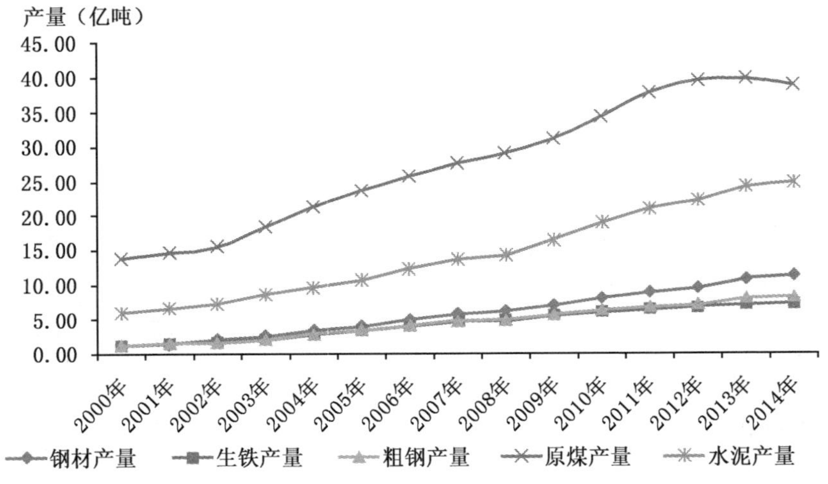

图2—3 典型产业主要产品历年生产量

资料来源:根据国家统计局数据绘制。

由于我国钢铁工业生产尚未达到极值,饱和点K值未知,参考我国钢铁产业生命周期相关的已有研究,并结合现阶段粗钢生产趋势,设定产量饱和点K值为8.5亿吨。模型拟合结果显示,拟合优度高达0.957,显著性水平低于0.001,因此该模型能够很好地表现达到饱和值前我国粗钢生产情况,其方程式为:

$$y_t = \frac{1}{1/8.5 + 1.288 \times 0.708^t}$$

表 2—9　　**模型汇总和参数估计值**

因变量：粗钢产量

自变量：时序

方程	模型汇总					参数估计值	
	R^2	F	df1	df2	Sig.	常数	b
Logistic	0.957	287.127	1	13	0.000	1.288	0.708

根据粗钢产量拟合曲线，参考已有研究中产业生命周期特征的判定，我国钢铁产业已进入产业生命周期的成熟期。

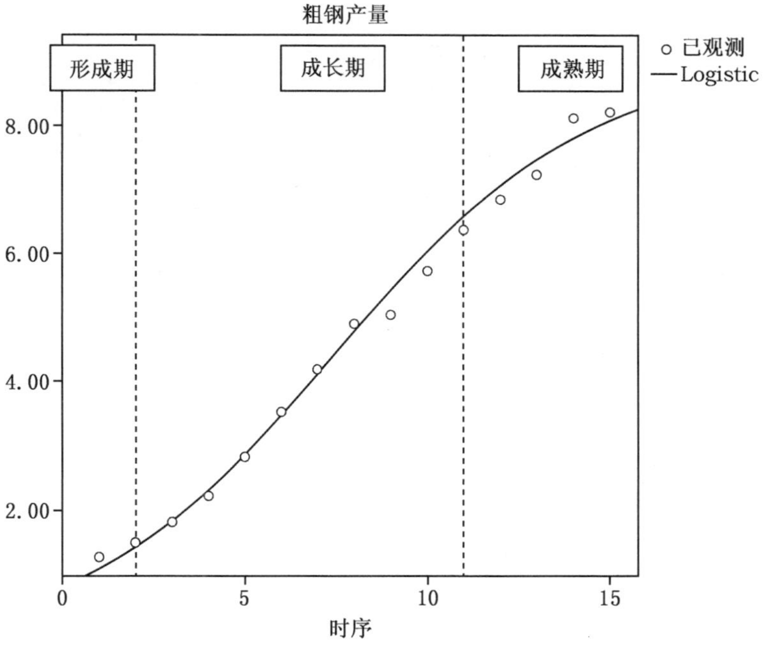

图 2—4　粗钢产量皮尔曲线拟合结果

(3)下游需求不足制约了传统基础产业发展

传统产业增长速度急速下降，主要原因在于产业链下游需求不足。特别是受产业链下游的房地产、传统制造业等产业需求下行的影响，传统基础产业的产量和价格下行趋势明显。

例如钢铁产业，产业链下游触及基建(包括市政、公路、桥梁建设)、地产、机械、汽车、船舶、家电、航空航天等多个领域，其中，基建、地产、机械和汽车消费占比分别占30%、28%、17%(工程机械占9%)及7%，合计占比超 80%。钢铁产业下游大多数产业增长速度降低，投资逐步趋缓。其中，房地产固定资产投资从 2010 年以来持续下降，到 2014 年增速仅为 4.11%；制造业固定资产投资在 2010 年前以超过 25%的增速增长，而 2010 年后增速波动中趋缓，到 2014 年降低至 13.01%。

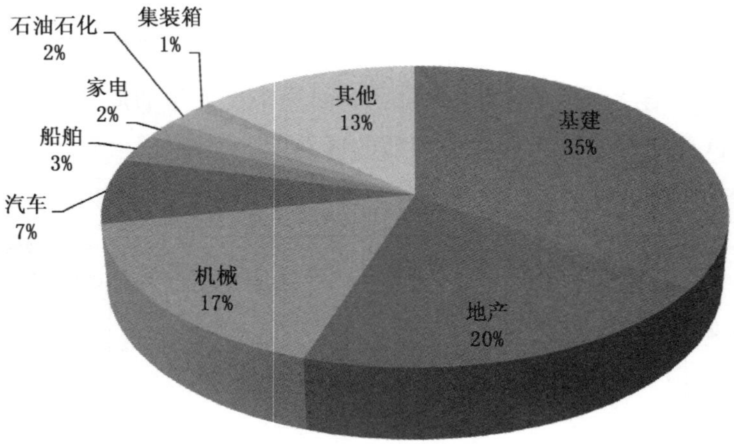

图 2—5　钢铁产业下游各行业消费占比

资料来源：Wind 资讯。

表 2—10　　2003～2014 年制造业和房地产固定资产投资情况

年　份	房地产投资（万亿元）	增长率（%）	制造业投资（万亿元）	增长率（%）
2003	1.31	—	1.47	—
2004	1.67	26.90	1.96	33.33
2005	1.95	16.95	2.66	35.69
2006	2.45	25.73	3.41	28.27
2007	3.24	32.27	4.45	30.55
2008	4.04	24.67	5.67	27.41
2009	4.94	22.05	7.06	24.53
2010	6.49	31.44	8.86	25.50
2011	8.17	25.91	10.27	15.90
2012	9.92	21.39	12.46	21.26
2013	11.88	19.82	14.77	18.59
2014	12.37	4.11	16.69	13.01

资料来源：根据国家统计局数据制成。

综上所述，房地产、传统制造业等下游产业市场需求不足，从而制约了我国传统基础产业的发展，使传统基础产业逐步步入成熟期或衰退期，煤炭、钢铁、建材等相关产业产量趋于饱和，并逐步显现出下降的趋势。随着中国大规模基建活动的放缓，特别是在环保压力不断增加的背景下，中国煤炭、钢铁等传统基础产业在今后几年内可能迎来结构性的衰退。

2.1.3　传统基础产业中的主导企业转型压力巨大

中国传统基础产业经过数十年的发展，很多产品产量已占据了全世界总产量的半壁江山。例如：钢铁产业，中国钢铁产量占世界总产量的比重逐年升高，从2000年的15%跃升到2008年的38%，到2014年已经超过世界总产量的50%；煤炭产业，2015年《BP世界能源统计年鉴》显示，2014年世界煤炭总产量81.65亿吨，而中国煤炭产量为38.74亿吨，占世界总产量的47.4%。同时，基础产业发展中资产设备专用性强、进出市场壁垒高等特性的存在，决定了其寡头垄断市场的形成，且伴随着国际市场份额的增加，我国传统基础产业市场集中度逐步提升，寡头垄断的市场结构日趋稳固。新形势下，传统基础产业发展已进入成熟期或衰退期，处于寡头垄断市场中的相关主导企业面临着巨大的转型压力，企业的战略行为与市场绩效都面临着巨大的挑战。

首先，寡头垄断企业盲目追求超额利润而扩大生产，致使产能过剩严重，从而降低其市场绩效。相比完全竞争市场，寡头垄断市场中为数不多的企业控制了行业绝大部分的市场供给，通过定价行为能获得更多超额利润。在市场需求衰退的前期，一方面，垄断价格阻碍了市场价格调节反馈机制（市场需求下降时通过市场价格下降的信息反馈给生产者，从而引导生产者调节生产行为），另一方面，企业进一步追逐超额利润而继续扩大生产，最终导致严重的产能过剩。2014年以来市场需求急剧下降，传统基础产业中大多数企业经营惨淡，利润空间持续下降。例如，宝钢股份2014年度营业总收入1 884.27亿元，上年同期为1 900.26亿元，同比下降0.84%；净利润为58.23亿元，上年同期为58.18亿元，同比增长0.08%[5]；2015年前三季度实现营业收入1 221.92亿元，同比下降14.90%，实现归属母公司净利润为22.54亿元，同比下降55.01%[6]。

其次，寡头垄断市场中产品同质化为企业联合重组等企业转型的战略行为带来障碍。以存量调整主导的强强联手、联合重组等企业战略行为,是新形势下我国传统基础产业中主导企业提升国际竞争力、走出企业运行困境的绝佳出路,然而严重的产品同质化问题为企业组织重构与联合重组带来障碍。例如钢铁产业,由于我国钢铁的统一生产标准规定和行业自身特点,使得我国大部分企业所产钢铁的质量差别较小,无法形成自身的独特优势,难以争取更多的市场份额。

再次,传统基础产业面临巨大的国际竞争压力。2013 年,全球粗钢需求量为 16.48 亿吨,比全球名义粗钢产能低 5.16 亿吨,达到全球钢铁产业产能与需求之差最高水平[7]。由于许多经济体投资扩大产能的项目数量继续增加,而钢材消费量预计仍仅是适度增长,全球钢铁产能过剩的升级将进一步激化国际市场中企业的竞争。我国传统基础产业行业市场化程度相对偏低,且寡头垄断市场中市场竞争机制部分失灵,市场决定性作用并未得到充分发挥,行业内大量严重亏损企业不能顺利退出。同时,在传统基础产业市场结构制约下,企业缺乏创新活力,产品多以低水平重复为主,技术含量低、产品附加值低,在激烈的国际市场竞争中面临压力的巨大。

2.2 2015 年新兴产业发展动态分析

新兴产业主要是指随着新的科技成果和新兴技术的发明、应用而新建立或重新形成的产业。以节能环保、新兴信息技术、生物医药、新能源、新能源汽车、高端装备制造、新材料等国家战略性新兴产业以及高技术产业为主导的产业群,其出现源于技术创新、相对成本结构的改变、新消费需求的出现,或其他经济和社会变化将某个新产品或新服务提高到一种潜在可行的商业机会水平。新兴产业的发展处于产业生命周期的成长期,受国家政策的强力扶持而发展态势较好,且已呈现创新驱动的特征,但也面临技术、市场与行业垄断等诸多因素的制约,深入研究其发展规律有助于更好地探寻产业发展的新动力,对我国经济发展后劲的增强有极其重要的意义。

2.2.1 2015 年新兴产业的规模与效益双增长

(1)新兴产业保持良好的发展态势

从采购经理指数来看，新兴产业增速强劲。采购经理指数(Purchase Management Index，PMI)是通过对企业采购经理的月度调查结果统计汇总、编制而成的指数，它涵盖了企业采购、生产、流通等各个环节，是国际上通用的监测宏观经济走势的先行性指数之一，具有较强的预测、预警作用，是经济监测的先行指标，可反映经济总体情况和总的变化趋势[8]。战略性新兴产业采购经理指数(EPMI)与 PMI 一样，通常以 50%作为经济强弱的分界点，EPMI 高于 50%时反映新兴产业经济扩张，而低于 50%时则反映新兴产业经济收缩。2014 年以来，虽然战略性新兴产业采购经理指数波动性较大，但其在制造业采购经理指数平稳趋缓的形势下依然能达到较高的值，整体远高于制造业采购经理指数。2015 年 3 月 EPMI 高达 60%，4～7 月尽管出现快速下滑的现象，但 8 月份开始又迅速回升。9 月份 EPMI 回升至 55.1%，比 8 月上升 4.7 个百分点，彻底结束了前两个月低位徘徊的局面，分项数据全面走高，尽管存在季节性因素，但季调后数据仍然高于往年，显示战略性新兴产业增速强劲。

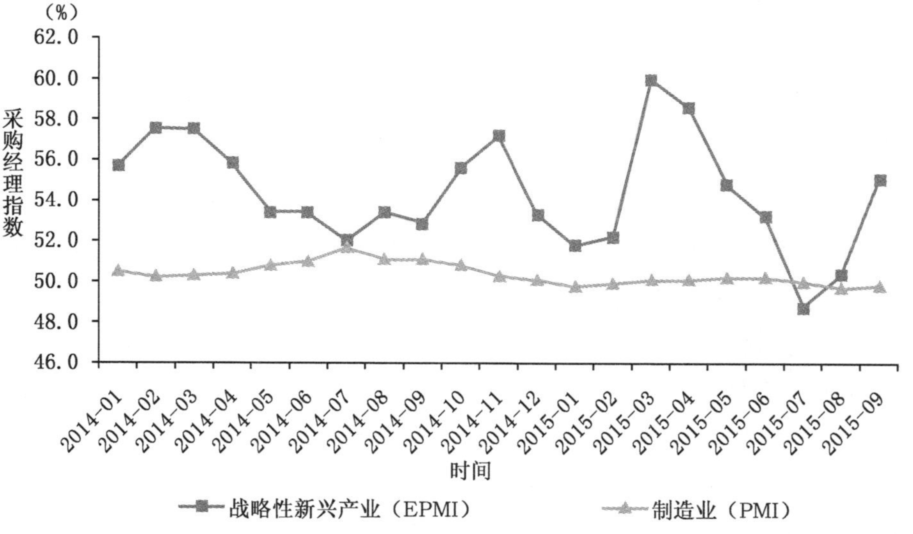

图 2—6　2014 年以来战略性新兴产业采购经理指数走势

资料来源：根据中国科技战略研究网、国家统计局数据绘制。

从投资情况来看，新兴产业投资逐渐复苏回暖，发展后劲进一步积蓄。中央和各地促投资的措施逐步发挥作用，高技术产业稳投资的积极因素不断集聚，2015 年上半年，全国规模以上高技术制造业投资同比增长 15.2%,比整体投资增速高 3.8 个百分点。

从上市公司来看,新兴产业上市公司显示出了良好的发展后劲。一方面,领军企业不断涌现,上半年,沪市与战略性新兴产业相关的上市公司中当年营业收入进入全市场前 25%的公司数达到 50 家,比去年同期增加 8 家,产生了明显的带动作用;另一方面,公司研发投入大幅提升,无形资产比上年同期增长 23%,高于沪市 15%的总体水平,创新驱动效果正逐步发挥[9]。

(2)新兴产业生产规模迅速扩张

新兴产业整体实现较快增长,生产规模迅速扩张。2014 年以来,在全球经济调整分化和国民经济"三期叠加"的复杂背景下,经济增速由高速转向中高速,新兴产业作为引领未来经济社会发展的重要力量,其发展已成为世界主要国家抢占新一轮经济和科技发展制高点的重大战略。近年来,我国新兴产业整体实现较快增长,增速远快于国民经济总体水平,在稳定经济增长、促进转型升级方面发挥了积极作用。

2015 年,在经济结构调整过程中经济下行压力加大,新兴产业继续保持较快发展,成为支撑工业生产增长的重要力量。2015 年第一季度,我国新能源汽车、机器人增加值实现了 50%以上的高速增长,远超我国工业增加值 6.4%的增速,航空及航天器制造和电子及通信设备制造也实现了 20%以上和近 15%的增速。4 月份,高技术产业生产增长 10.5%,快于规模以上工业 4.6 个百分点,其中通信设备制造增长 19.4%,城市轨道交通设备制造增长 16.3%,合成纤维制造增长 16.2%,合成材料制造增长 14.7%,均实现了两位数的增长[10]。1~5 月,27 个重点行业主营业务收入同比增长 10.8%;在传统工业利润下滑的情况下,战略性新兴产业的工业部分实现利润同比增长 19.8%[11]。

7 月份,高技术产业增加值同比增长 9.6%,其中电子、医药行业增加值同比分别增长 9.4%和 10.2%;电子行业中,通信设备、雷达及配套设备分别增长 15.5%和 12.8%,电子器件制造增长 13.1%;机械行业中的高端装备制造业继续快速增长,航空、航天器及设备制造业增加值增长 34.6%,城市轨道交通设备制造增长 19.7%[12]。

2015 年前三季度,在工业体系中,高技术产业增加值增长速度仍然达到 10.4%,比规模以上工业增长速度高出 4.2 个百分点[13]。根据机动车整车出厂合格证统计，2015 年 9 月，我国新能源汽车生产 3.28 万辆，同比增长 2 倍；2015 年 1～9 月，新能源汽车累计生产 15.62 万辆，同比增长近 3 倍。相比而言，9 月全国汽车产量为 189.43 万辆，同比下降 5.6%；1～9 月，汽车产量为1 709.16万辆，同比累计下降 0.8%[14]。

表 2—11　新能源汽车与汽车工业整体生产情况对比

时间	新能源汽车产量（万辆）	同比增速（%）	汽车总产量（万辆）	同比增速（%）
2014—10	0.57	—	204.42	6.69
2014—11	0.97	1 000.00	216.07	1.24
2014—12	2.72	300.00	228.87	7.05
2015—01	0.66	500.00	228.70	11.47
2015—02	0.53	500.00	163.18	—0.38
2015—03	1.35	300.00	228.36	3.72
2015—04	0.91	150.00	207.97	0.59
2015—05	1.91	300.00	196.42	—0.58
2015—06	2.50	300.00	185.08	—0.22
2015—07	2.04	250.00	151.80	—11.76
2015—08	2.45	400.00	156.97	—8.44
2015—09	3.28	200.00	189.43	—5.64

资料来源：根据中国汽车工业协会数据制成。

(3)新兴产业市场效益良好

新兴产业快速发展，市场效益良好。近年来，我国经济增速由高速转向中高速，在此过程中，大部分企业市场效益纷纷下滑，尤其是支撑我国经济多年来快速发展的传统基础产业，受产能过剩问题的困扰，企业亏损面逐步扩大。然而，新兴产业的发展却能逆势增长，以较高的速度迅速扩张，赢得了极佳的市场效益。例如光伏产业，2015 年前三季度，光伏制造业总产值超过2 000亿元，在工业总体下行的大环境下，光伏产业逆势增长，同比增幅达 30%。多晶硅产量约 10.5 万吨，同比增长 20%，组件产量约 29GW，同比增长 26.4%，硅片和电池片产量分别为 68 亿片和 28GW。2015 年上半年，硅片、电池片、组件等主要光伏产品出口额超 100 亿美元[15]。

另外，资本市场很好地反映了新兴产业发展的良好市场效益。尽管整体经济环境仍不乐观,但战略新兴产业板块却成了当之无愧的业绩增长主力。综观2015年上半年上市公司经营情况,在经济下行压力增大、沪市整体经营业绩趋缓的情况下,沪市相关战略性新兴产业上半年实现营业收入1.07万亿元,实现净利润525亿元,继续保持增长势头,增速高于总体上市公司水平。同时,实现经营性现金流量净额456亿元,同比增长41%,体现了良好的经营质量。其中,相关重点产业业绩表现良好,尤其是电子设备制造业显示出强大的发展动力,净利润增速达到39.40%。战略性新兴产业占比达到73.1%的创业板,上半年平均净利润达到0.5亿元,同比增长25%,远高于市场平均水平;中小板上市的244家战略性新兴产业公司,同期净利润同比增长28.47%[16]。其中,据Wind资讯统计,在2015年上半年新能源与新材料行业业绩成长性最好,归属于母公司净利润的同比增幅分别高达39.48%和64.92%,尤其新能源行业,是上半年唯一一个合计营业总收入同比增幅超过去年同期的子行业[17]。

2.2.2 新兴产业的创新驱动能力进一步形成

新兴产业的迅速发展依赖于创新活力的激活与释放。国家在高速铁路和特高压技术等方面已经达到世界领先水平,并已经开始向部分发达国家进行技术与资本输出。国家层面的重大技术攻关——北斗导航、大型船舶、飞机发动机及航天技术领域取得重大进展。京津冀地区,北京在高端软件和信息技术服务的“高精尖”领域,天津在航空航天产业关键技术领域,石家庄在微生物制药和现代中药产业链重要环节;长江经济带,以上海为龙头,沿江城市群在集成电路、先进医疗器械、新型平板显示、先进轨道交通装备和生物医药等多个领域;珠三角地区,广州、深圳等地大力进行平板显示、智能终端、移动通信、基因测序、无人机、机器人等新兴产业领域的技术创新[11]。上述新兴产业的技术创新能力进一步形成,其驱动力主要表现在以下三个方面:

(1)大型国企与民营企业的创新驱动能力增强

企业是技术创新的主体,是实现创新驱动发展战略的主导力量,其中,国有资本在国家计划或产业政策主导下实现创新驱动,而民间资本主要在市场需求的引导下实现创新驱动。

国有企业,尤其是国有大型企业集团和高技术国有企业,作为国民经济发展的主导力量，与其他类型企业相比，在国家创新体系建设中无疑扮演着更为重要的角色，发挥着更为重要的作用[18]。在国家创新驱动发展战略指引下，国有企业的创新意识明显增强，创新投入快速增长，具有自主知识产权的关键技术、核心技术不断增多，自主创新能力不断增强。如国家电网、南方电网全面掌握特高压核心技术，在世界电网科技领域实现了中国创造和中国引领；电信科学技术研究院的 TD-SCDMA 作为中国提交的第三代移动通信技术标准，被国际电联(ITU)和 3GPP 组织接纳为国际标准等等，这些企业已经成为中国企业提升自主创新能力的典范，成为中国经济发展的中坚力量。

新兴产业是一个创新驱动的产业，从对七大战略性新兴产业调查的结果来看，创新最活跃的是民营企业，特别是民营高技术企业[19]。民企的高新技术创新决定其生死，在市场需求引导下，民营企业会不断地自主创新，在新兴产业发展中抢占先机进行技术研发，开创新的商业模式。新兴产业一般具有高技术、资金密集等特征，一些无法直接主导新兴产业的中小民营企业，通过与大企业发展需求的配套来求得生存空间，也可实现创新驱动互利共赢。如华为、联想以及百度、阿里巴巴等企业，通过不断的自主创新主导一个行业，而其他不能主导某一行业的中小民营企业通过与这些大企业的积极配套，使自身的创新成果得以施展，推动领域内科技创新的进步。2014 年有 410 家民营企业 500 强投资战略性新兴产业。与过去两年相比，投资产业企业数量均大幅度上升，民营企业 500 强纷纷通过投资战略性新兴产业来实现结构调整、方式转变[20]。

(2)科研院所与高校的创新能力进一步凸显

科研院所与高校是国家创新体系的主体，其创新能力不断增强，有助于促进新兴产业的创新驱动。科研院所与高校凭借其人才、信息、科研、智力等资源，通过与企业间科技创新平台的联合建立，实现信息、知识、科技资源共享，对推动产学研合作和区域经济发展、带动我国新兴产业迅速发展起到了积极的促进作用。

例如，上海交通大学积极对接国家战略和社会发展重大需求，大力促进学校科研成果服务国民经济一线。例如：张永明教授历经 8 年掌握了“全氟离子膜”制备的核心技术，打破了美国和日本在这一尖端技术领域长达 30 年的技术垄断；潘建生院士使国产核岛主设备大型锻件的综合性能指标和制造技术达到国际先进水平，在国内率先形成三代核电核心装备成套生产能力以及我国自主设计的四代核电配套装备能力；来新民教授在超薄燃料电池金属双极板开发和产业化方面取得突破性进展，研制出的金属双极板关键指标在国内率先达到美国能源部(DOE)标准；谭家华教授团队打破了国外技术垄断，使我国实现了大型绞吸式挖泥船的自主设计和建造[21]。

再如，自 2014 年以来，中国科学院系统在绵阳科技城落地的合作项目达到 103 项，总投资达到 86.71 亿元。其中，中科院微电子所、中科创新育成中心、西部控股与绵阳市政府签署了《中科西部智慧产业城投资开发合作协议》，涉及新能源汽车、物联网、大健康服务、生物科技、软件园及智慧城市建设等多个领域。中科院将其人才优势和技术优势与产业界、金融投资界有效融合，为绵阳乃至四川产业转型升级和新兴产业发展做出积极贡献[22]。

(3)高技术产业集群的创新活力进一步提升

新兴产业向产业园区集中，形成具有较强创新活力的高技术产业集群。新兴产业向高新技术产业开发区、经济技术开发区、新型工业化产业示范基地等产业园区集聚，形成一批具有特色的新兴产业集聚区，产业集聚加强了产业间的联系和企业主体间的互动，不断重塑区域竞争力，如北京海淀、上海张江、深圳南山等已经成为有一定国际影响力的高新技术产业集群。

北京海淀拥有全国最密集的高等院校与科研机构，人才和创新资源雄厚，是中关村科技园区的发源地，也是中关村国家自主创新示范区的核心区。应对经济新常态，在“大众创业、万众创新”的热潮中，2015 年上半年，海淀高技术制造业产值增长 14.8%，增速高于规模以上工业平均水平 6.5 个百分点[23]，重点行业中计算机通信和其他电子设备制造业产值 515.7 亿元，同比增长 16%。截至 2015 年上半年，海淀区国家高新技术企业存量累计达5 315家，约占全国 1/10。2015 年又有超过1 200家企业新申请认定国家高新技术企业[24]。这些企业，改变着中国的高新技术产业，也使得中关村真正成为中国新兴产业的策源地。云计算和物联网、北斗与空间信息服务、集成电路、生物工程和新医药、新能源、新材料、节能环保……改变生活、影响世界的产业脉动，正在海淀园持续酝酿和生成。

上海张江顺应“大众创业、万众创新”的大趋势和上海建设全球科创中心的战略部署，围绕创新创业和孵化培育，着力形成创业工坊系列和创新基地系列两大产品系列，把相关创业者集聚到众创空间，建设全球影响力科技创新中心。在空间布局上，张江园区一方面将自北向南（康桥园区、国际医学园区）延伸，形成一条涵盖医学、医药、医械、医疗，融入大数据、云计算的“医”产业带；一方面加快向临港“转移”，积极鼓励张江的优势产业，如信息技术、物联网、大数据等向临港转移、集聚，形成相关产业集群，联手打造“升级版张江”[25]。

深圳南山集聚了丰富的科研创新资源，被誉为中国南方最具“硅谷气质”的地区，拥有国家级高新技术企业1 463家，国家级创新载体 53 家，PCT 国际专利申请量占全国的 18.2%，有 111 家上市公司，密度居全国各县（区）前列，走出了腾讯、中兴、华为、海普瑞、金蝶等诸多行业龙头企业。目前，南山区已实现 90%以上的研发机构设立在企业，90%以上的研发人员集中在企业，90%以上的研发资金来源于企业，90%以上的职务发明专利出自企业，成果与市场、科技和经济得到较好融合。项目、资金、技术、人才、知识产权等众多科技创新要素的齐全，使南山区成为自成体系的高新技术产业集群[26]。

2.2.3　新兴产业发展面临的挑战

尽管我国新兴产业发展势头强劲，发展规模与效益取得了可观的成绩，且在新一轮科技革命带动下创新驱动能力日趋增强，但其发展中也存在诸多的问题，中国新兴产业领域不仅在技术基础方面相对滞后，而且随着新一轮全球产业变革面临更加巨大的挑战，主要体现在如下方面：

(1)核心技术相对滞后，部分关键环节缺失

我国部分核心技术依赖国外，部分核心生产环节缺失，仍制约部分新兴产业的发展[27],[28]，如集成电路与芯片、计算机 DOS；智能装备及其内部控制系统；新能源汽车的重要系统部件，如电机驱动系统、电池系统技术[29]。再如，8 代、8.5 代液晶面板生产线已顺利投产，但偏光片、超薄玻璃基板、液晶材料等关键材料自给率均不超过 10%；机器人制造领域，国内工业机器人核心零部件缺乏领先的自主创新技术及产品，市场主要被国外行业巨头所垄断[30]。

(2)市场环境尚需进一步规范和完善

一是市场准入与行业垄断制约了关联产业的发展。例如:风能、再生能源发展与利用受制于电网;电信运营商对网络带宽的垄断、三网合一进展缓慢,制约了云计算、大数据等相关企业的业务发展[31]。二是技术创新机制问题突出。例如,技术创新公共服务平台的稀缺,国企面向市场缺乏创新活力、民企受到制约与歧视等[32]。三是知识产权保护力度还有待进一步加大。例如,企业投入大量人力、物力、财力研发的新成果,上市不久便面临大量仿制品的冲击,严重挫伤企业的创新动力[33]。

(3)市场发展仍面临挑战

我国新兴产业发展面临国际市场拓展举步维艰和国内市场高端失守的双重压力。一方面,全球经济复苏乏力,出口不振。首先是有些国家通过各类非关税壁垒阻挡我国新兴产业产品出口,如“双反”调查仍旧频频出现;其次国外媒体夸大宣传,引导消费者抵触中国产品。另一方面,国内市场开发不足,部分产品的国内市场占有率偏低。例如:因汽车价位高、车型种类少、消费者认知不足等因素影响,新能源汽车在国内的市场份额依然较小;AMOLED 产品方面,虽然我国已经具备了 5.5 英寸 AMOLED 产品的生产能力,但目前看,在 AMOLED 显示市场上,三星独占着 90%以上的市场份额。

(4)资本市场不完善,新兴产业企业融资难

首先,银行信贷条件较高,中小企业获得银行信贷难度大。银行放贷的对象偏向于大企业国有企业,尽量少贷或不贷给中小企业资金以规避风险,对新兴产业也不加区分收紧贷款,这在一定程度上阻断了新兴产业中中小企业的主要融资渠道,加大了其融资难度。其次,风险投资市场尚不健全,对中小企业支撑作用不大。虽然风投、创业型基金等已有一定的发展,但现阶段中国风险投资尚处于起步探索阶段,还不够成熟与发达,资本市场中中小企业的上市门槛仍然较高,竞争非常激烈,A 股市场上市条件严苛,大批新兴产业企业难以满足资本市场现行上市规则。

(5)高端人才缺失制约新兴产业发展

我国战略性新兴产业持续快速发展,但高层次领军人才和创新型人才高度缺乏,高素质人才缺乏问题在部分行业表现得尤为突出。如核电产业,我国先进核能技术研发方面的人才还比较欠缺,且在核电停滞的几

年间，核电人才流失严重，随着核电项目的增多，核电人才短缺日益明显。人才资源缺乏的主要原因在于：国内教育体系不够完善，复合型人才培育机制与文化缺失；现有体制机制存在问题，使得人力资源的配置效率不高；我国还缺乏对创新型人才的有效激励机制[34]。

2.3 2015 年互联网产业发展动态分析

互联网产业主要是指以现代新兴互联网技术为基础，专门从事网络资源搜集和互联网信息技术的研究、开发、利用、生产、储存、传递和营销信息商品，可为经济发展提供有效服务的综合性生产活动的产业集合体，是当前经济结构“升级与转型”的驱动力之一。随着新一代信息技术的进一步发展，移动互联网已向各个领域延伸与渗透，逐步构筑“互联网＋”时代；同时进一步催生移动通信、可穿戴设备、互联网金融、电子商务、信息服务与消费、新媒体社交与娱乐休闲等新业态、新模式的迅猛发展，也促使中国互联网产业的规模与增速迅猛增长。

2.3.1 2015 互联网产业发展继续风光无限

在宽带接入、4G 通信技术与移动用户——潜在市场迅猛增长的背景条件下，互联网产业呈现高速增长的态势。

（1）移动通信

2014 年是中国 4G 发展的元年，我国的 4G 用户数已突破8 000万，超过韩国和日本，成为全球仅次于美国的第二大 4G 国。预计 2015 年，用户数将达 2 亿到 3 亿，跃居全球第一大用户国，用户规模甚至会超过全球的 1/3[35]。除了规模以外，中国在 4G 领域的创新，如五模和全模的芯片，包括 VoLTE 和 LTE 大规模的试验和商用，也在促使中国成为全球的 4G 创新研发中心。5G 应用现也已进入国际标准的阶段，将逐渐成为信息通信业最值得关注的领域。

（2）电子商务

2014 年中国电子商务市场实现交易规模 13.4 万亿元，同比增长 31.4%。其中：B2B 电子商务市场交易额达 10 万亿元，同比增长 21.9%；网购交易额 2.82 万亿元（近 1/3 为手机网购），同比增长

49.7%[36],占社会消费品零售总额的比重达到10.6%。2010～2014年中国电子商务年均复合增长率(CAGR)已达约74.3%。2015年上半年,中国电子商务交易额达7.63万亿元,同比增长30.4%。其中:B2B交易额达5.8万亿元,同比增长28.8%;网络零售市场交易规模达1.61万亿元,同比增长48.7%。预计2015年电子商务在整体网络经济中的占比将超过50%,交易规模将达15万亿元左右,且未来四年电子商务的CAGR均将高于网络经济整体增速[37]。

(3)互联网金融

2014年电商巨头京东与天猫强势切入互联网消费金融市场,使得市场格局从P2P消费信贷为主转向电商平台。2013年中国互联网消费金融市场交易规模达到60亿元,2014年通过电商平台产生的消费金融交易规模突破160亿元,增速超过170%,占互联网金融交易规模的32%,预计2015年该比例将增至40%以上,2016年将超过一半[38]。未来三年整体市场将突破千亿元,复合增长率达94%。与此同时,互联网金融用户规模也在持续扩大,2014年用户规模为4.12亿人,渗透率为63.38%;预计2015年国内的互联网金融用户将达到4.89亿人,渗透率达到71.91%;而随着国内的网民用户规模增速放缓,这一数据到2016年将达到5.33亿人,渗透率74.03%[39]。

(4)信息服务与消费

经济发展新常态下,信息服务与消费符合当下个性化与多元化为主流的服务消费方式。预计2015年中国信息消费总量会突破3.4万亿元,增幅将突破24%,以智能终端,包括互联网为主的信息消费占比将突破80%,成为信息消费的主导。2015年信息产业市场规模将超过15万亿元,2016年将超过16万亿元[40]。信息通信技术与传统产业的深度结合和融合,最终会改变整个传统产业的运行模式和增长方式,信息消费尤其是新兴信息消费在未来发展中会起到越来越重要的作用。基于移动互联网的信息消费已成为创新最活跃的领域,预计2015年移动互联网信息消费市场规模将突破2.3万亿元,未来还将持续快速增长。

(5)其他领域

互联网媒体迭代加速,移动医疗、在线教育、在线旅游等未来市场快速成长。2014年全球移动医疗产业规模已达到69亿美元,预计2015年将会突破 100 亿美元，其中，中国和美国将成为发展的主要动力。2015 年，预计中国移动医疗市场规模将达到 42.3 亿元，同比增长 48.9%[41]。2014 年中国在线教育市场规模达到 824.9 亿元人民币，预计 2015 年将达到 965.2 亿元人民币，未来三年增长率达 20%左右。互联网巨头纷纷进军在线教育，如淘宝同学、腾讯在线教育、百度在线教育平台，以及小米在线教育、新东方进驻百视通 IPTV 平台等。2014 年在线度假市场交易规模增长率达 42%，远高于在线旅游市场的增长率(27.5%)，2015 年将继续保持高速增长，增长率将在 35%以上[42]。房产 O2O、家居 O2O 等不仅将从线上进行推广，还将开通线下实体店进行销售和体验。无人机等新兴热门领域高速增长，2015 年中国无人机出货量将达 64.5 万台，成为全球三大市场之一(美国 35%、欧洲 30%、中国 15%)[43]。

2.3.2　互联网产业竞争力进一步提升

伴随互联网产业的繁荣兴盛，一批优秀的企业不断发展壮大，成为促进互联网经济发展的重要力量。华为公司已成为全球营收第一的通信设备企业，从初始成本只有 2.1 万元的民营企业，稳健成长为年销售规模近 2 400亿元的世界 500 强企业，其电信网络设备、IT 设备和解决方案以及智能终端已应用于全球 170 多个国家和地区；4 家互联网企业阿里巴巴、百度、腾讯、京东，5 家国内品牌智能手机厂家中兴、华为、联想、酷派、小米均进入全球行业排名前 10 位。目前阿里巴巴的市值达2 330亿美元，全球排名第三，仅次于苹果和谷歌，2014 年互联网收入为 114 亿美元。腾讯和百度紧随其后，分列第六和第八，公司市值分别达1 990亿美元和 720 亿美元[44]。2015 年，中国互联网百强中共有 71 家企业在全球各主要资本市场挂牌交易，总市值达 4.66 万亿美元[45]。

互联网产业的口碑效应和跨地域的特征，让中国企业“走出去”获得新的机会。3G 门户旗下产品 GO 桌面在谷歌应用程序商店下载安装量突破 1 亿，猎豹移动因海外业务蓬勃发展得以在美国上市。UC 浏览器超越国际知名品牌 Opera 浏览器，在印度市场的份额超过 30%，使得 Opera 浏览器的市场占有率从 40%下降到 11%[46]。互联网产业竞争力的增强，也对我国争夺国际话语权助力匪浅。从凤凰网、新浪网等网络巨头的实践来看，在对中国重要问题的报道和对重大问题中国视角报道两方面,海外的影响力都在逐渐提升。未来互联网产业将成为决定未来国家竞争力的核心元素,抢占互联网发展的制高点尤为关键。

2.3.3 互联网产业发展的新技术动向

新一轮全球产业变革下,新的生产方式、产业形态、商业模式和经济增长点不断涌现。科技创新力度的加强,推动了以BAT领衔的互联网企业和3D打印、移动互联网、云计算、大数据等领域的持续突破创新。新产品、新技术、新业态、新模式,正引领全行业乃至全社会的创新浪潮。

移动互联网和智能终端已成为当今全球创新最活跃、发展最迅猛的两大领域。我国的移动互联网渗透率已超过80%,为全球最高。移动互联网已经在娱乐、信息获取和沟通三大应用领域超越了PC互联网,手机购物、移动金融等或将成为未来的爆发性增长点,其中移动购物增长率预计将达35%以上[47]。以3G为代表的移动互联网模式和以WiMax、WiFi为代表的互联网移动模式将是未来的主流模式。移动广告的影响力也在逐步扩大,在影响消费者消费行为的三大主流广告渠道中,移动互联网以43%的影响力超越电视的31%,并正在逐步向PC互联网的61%进一步靠拢。同时,基于个人信息处理功能智能化的第一代智能电话正在被基于网络的新一代智能终端所替代,以苹果的iPhone、谷歌的Gphone、微软的Wphone等为代表的新终端引爆了终端市场。苹果手机占据了全球市场的51%以上,但中国手机品牌的表现也依旧亮眼。小米利润最高,2014年净利润达65亿元,其次是OPPO、Vivo、Huawei和TCL。在智能手机之后,以手表、健康医疗设备、眼镜等在内的可穿戴设备(Wearables)和物联网(IoT)成为终端产业的新动力,目前正在市场培育期阶段,有望在2016年或未来五年实现爆发。著名分析机构摩根士丹利预测智能终端创新还将继续引领产业创新30年。

云计算和大数据成为互联网第二代的“基础设施”,是数据时代最具价值的底层平台。2014年,国内云计算市场收入规模达1 174.1亿元,同比增长达93.5%,预计未来云计算产业链规模可达7 500亿至1万亿元[48]。云计算应用实践不断扩大,阿里、盛大、华为等诸多公司纷纷布局云计算,百度云平台已汇聚超过50万个中小企业及开发者用户,带动就业100万人以上,累计为用户节约成本超过20亿元;腾讯云开放平台已有超过 60 万户开发者注册，分成收入突破 10 亿元。云计算相关新技术、新业态、新模式在重要行业领域的应用愈加深化，有效帮助传统企业提升产品附加值、提高生产效率、创新商业模式。海尔、创维、金立等传统制造企业依托云服务创新推出消费者对企业的商业模式，向智能化、个性化、定制化迈进，实现了由硬件制造商向“制造＋服务”提供商的升级；传统电器销售商苏宁电器加速向基于云计算的零售服务、互联网金融服务转型；众安保险在阿里云的支持下，用低成本、高灵活性的信息技术能力拓展互联网保险业务，创造了互联网金融发展的新形态[49]。由云计算服务提供商、网络基础设施服务商、软硬件服务商，以及终端设备厂商等组成的云计算产业生态链正在逐步形成，技术服务创新能力进一步加强。未来智慧城市和工业等重点行业应用将成为云计算重要市场，智能家居等垂直行业的云应用也将取得重要突破。

大数据应用蓄势待发，中国将迎来继人口红利之后的下一个红利——大数据红利，并引领世界互联网体验升级潮流。2014 年中国大数据市场营收规模达 75.7 亿元，同比增长 34.7%，预计 2015 年将达 102 亿元。未来三年大数据市场的营收规模还将保持 36%以上的增速，预计到 2018 年营收规模将达 258.6 亿元[50]。大数据产业集群效应逐渐形成，陆续出现数据增值和数据技术服务等新商业模式，细分市场涌现。零售业将进一步通过数据驱动经营和营销，与权威市场研究机构、领先互联网巨头等合作，不断丰富外部数据源，积极尝试微店等营销新模式，寻找消费者偏好新潮流；旅游业将加快连接线下旅游主管机构及景区、酒店等和线上旅游平台，尽快建立数据统一化标准，实现大数据的三屏（景区公告大屏、旅游监管大屏、游客手机屏）统一；医疗行业可通过采集临床数据、药品等经营数据、患者行为数据等，形成医疗知识图谱，利用医疗大数据发现关联关系，提升医院的运营效率、提供临床决策支持、医疗质量监管、辅助科研、个性化治疗等服务；通信行业将通过 WAP 网关、信令数据、WLAN 系统等采集大数据，建立数据共享平台，推动大数据的行业应用和基础应用，以此提供增值服务和基于用户行为分析的精准营销。2015 年，中国三大通信运营商巨头（电信、联通、移动）在大数据领域的投资额预计将达到 23 亿元。国务院 9 月份最新颁布的《促进大数据发展行动纲要》明确提出：要深化大数据在各行业创新应用，促进大数据产业健康发展;完善法规制度和标准体系,科学规范利用大数据,切实保障数据安全。通过促进大数据发展,加快建设数据强国,释放技术红利、制度红利和创新红利,提升政府治理能力,推动经济转型升级。

移动互联网、大数据、云计算等新一代信息技术大幅拓宽互联网生态边界。2014年以O2O为元年的新电商模式和以P2P为风口的互联网金融模式进一步发展。2015年,O2O商务应用全面拓展,产业价值凸显,O2O商务应用服务全面布局,在招聘、电影票、交通票务、旅游门票、打车代驾租车、餐饮、美容美体、汽车保养等领域热点不断,服务民生的应用体系逐步成熟,市场规模加速扩大。大数据技术促使O2O商业服务更加精准,为商家开展会员管理、位置预订、客户点单、广告投放等服务提供便利,企业市场盈利空间广阔。互联网公司纷纷布局O2O,目前国内与O2O相关的企业已有近1 000家。刚冒头的寻蜜鸟,正在打造中国首家本地生活社交化平台电商,以移动支付为中小商户提供跨界互联增值服务,全方位构筑"吃喝玩乐购"消费生态圈。2015年上半年,我国O2O市场规模达3 049.4亿元,同比增长高达80%[51]。预计2015年底中国的O2O市场规模将达到4 188.5亿元[52]。P2P行业发展风生水起,蔚为大观,融资额、平台数量激增。业内领先的拍拍贷、人人贷、有利网、积木盒子等均获得B轮、C轮融资,估值不断创新高;约30家新兴平台(部分上线不足一年)获得A轮融资,包括爱投资、人人投、短融网、银客网、人人聚财、爱钱帮、理财范等。2014年全国P2P平台的成交额超过2 000亿元,2015年前三季度P2P行业总成交额达6 367.5亿元,是2014年全年成交总额的3倍多[53]。2015年第三季度,P2P行业总成交量达2 937.63亿元,环比二季度增长了43%,与上年同期相比增长了284%,呈持续攀升态势。预计到2015年底,P2P网贷全年成交量将突破8 000亿元[54],未来还将迎来爆发式增长;第三方支付、股权众筹、互联网基金销售和互联网保险等新热点和新业态将不断涌现,服务模式不断创新,未来互联网产业将呈现"新业态、深融合"的前进态势。

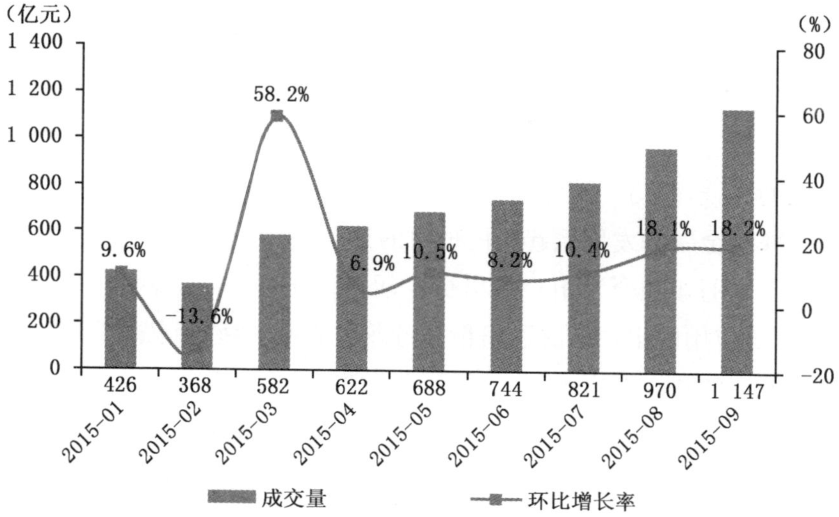

图2—7　2015年1～9月全国P2P成交量及环比增长率

资料来源：根据艾瑞咨询、招商证券数据绘制。

2.3.4　"互联网+"、"+互联网"催生产业转型与升级

"互联网+"强调"逆袭创新"。"互联网+"下新技术优势、体制机制优势和更广泛的社会支持，容易产生爆发式增长，强调"逆袭创新"。如互联网向商业逆袭成为电子商务，互联网向金融业的逆袭造就互联网金融，互联网向传媒业逆袭形成互联网传媒……这种由"新"向"旧"的突入式扩张，造成了传统产业的强烈震撼和新兴产业的"破土而生"，已成为中国经济新常态下的又一发展风向标。

"+互联网"强调"顺势创新"。"+互联网"拥有的是存量优势、行业标准优势和公信力优势，更强调"顺势创新"。如工业互联网、金融互联网等，主要是传统行业以既有业务为基础，利用互联网技术和理念，提高为用户服务的效率和质量。德国的"工业4.0战略"、美国的"CPS战略"和我国的《中国制造2025》，均可纳为"+互联网"的版图阵营。

"互联网+、"+互联网"催生产业转型与升级。不管是以企业、技术、商业模式、资金、人才等为主导的"互联网+"，抑或是以传统企业为主导的"+互联网"，都推动了传统企业和行业的转型、升级和创新，促进我国产业由价值链的低端逐步向高端攀升，推动中国经济不断迈向全球化。

目前,互联网已渗透到交通、金融、物流、零售、医疗等多个传统行业,并取得了一定成果。互联网与零售业的融合使原有产业销售渠道改变,如苏宁、国美等传统电器卖场通过开设网上商城的形式,全方位展示商品参数信息,通过送货上门服务使消费者足不出户便可以购买大宗家电;互联网加金融的实践,改写了金融业竞争的格局,余额宝、网络银行、P2P个人信贷等互联网金融的发展掀起全民理财的热潮,金融业开始更加"接地气";互联网与交通业融合为用户的出行生活提供了便利,如"滴滴打车"、"快的打车"等应用的出现解决了出租车行业供需不平衡的问题;"互联网+"旅游新业态的建立开启了"我的行程我做主"的个性旅游新时代,2014年中国在线旅游市场交易规模达3 077.9亿元,同比增长38.9%,预计2015年将达3 523.8亿元,2018年将达到8 053亿元[55];互联网与医疗业的结合使医疗资源的分配得到有效改善,医院通过开通网络挂号、专家预约、网上问诊的方式,节省了患者排队就医的时间成本;"+互联网"下的中国制造正依托新一代信息技术驱动传统制造向智能化、数字化、绿色化的"中国智造"加速迈进,塑造独特的中国制造文化和中国制造品牌。

2.3.5 互联网下的产业融合带动效应有限

目前,互联网产业的发展主要发生在消费领域,以消费者为服务中心,提供个性化、体验化、创新创意化的新消费方式和线上线下一体化的新商业模式。互联网在短时间内迅速吸引了大量消费者,对生活与消费方式影响巨大,增长强劲。然而,尽管互联网对现有产业形成了巨大的冲击,但其所融合的行业所产生的经济效益更多地集中在零售和金融业,所创造的新需求和经济增长有限,产业带动效应有限。

零售业创造的新需求有限,更多的是对传统零售的替代。在零售方面,我国互联网在近几年取得了飞速发展,互联网零售在我国总体零售中的比例不断提高。随着电子商务等的发展,传统零售行业历经寒冬,百货纷纷转型,品牌关闭大量门店执行收缩战略。然而,互联网零售的主要产品均为传统零售产品,如服装箱包、手机话费充值、化妆品及个护用品、家居百货、图书音像、食品等。互联网零售虽然刺激了一部分消费,但其所创造的新需求有限,其零售的本质并没有改变,依然是在挖掘和满足客户需求,变化的是平台和对传统零售形式的替代。网络购物市场的规模虽在不断扩张，但增速也在持续下降，预计 2017 年增速将下降至 15%左右。

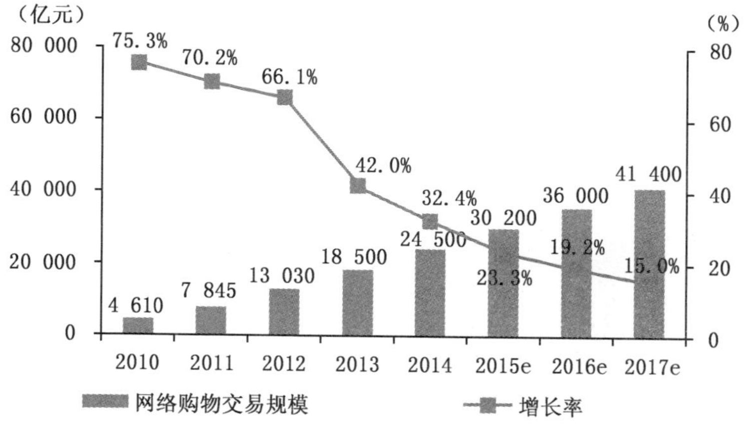

图 2—8 2010～2017 年我国网络购物市场交易规模和增速

资料来源：根据艾瑞咨询、招商证券数据绘制。

互联网金融带来的经济增长有限，产业带动效果不十分明显。目前互联网金融的业务发展主要集中在第三方支付、贷款和融资方面。在互联网金融领域，互联网作为渠道商，替代了原有银行和金融机构的功能，其对实体金融行业的挑战更多地体现在商业模式与思维方式上。互联网金融颠覆的是商业银行的传统运行方式，而不是金融的本质，互联网金融的实质还是金融，互联网只是工具，其所带来的经济增长十分有限，产业带动效果不十分明显。

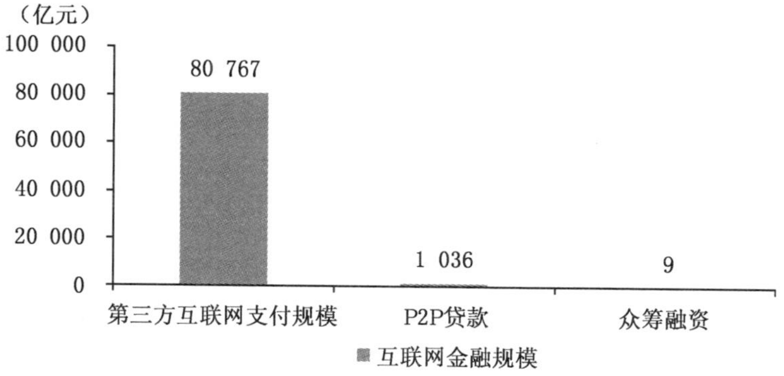

图 2—9 互联网金融业务规模

资料来源：根据华泰证券研究所数据绘制。

互联网在生产领域的渗透率很低,短时间内难以形成突破式进展。目前,我国互联网在零售、批发、生产等领域的渗透率依旧较低,对于消费大数据与生产大数据方向的融合不充分。此外,生产领域的互联网融合面临技术、生产方式变革等方面的巨大挑战,在短时间内难以取得突破式进展,对国民经济发展的影响十分有限。

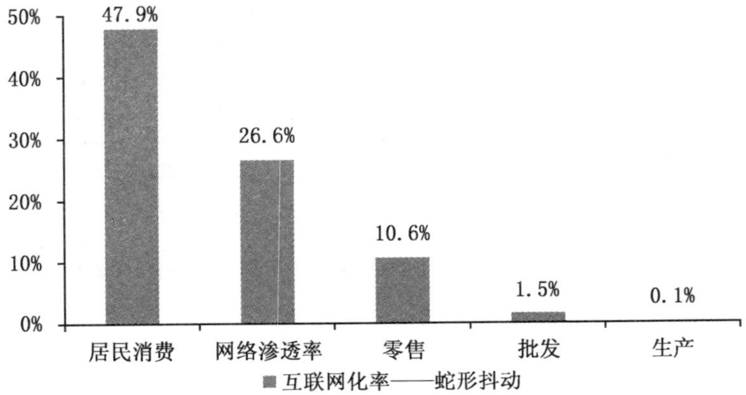

图 2—10 互联网化率

资料来源:根据华泰证券研究所数据绘制。

注:生产 0.1%意味着生产渗透率很低,无确切数据。

总体来看,虽然目前我国互联网行业取得了很多重大进展和成就,然而互联网融合的主导领域主要发生在消费和金融两大块,替代效应明显,但带动效应有限。两大领域的互联以对传统经济的替代转化为主,而非创造需求。同时,由于互联网服务范围的局限性,且未触动消费者本质需求和生活方式,互联网产业融合带动效应有限,对经济增长贡献有限。

2.4 本章小结

2015 年,在世界经济复苏缓慢的宏观经济形势及我国经济发展"三期叠加"的特定阶段下,传统基础性产业、新兴产业和互联网产业发展表现出不同的走势与特征。

传统基础性产业逐步衰退,主要产品产量逐渐趋稳或递减、增速趋缓或呈负增长、价格持续走低、盈利空间逐步收窄,且面临产能严重过剩问题凸显,总量过剩与结构性过剩并存,其发展已逐渐步入成熟期或衰退期。究其可能的原因，主要在于下游产业的需求不足，特别是受产业链下游的房地产、传统制造业等产业需求下行的制约。另外，传统基础性产业发展处于寡头垄断市场，因严重的产能过剩、产品同质化及国际竞争压力等因素影响，相关产业主导企业面临着巨大的转型压力。

新兴产业保持良好的发展态势，生产规模迅速扩张，市场效益良好，且其创新驱动的能力已进一步形成。同时，其发展也面临着诸多的困境与挑战，主要表现在：核心技术较为滞后，部分关键环节缺失；市场环境尚需进一步规范和完善；市场开拓面临较大的阻力；资本市场不完善，新兴产业企业融资难；人才缺失制约新兴产业发展。新兴产业的迅速发展，可能的原因在于其创新活力的激活与释放。大型国企与民营企业创新驱动能力的增强、科研院所与高校源头创新能力的凸显及高技术产业集群创新活力的提升，共同推动新兴产业快速发展。

互联网产业发展继续风光无限，移动通信、电子商务、互联网金融、信息服务与消费等连创佳绩。一批优秀企业不断发展壮大，成为促进互联网经济发展的重要力量，且中国企业获得更多“走出去”的新机会，使我国互联网产业的国际竞争力得到了进一步的提升。移动互联网、智能终端、云计算、大数据等的发展，已成为互联网产业发展的新技术动向。强调“逆袭创新”的“互联网＋”和强调“顺势创新”的“＋互联网”双向联动，共同催生传统与现代产业的转型与升级。但同时因互联网产业发展的主导领域现主要集中在零售和金融等消费服务领域，其创造的新需求有限，更多的是对传统经济的替代转化，互联网产业融合带动效应有限，对经济增长贡献有限。

3

2015 年主要区域产业发展动态分析

3.1 中国区域产业发展的比较分析

为推进区域经济均衡发展，国务院将我国分为中部、东北、西部、东部四大地区，并提出了“中部崛起”、“东北振兴”、“西部开发”和“东部新跨越”的战略决策。东部地区包括北京、天津、河北、上海、江苏、浙江、福建、山东、广东、海南 10 省市；中部地区包括山西、安徽、江西、河南、湖北、湖南 6 省；西部地区包括重庆、四川、贵州、云南、西藏、陕西、甘肃、青海、宁夏、新疆、内蒙古、广西 12 省市区；东北地区包括辽宁、吉林、黑龙江 3 省。

3.1.1 区域产业发展规模与速度比较分析

从规模总量来看，我国四大区域经济呈现“东部领先，中西部追赶，东北衰退”的态势。以人均 GDP 指标为例，东部地区发展水平最高，其后依次为东北地区、中部地区和西部地区。由此来看，我国经济发展的区域梯

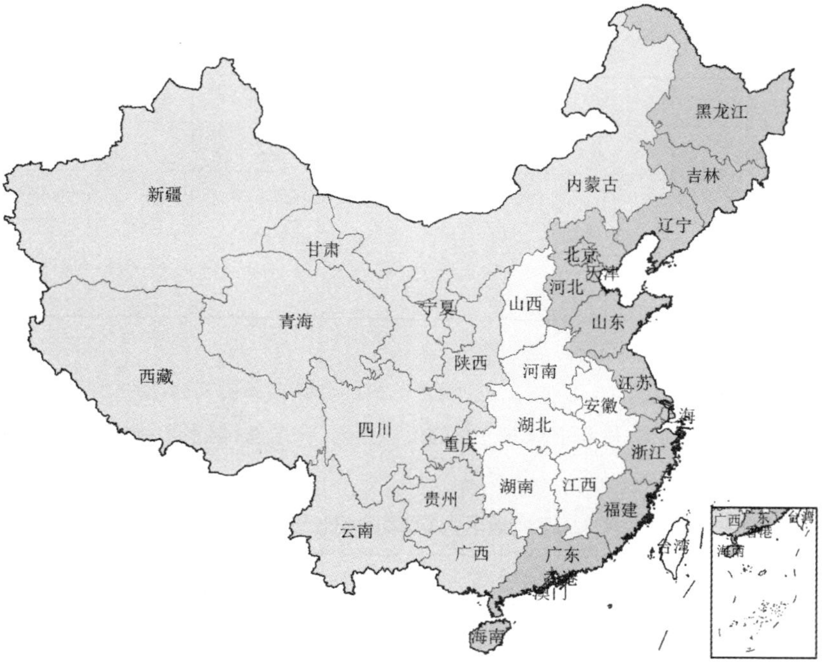

图3—1　中国四大经济区域划分

度差异性明显。

表3—1　　不同地区人口与经济发展状况

地　区	人口(万人)	GDP(亿元)	人均GDP(美元/人)
东部地区	51 057.09	369 417.7	11 639
中部地区	36 983.25	145 016.70	6 308
西部地区	37 025.69	145 771.31	6 333
东北地区	10 924.00	57 764.37	8 506

资料来源:根据国家统计局数据制成。

注:GDP数据为2015年前三季度与2014年第四季度的总和。

从发展速度来看,我国四大区域经济增长格局逐步由“东高西低”向“西高东低”转换。以GDP增速为例,多数中西部省份增速明显高于东部省份。从区域整体情况来看,西部地区增速最快,高达5.58%;其次为东部地区,略低于西部地区,增速为5.53%;中部地区增速为4.58%;而东北地区最低,其值为0.51%。人均GDP增速对比结论则有所差别,东部最快(7.83%),西部次之(5.04%)。

表 3—2　　不同地区 GDP 增长速率

地　区	2015GDP(亿元)	2014GDP(亿元)	GDP 增速(%)
东部地区	369 417.7	350 052.52	5.53
中部地区	145 016.70	138 671.66	4.58
西部地区	145 771.31	138 073.50	5.58
东北地区	57 764.37	57 469.79	0.51

资料来源:根据国家统计局数据制成。

注:GDP 增速=(2015 年前三季度 GDP+2014 年第四季度 GDP)/2014 年 GDP。以现价计算,所得 GDP 增速高于官方公布的可比价 GDP 增速,但不影响区域经济增速的差异性的比较。

表 3—3　　不同地区人均 GDP 增长速率

地　区	2015 人均 GDP(元/人)	2014 人均 GDP(元/人)	人均 GDP 增速(%)
东部地区	72 353.85	67 099.72	7.83
中部地区	39 211.45	38 241.59	2.54
西部地区	39 370.32	37 480.25	5.04
东北地区	52 878.41	52 359.50	0.99

资料来源:根据国家统计局数据制成。

注:2015 年 GDP=2015 年前三季度 GDP+2014 年第四季度 GDP,以现价计算人均 GDP 增速,进行我国四大区域人均 GDP 增速的比较。

3.1.2　区域产业结构及其比较分析

(1)三次产业结构的比较分析

根据人均 GDP(折算美元)指标,从四大区域所处的工业化发展阶段来看,东部地区处于后工业化阶段,中部和西部地区处于工业化中期阶段,东北地区处于工业化后期阶段。通过表 3—4 可以看出,我国四大区域产业发展存在差异,东北地区三次产业结构与全国(四大区域汇总数据)较为一致。中部和西部地区的三次产业结构较为接近,呈现“二三一”的发展态势,这与两者所处的工业化发展阶段较为接近有关。东部地区三产占比最高,呈现“三二一”的特征,符合所处工业化发展阶段的特点,这与长三角、珠三角等区域以服务经济为主导的导向有关。

表3—4　四大区域三次产业结构比较分析

区　域	一产增加值（亿元）	二产增加值（亿元）	三产增加值（亿元）	三次产业结构
东部地区	13 486.31	117 109.7	131 505.9	5.1∶44.7∶50.2
中部地区	11 260.54	49 708.02	42 832.39	10.8∶47.9∶41.3
西部地区	10 766.62	46 555.82	42 406.86	10.8∶46.7∶42.5
东北地区	2 837.04	17 656.38	17 598.98	7.4∶46.4∶46.2
全国(四大区域汇总数据)	38 351	231 030	234 344	7.6∶45.9∶46.5
全国(统计公报数据)	39 195	197 799	250 779	8.0∶40.6∶51.4

资料来源：根据国家统计局数据制成。

（2）各区域主导产业比较分析

通过四大区域中主导产业的比较，分析我国四大区域产业发展的趋同特征及产业发展差异性。

表3—5　我国四大区域主导产业

地　区	主导产业
东部地区	机械工业、电子工业、化工工业、汽车工业、建筑材料、纺织业、日用品制造等传统产业，高端装备制造、电子信息与通信、新能源、新材料、生物医药、节能环保等新兴产业
中部地区	资源型产业(有色金属、煤炭、黑色金属等)、能源原材料、装备制造产业、汽车产业、生物医药产业、农副产品加工产业、软件和电子信息产业
西部地区	资源型产业(煤炭、石化、冶金等)、汽车摩托车制造产业、电子信息产业、装备制造产业
东北地区	资源型产业(冶金、石化、煤炭等)、重型机械制造产业、汽车产业、生物医药产业、农副产品加工产业

①趋同性。装备制造产业、汽车产业等在四大区域产业发展中趋同性较高，中部地区、西部地区和东北地区资源型产业趋同性较高。部分学者认为，产业结构趋同是一种动态的、收敛的演进过程，并且表现为产业专业化程度越来越高、分工越来越细、体系越来越完善、空间分布越来越均衡[56]。产业趋同包括正常趋同和非正常趋同，非正常趋同是由于地方政府考虑地区利益或是为了追求政绩，背离经济分工的客观要求，追求地区工业结构体系的完整而造成的产业结构趋同[57]。

②差异性。东部地区劳动密集型产业逐步退出，服务业发展的带动

作用逐步增强,部分省市高新技术产业和战略性新兴产业开始逐步发力;中部地区凭借其承东启西的区位优势,积极承接产业转移,使经济发展相对加快;西部地区大多数省份以资源型产业为主,新兴产业发展尚处于培育阶段,但产业发展外向性较低,外部经济环境的恶化对其冲击作用较小;东北地区以重型装备制造等重化工业为主,老工业基地改造乏力,经济增长能力萎缩。

3.1.3 区域产业发展梯度结构及其梯度转移趋势分析

(1)梯度结构

梯度差异在四大区域间十分明显,我国东部与中西部之间存在明显梯度差,东部地区梯度水平最高,中部地区和东北地区梯度水平居中,西部地区梯度水平最低,这与四大区域自身的城市化水平和所处的工业化阶段有关。从梯度理论角度看,产业转移的实现主要是以空间距离及经济技术水平为边界的,因此,产业梯度转移的过程通常是顺梯度依次转移,依次从高梯度地区转往中梯度地区,再从中梯度地区转往低梯度地区。当然,在特定的经济环境和产业发展需求下,也会发生"蛙跳式"的跨梯度转移,甚至是从低往高的逆梯度转移[58]。

(2)国内转移

四大区域间的产业梯度转移包括正向和逆向两个方向的转移。正向转移即东部地区向中西部地区转移的情况:不仅仅局限于传统低端产业,已经逐步扩展到电子信息、装备制造、新能源等高端产业,如上汽、北京现代、华晨等企业相继到中西部设立生产基地。逆向转移即中西部地区向东部地区转移的情况:部分中西部地区的龙头优势企业开始将总部和研发基地迁往东部地区,充分利用当地的科技、人才和总部企业聚集优势。

(3)国外转移

随着我国产能过剩问题的日益突出、经济结构调整步伐的加快、对外投资审批政策的全面松绑、"一带一路"等国家战略的实施以及企业整体实力的增强,东部地区企业加快"走出去"步伐,加大海外投资力度,主要包括劳动密集型制造业、批发及零售业等产业。其中,浙江、江苏、广东的制造业在境外设立的分公司和子公司企业数目接近全国的一半[59]。如主营垃圾焚烧发电业务的中国天楹集团,于 2015 年 6 月签署泰国 VKE

垃圾焚烧发电设备交钥匙总承包项目，该项目的实施是公司走向国际实现外延扩张的重要标志。

3.2 东部地区产业发展动态分析

东部地区包括北京、天津、河北、上海、江苏、浙江、福建、山东、广东和海南，共10省市。东部地区现在已经基本形成了比较好的机械工业、电子工业、化工工业、汽车工业、建筑材料和纺织业等传统产业以及高端装备、新能源、生物医药、节能环保等新兴产业的发展基础。产业转型升级背景下，东部地区经济发展速度趋缓的态势明显，且伴随工业化水平的提升及生产要素成本的上升等环境因素变化，东部地区产业向中西部地区及向东南亚国家转移的特征明显。因体制机制等因素影响，以国有企业为主导的产业经济缺乏创新活力，而因行业垄断因素、市场准入、资金与高端人才需求等因素限制，以民营经济为主导的产业经济创新活力受到制约，产业转型升级与创新乏力是影响东部地区产业发展的主要原因。

3.2.1 东部地区产业转型背景下发展速度趋缓

(1)东部地区经济增速趋缓

近年来，由于国家政策倾斜以及中、西部地区后发优势开始显现，东部地区经济总量占比开始小幅回落，2010年东部10省市GDP总量为232 031亿元，占全国比重为56.7%；2014年GDP总量为350 053亿元，但占比降为55.0%，下降了1.7%。从2015年前三季度GDP总量和增速来看，东部地区GDP总量达265 633亿元，按可比价格计算，同比增长7.9%，超过全国平均水平约1个百分点[60]。10省市中，除上海、北京、河北这三地外，其余省市均超过全国平均水平。同比增速最快的是天津，达9.4%；最低的是河北，为6.5%。横向对比来看，东部地区10省市增速总体低于中、西部省市。增速最高的天津排名第4，其次为福建排名第6，而北、上、广三大一线城市仅分列第26位、25位和21位[61]。

表 3—6 **2015 年前三季度各地区 GDP 增速比较**

位　次	地　区	GDP 增速(%)
1	重庆	11.0
2	贵州	10.8
3	西藏	9.8
4	天津	9.4
5	江西	9.2
6	福建	9.0
7	湖北	8.8
8	湖南	8.7
9	安徽	8.7
10	江苏	8.5
11	新疆	8.4
12	云南	8.3
13	青海	8.3
14	河南	8.2
15	海南	8.2
16	广西	8.1
17	浙江	8.0
18	四川	8.0
19	甘肃	8.0
20	山东	8.0
21	广东	7.9
22	陕西	7.6
23	宁夏	7.6
24	内蒙古	7.5
25	上海	6.8
26	北京	6.7
27	河北	6.5
28	吉林	6.3

续表

位　次	地　区	GDP增速(%)
29	黑龙江	5.5
30	山西	2.8
31	辽宁	2.7

资料来源:根据国家统计局数据制成。

(2)经济增长贡献度呈减弱态势

从2010年开始,东部10省市经济增长贡献率持续低于50%,2010～2012年贡献率分别为49.3%、46.6%和44.5%,呈明显下降走势;2013～2014年略有上升,分别为49.3%和51.8%,但仍明显低于"十一五"期间的高贡献率。可见,随着东部地区经济密度不断提高,经济效益出现一定的下降,产生了规模不经济效应,单独依靠东部的非均衡发展格局已不可持续,经济增长已开始由东部带动向区域协同转变。

(3)二产增速下降,三产增速相对较快,但低于全国平均水平

2015年前三季度,东部地区产业结构呈"三二一"的特点,受劳动力成本、资源和环境等多方面因素制约,各省市第二产业增速趋缓,且呈下降走势,其中上海、北京二产增速同比几乎持平,但整体高于全国平均水平;相比一、二产业,第三产业增速相对较快,但东部地区各省市增速均低于全国平均水平。

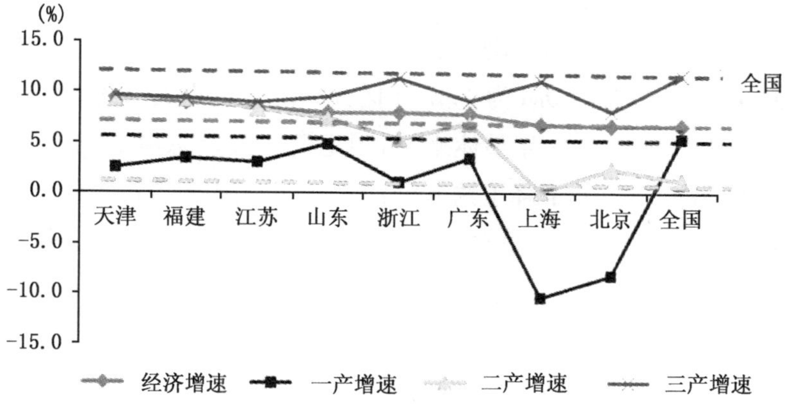

图3—2　2015年前三季度东部地区各省市三次产业增速

资料来源:根据各省市统计局、国家统计局数据绘制。

(4)工业增长挑战较大,规模工业增速出现负增长

受经济下行压力较大、内外需市场双双乏力等因素影响,规模以上工业企业增长压力较大,东部地区整体呈现"保稳提质"走势,各省市涨落不一,其中北京、上海二产规模以上工业增加值出现了负增长,分别下降4.1%和1.7%,利润分别下降了0.4%和1.9%,此外,山东规模以上的工业企业利润也出现了负增长(-1.4%)。工业增长面临的产业转型压力巨大。

表3-7　2015年前三季度东部地区各省市规模工业增速情况

地　区	规模以上工业增加值增速(%)	规模以上工业利润(亿元)	增速(%)
广东	7.3	4 814	8.5
江苏	8.3	5 574	12.7
山东	7.4	5 382	-1.4
浙江	—	2 566	4.9
上海	-1.7	1 706	-0.4
北京	-4.1	1 023	-1.9
福建	9.0	1 507	10.7
天津	9.4	—	9.4

资料来源:根据各省市统计局、国家统计局数据制成。

(5)固定资产投资趋缓,占比和增速均下滑

2015年前三季度,东部地区固定资产投资约14万亿元。其中,固定资产总额最大的是江苏,为3.2万亿元;增速最快的是福建,增速达18.3%。从2008~2014年整体来看,固定资产投资总量虽稳步上升,但增速呈下降态势,总共下降了约8个百分点,说明固定资产投资驱动力减弱。而固定资产投资占全国的比例也基本呈现递减走势,近7年下降了约5个百分点。可见东部地区固定资产投资压力趋大,缺乏一定的投资吸引力。

(6)社会消费需求疲软,对经济拉动力不足

2015年前三季度,东部地区社会消费品零售总额达11.135万亿元。增速最低的为北京市,同比增速为6.3%;增速最高的为福建,增速达12.4%。2008~2014年,社会消费品零售总额绝对值有所增长,但受诸

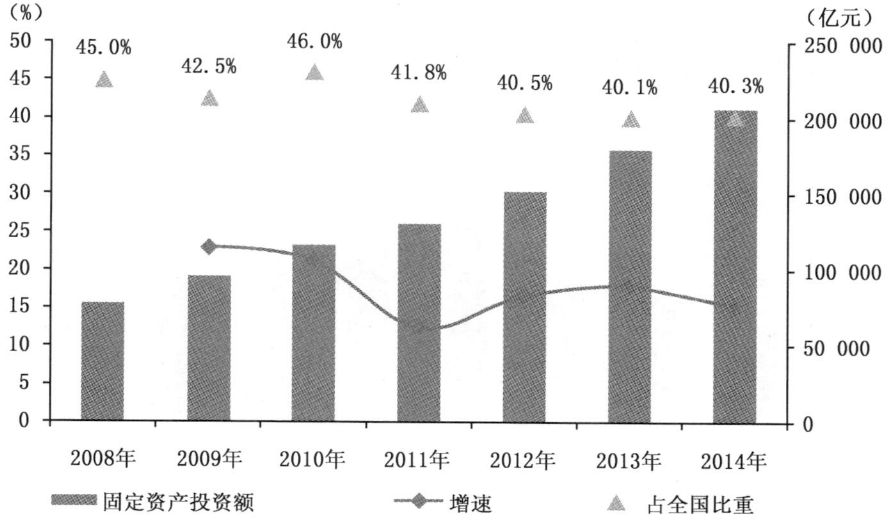

图 3—3 2008～2014 年东部地区固定资产投资占比及增幅情况

资料来源：根据各省市统计局、国家统计局数据绘制。

注：从 2011 年起，城镇固定资产投资数据发布口径改为固定资产投资（不含农户），固定资产投资（不含农户）等于原口径的城镇固定资产投资加上农村企事业组织的项目投资。

多因素影响，近年来社会消费品零售总额同比增速呈现持续回落态势，整体下滑约 4 个百分点。东部地区社会消费品零售总额占全国的比重也在持续下降，近 7 年下降约 2 个百分点。说明东部地区近年来消费需求疲软，民众消费意愿下降，导致行业市场不景气，对经济拉动力不足。

（7）外贸形势严峻，进出口普遍下滑

2015 年前三季度，东部地区各主要省市进出口总额较上年同期均呈现一定幅度的下滑，福建、上海、浙江增速下滑相对较小，山东、北京和天津增速下降幅度较大，且远高于全国平均 7.9％的总体下降幅度。这说明经济下行压力下，消费需求萎缩，各省市的外贸形势均较为严峻，对行业发展和企业竞争力的提升均将带来不利影响。

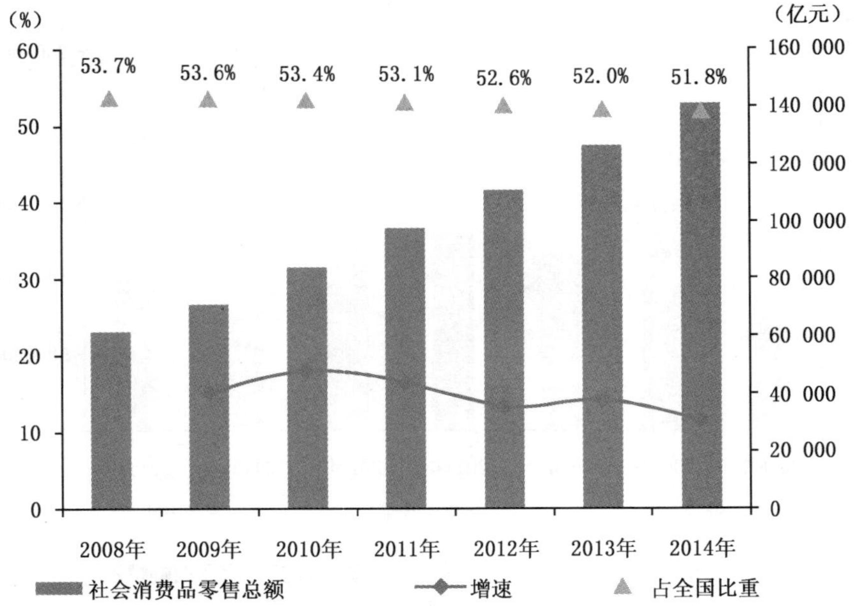

图 3—4　2008～2014 年东部地区社会消费品零售总额占比及增幅情况

资料来源:根据各省市统计局、国家统计局数据绘制。

表 3—8　　2015 年前三季度东部地区各省市进出口及其增速

地　区	进出口总额(亿元)	增速(%)
广东	44 924	—4.3
江苏	4 075	—3.9
山东	1 751	—16.3
浙江	15 902	—2.6
上海	20 601	—2.2
北京	14 800	—23.3
福建	7 842	—2.0
天津	861	—14.6

资料来源:根据各省市统计局、国家统计局数据制成。

3.2.2　东部地区主要产业集群发展情况

产业集群的发展变迁影响着区域产业和产品布局,影响着产业资源的流动和重新配置,同时,产业集群在发展过程中带动和加速了产品细分、市场细分和专业化的步伐。东部地区因资源禀赋条件等优势，产业集群的形成期和成长期要快于中西部等地区。

(1)空间载体

从产业集群空间载体来看，东部地区共有 64 个国家级高新区。其中，北京有 1 个(中关村)，河北有 5 个(石家庄、承德、燕郊、保定、唐山)，天津有 1 个(滨海新区)，山东有 12 个(威海、青岛、淄博、济宁、临沂、莱芜、济南、潍坊、烟台、泰安、枣庄、德州)，江苏有 15 个(南京、无锡、昆山、徐州、泰州医药、苏州工业园、连云港、常熟、苏州、常州、江阴、武进、南通、盐城、扬州)，上海有 2 个(张江、紫竹)，浙江有 8 个(杭州、温州、衢州、嘉兴秀洲、宁波、绍兴、萧山临江、湖州莫干山)，福建有 7 个(福州、莆田、漳州、三明、厦门火炬、泉州、龙岩)，广东有 12 个(中山火炬、深圳、惠州、松山湖、肇庆、河源、广州、佛山、珠海、江门、源城、清远)，海南有 1 个(海口)。

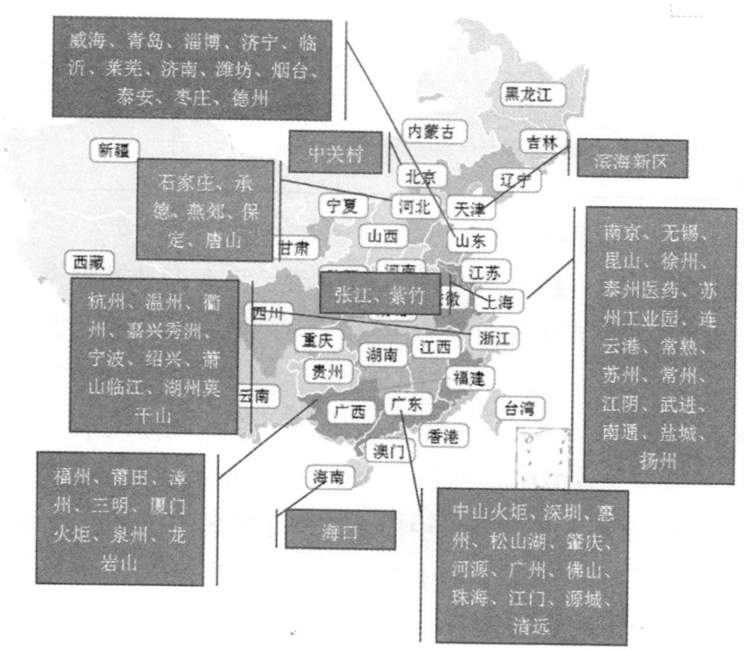

图 3—5　东部地区高新技术开发区分布

资料来源：根据中国开发区网数据绘制。

(2)主导门类

从产业集群主导门类来看，主要是以服装产业为代表的传统产业和以汽车、电子信息为代表的新兴产业。

服装产业集群：服装主产区主要集中在东部地区的广东省、浙江省、江苏省、山东省、福建省等东南沿海地区，形成了以长江三角洲、珠江三角洲、环渤海三角洲三大经济圈为辐射中心的现象。2015 年 1～6 月东部地区完成服装产量 112.70 亿件，同比增长 1.06%，占全国服装总产量比重下降 0.23 个百分点。总体来看，2015 年上半年各主要服装产区产量基本稳定，东部地区从总量来看，依旧占据绝对优势，但增速下降。

表 3—9　　2015 年上半年服装产量分区域月度情况　　单位：万件；%

名称	1～2 月	3 月	4 月	5 月	6 月	1～6 月
东部	313 359	196 432	186 203	195 492	216 406	1 126 989
同比	3.18	7.19	—3.05	—4.49	—2.27	1.06
中部	83 408	44 068	43 517	43 416	47 973	258 596
同比	6.74	1.74	4.94	3.48	4.09	1.22
西部	9 565	5 500	5 883	6 572	7 091	34 198
同比	22.66	18.2	21.49	27.55	8.31	13.46

资料来源：中国服装协会，《2015 年上半年服装行业经济运行分析》。

汽车产业集群：经济水平的提升带动了汽车产业从萌芽—快速扩张—产业繁荣到目前的集群竞争阶段。为提升产业集中度并继续实现规模扩张，各省市之间开始形成汽车产业合作联动的省际关联系统。东部地区现已形成以上海、江苏省和浙江省为核心的长三角汽车产业集群，以北京、天津和河北省为核心的环渤海汽车产业集群和以广东为核心的珠三角汽车产业集群。长三角是中国汽车产业发展规模最大的地区，集中了如上海通用、上汽集团、上海大众、南汽集团和吉利公司等诸多顶尖的汽车公司，其中上汽集团更是连续四年在中国汽车销售榜上占据首位，2014 年销量达 561.99 万辆，同比增长 10.07%，市场占有率达 23.6%。2015 年 1～6 月实现整车销售 286.1 万辆[62]，市场领先优势进一步扩大。以北京和天津为核心的环渤海地区主要是以高品质的汽车产品为品牌优势形成产业集聚，现已建有北京汽车、北京现代、北京吉普、北京奔驰、天津一汽夏利和天津一汽福田等品牌企业。2014 年北京汽车销售破 30 万辆，同比增长 50%[63]。依托独有的港口区位优势和成熟的引资经验，珠三角汽车产业集群迅速崛起，目前已建有广汽本田、广汽丰田、东风日产的轿车基地。2014 年广东省汽车销量达 159 万辆[64]，在东部地区几大龙头省市中位列第一。

电子信息产业集群：东部地区电子信息产业发展极为迅猛，在我国已形成的 9 个国家级信息产业基地、40 个国家电子信息产业园为主体的区域产业集群中，长三角、珠三角和环渤海三大区域在劳动力、销售收入、工业增加值和利润方面占全行业比重均已超过 80%，产业集聚效应及基地优势地位日益明显，在全球产业布局中的影响力不断增强。三大区域的电子信息产业集聚区，已在产业空间和价值链空间呈现分工雏形。珠江三角洲电子信息产业集群和福州厦门电子带，包括深圳、东莞、中山、惠州、福州、厦门等地，是消费类电子产品、电脑零配件以及部分电脑整机的主要生产、组装基地，目前主要承担制造职能；长江三角洲电子信息产业集群，包括南京、无锡、苏州、上海、杭州、宁波等地，主要是笔记本电脑、半导体、消费电子、手机及零部件的生产、组装基地，目前除主要承担制造职能外还承担部分的研发职能，其中上海还是国内外知名 IT 公司总部的汇集地；环渤海电子信息产业集群，包括北京、天津、青岛、大连、济南等地，主要从事通信、软件、元器件、家电的生产，目前除承担制造职能外还承担研发职能，尤其是北京，是全国电子信息产品的研发、集散中心，国内外知名 IT 公司总部的汇集地，而成都、西安、武汉等地，则主要是家电、元器件和军工电子的生产基地，目前主要承担制造职能。2014 年，东部地区完成销售产值80 524亿元，增长 6.8%，占全国电子信息销售总产值比重的 77.5%，比上年同期下降了 1.9 个百分点，而中部和西部两个地区销售产值却比上年同期提高了 2 个百分点。可见东部地区销售增速明显低于中西部，产业梯度转移在持续推进。

总体来看，相比中西部地区，东部地区产业集群优势明显，总量远高于中西部地区。但受生产成本日益提高、土地稀缺等因素影响，东部地区产业集群增长速度趋缓，且内部企业向中西部地区转移趋向明显。

3.2.3 东部地区产业转移在经济新常态下呈现新特征

随着中国经济结构调整和产业转型升级的步伐加快,以及中西部地区经济的发展、内需市场的扩大及产业结构的整体优化,东部地区产业转移呈现出新特征。

其一,东部地区对中西部地区产业转移不仅仅局限于传统低端产业,而且已经逐步扩展到电子信息、装备制造、医药、汽车、新能源等高端产业。如医药行业向东北地区转移和聚集,带动东北地区医药产业占比增长1.84%;机械行业的转移,推动中部地区工业增加值比重提升4.81个百分点;电子信息产业向中西部地区转移聚集,带动中部和西部工业产值分别实现5.12和3.77个百分点的增长[65];汽车制造龙头企业上汽、北京现代、华晨等相继进入中西部,在重庆、成都、武汉、长沙、郑州等城市建成了相当规模的整车和零部件生产基地。同时产业转移不再单纯依赖土地或劳动力单个成本因素,而是更加注重对转移承接地区综合制造成本的考量、对产业配套能力的要求及对转移承接地区消费市场的考察。

其二,产业转移逐步打破东部向中西部单向转移的态势,呈现出双向转移的趋势。如2009～2012年,东部地区的钢铁、有色金属、石化化工等能源原材料产业占比分别下降4.04%、3.97%和1.96%,较其他类型的产业下降幅度较小,这是因为铝土矿等有色金属资源型产业从资源地向沿海和中西部地区转移;而部分中西部地区的龙头优势企业也开始将总部和研发基地迁往东部地区,充分利用当地的科技、人才和总部企业聚集优势,如北京和上海利用其在金融、人才、制度、环境等相关配套设施方面的独特优势,吸引了众多跨国公司总部和世界500强企业"闻香"而来。

其三,东部地区的产业转移从国内转向东南亚等国外地区。随着我国产能过剩问题的日益突出、经济结构调整步伐的加快、对外投资审批政策的全面松绑、"一带一路"等国家战略的实施以及企业整体实力的增强,东部地区企业加快"走出去"步伐,加大海外投资力度。其中,浙江、江苏、广东的制造业在境外设立分公司和子公司企业数目接近全国的一半,浙江省以八百余家企业数量排名第一[66]。截至2014年底,浙江宁波逾2 000家企业"走出去",2014年一年完成20项并购,如宁波均胜集团在收购德国普瑞后,又在2014年收购了德国汽车方向盘总成的龙头企业德国群英有限公司，成为宁波 2014 年最大的并购项目。

其四，东部产业转移呈现出以龙头企业和大企业为核心，实行组团式或产业链式整体转移新趋向。龙头企业和大企业基于降低成本、贴近市场等方面考虑，对一个产业的上、中、下游各个环节产品进行整个产业链的大规模转移，同时将研发、采购、销售、物流、售后服务等各个营运环节也转移过来。有着产业特色和配套产业基础的地区最能吸引东部企业转移。如上海电气集团、上汽集团、宝钢集团、华谊集团等资本密集型的重化工大型企业在推动上海产业转移中，就带动和引导了一大批相关产业的大量投资而形成了“龙头”与“配套”相互吸引、相互推动的良性发展格局。

其五，东部地区产业转移模式逐步创新，合作共建园区成为地区之间开展产业转移与区域合作的重要方式。近年来，中国东部沿海省市加强与周边地区开展合作，以“企业组团”和“政府间协议”形式来推动产业园区及大型企业在异地共同打造“园中园”、“共建园”等，大大降低了东部地区企业的外部商务成本和发展环境限制，有利于企业平稳发展和做大做强。一般是东部地区出资金、出企业，产业承接地政府出土地、出政策（土地、税收、财政等优惠政策），从而实现双方“合作共赢”。园区开发公司则由双方共同筹建、合资经营，负责园区的具体规划、开发、建设、经营和管理工作。

在中国经济新常态下，东部地区的产业转移呈现出以上这些新特征，从一定程度上讲，新的产业转移特征也更利于资源的合理、集约利用，更利于区域间的平衡协调发展。东部地区因人口和产业集聚导致的工业用地成本增加、生活成本增加和劳动力成本的增加，会将自己处于成熟期的劳动密集型产业和土地依赖型产业转移到中西部和其他地区，延长其产业生命周期并为新兴高层次产业腾出空间，而落后的中西部地区接受产业转移对本身的发展有极大的促进作用。

3.2.4　东部地区产业转型升级与创新驱动乏力

“十二五”末期，宏观经济下行压力逐渐增大，全球经济复苏乏力，外部需求较弱。全国进出口增速明显放缓，制造业投资减速快于预期，通胀率下降。受这些因素的综合影响，制造业企业普遍迎来“最困难时期”。

东部地区尽管综合实力要高于中西部等地区,但依旧面临产业转型升级与创新驱动乏力的困境。

一是工业发展动力不足。以上海为例,2015 年前三季度,上海市规模以上工业(以下简称工业)企业完成工业总产值22 823.96亿元,比上年同期下降 1.7%。其中,9 月份工业企业完成工业总产值2 622.95亿元,比上年同月下降 4.6%。工业产销率为 99.0%,比上年同期下降 0.3 个百分点。工业企业完成出口交货值5 473.09亿元,下降 2.2%。从 2014 年 9 月到 2015 年 9 月规模工业产值整体呈现较大幅度的下行走势。同时,企业行业效益下降影响了企业自主转型升级的动力,企业对于扩大再生产等技改持更为谨慎的态度。2015 年 1～8 月,规模以上工业企业主营业务收入21 795.81亿元,比上年同期下降 4.9%。工业企业实现利润总额1 706.11亿元,下降 0.4%。

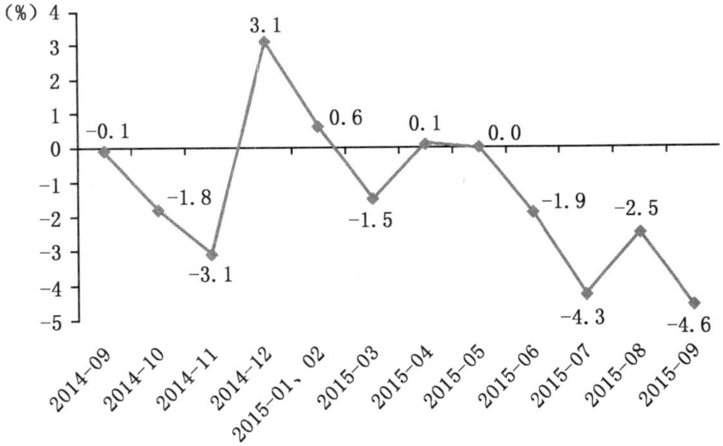

图 3—6 上海市近一年各月规模工业增速

资料来源:根据上海市统计局数据制成。

二是制造业企业面临困境大,陷入转型升级路径的“迷思”。以珠三角制造业中心为例,珠三角一直是我国外向型经济的“主阵地”,但受内外需市场双双乏力、投资接续能力不足、劳动力短缺和工资持续上涨等多重因素影响,企业生产经营困难持续加剧,库存多、融资难、成本高等痼疾没有根本缓解,珠三角制造业整体仍然处于“工业品出厂价格下降、生产要素成本上升”夹击的局面中。在“内忧外患”的困境之下,企业虽有转型升级的意识，但自主创新转型动力不足，对转型升级方向的认知较为单一，研发投入不高，观望意态较强，欠缺全面自主推进传统制造模式向新需求引领、新技术应用、新业态培育、新模式拓展等先进制造模式转换的能力。

三是新兴业态、新商业模式、新消费增长点“三新”总量偏低，对整体经济拉升作用不显著。以外贸为例，作为新兴增长点，广东去年对“海丝”国家出口增幅超过整体增幅近22个百分点，但出口量只占出口总量的15%；进口增幅超过整体增幅近10个百分点，但进口量也只占到进口总量的19.4%，由于比重偏低，虽然是大幅增长，但拉动作用偏小。而作为新兴业态的外贸综合服务企业，广东去年该领域实现同比增幅超过9%，但总额只有159亿美元，对于超过万亿美元的广东外贸大盘子来说，数量有限[67]。内需增长动力明显不足、新兴消费热点尚未形成，造成产业转型升级疲软，缺乏驱动力。

四是以国有企业为主导的产业经济缺乏创新活力。阿罗(Arrow)、哈姆贝格(Hamberg)等人先后通过研究提出，完全竞争的民营中小企业在竞争压力下更有利于创新，而国有大企业尤其是处于垄断地位的大企业由于可以通过垄断获得超额利润而不愿承担高风险的创新活动，因此不利于创新[68]。上海国资体量庞大，2014年底资产总额已经超过12万亿元。截至2014年底，上海市地方国有企业实现营业收入2.74万亿元，利润总额2 541.63亿元，缴纳税金1 700.93亿元。上海市企业对创新的需求较弱，上海经济的两大支柱是外资和国资，国有企业对创新的需求和动力不足，这是由国企“掌门人”任期短期化等多方面因素造成的。

五是以民营经济为主导的产业经济其创新活力受到制约。虽然部分民营中小企业有着创新需求较小的先天不足，但在市场准入、产权保护、资金与高端人才等种种因素的制约下，民营经济的创新活力不能得到充分的释放。如银行、铁路、通信、高速公路等30个行业禁止、限制民营企业进入；民营企业融资困境突出，缺乏为民营企业提供直接融资服务的新市场，四大国有商业银行长期将目标市场定位于国有企业；民营企业知识产权保护欠缺，企业创新饱受“李鬼”之苦，技术创新市场风险加大，严重阻碍了企业自主创新的动力；民营企业普遍遭遇人才瓶颈，专业人员水平参差不齐，自身创新开发能力有限，而企业本身也缺乏有效的人才激励制度。

3.3 中部地区产业发展动态分析

中部地区包括山西、安徽、江西、河南、湖北、湖南 6 省,位于中国内陆腹地,具有承东启西、连南通北、吸引四面、辐射八方的区位优势。中部作为中国重要的农产品、能源原材料、现代装备制造和高技术产业基地、综合交通运输枢纽,在中国区域发展战略体系中具有十分重要的地位[69]。自 2009 年国务院批复《促进中部地区崛起规划》以来,中部地区抢抓机遇、开拓进取,经济实力大幅提升,但在发展程度方面中部比不上东部,在发展速度方面比不上西部。因此,中部地区如何发挥特色优势、打造经济新增长极是需要解决的关键问题。

3.3.1 中部地区产业发展稳中趋缓

(1)中部地区经济发展保持平稳增长

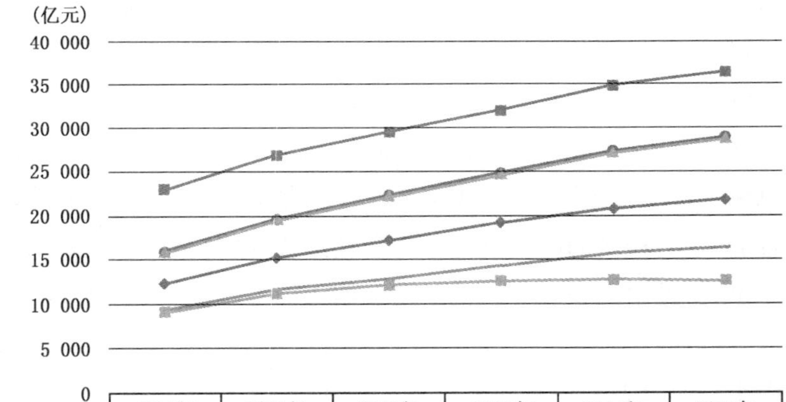

	2010年	2011年	2012年	2013年	2014年	2015年
河南	23 092	26 931	29 599	32 156	34 939	36 421
湖北	15 968	19 632	22 250	27 792	27 379	28 928
湖南	15 902	19 635	22 154	24 502	27 049	28 768
安徽	12 359	15 301	17 212	19 229	20 849	21 767
江西	9 451	11 703	12 949	14 339	15 709	16 479
山西	9 201	11 238	12 113	12 602	12 759	12 653

图 3-7 2010～2015 年中部地区 GDP 总量变化趋势

资料来源:根据各省统计局或人民政府、国家统计局数据绘制,此处为现价数据。

注:2015 年全年数据为 2014 年第四季度与 2015 年前三季度数据之和(如无特别指出,下同)。

2015年前三季度，中部地区除山西省外，GDP增速整体高于全国平均水平(6.9%)[70]。其中，江西省增速最快(9.2%)，湖北、湖南、安徽、河南4省增速均保持在8%以上(依次为8.8%、8.7%、8.7%、8.2%)，山西省最慢(2.8%)[71][72][73][74][75][76]。从全国GDP总量排名来看，2015年前三季度，中部6省除湖北省较上年同期上升1位外，其他各省排名较上年同期均保持不变，河南、湖北、湖南、安徽、江西、山西分别为第5、8、10、14、18、21位[77][78]。

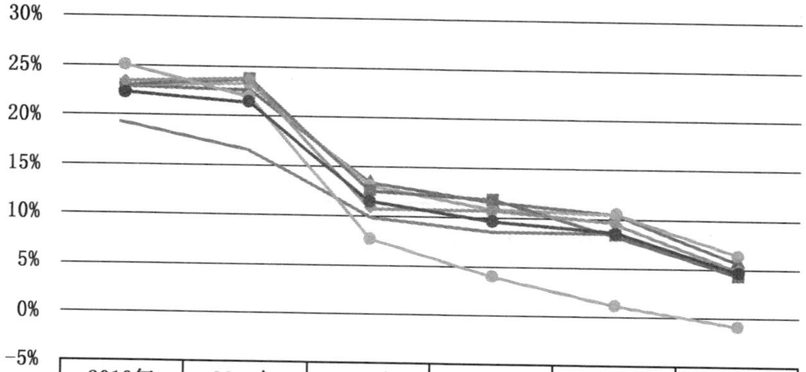

	2010年	2011年	2012年	2013年	2014年	2015年
河南	19%	17%	10%	9%	9%	4%
湖北	23%	23%	13%	11%	10%	6%
湖南	23%	23%	13%	11%	10%	6%
安徽	23%	24%	12%	12%	8%	4%
江西	23%	24%	11%	11%	10%	5%
山西	25%	22%	8%	4%	1%	-1%
中部地区	22%	21%	11%	10%	9%	5%

图3—8　2010～2015年中部地区GDP增速变化趋势

资料来源：根据各省统计局或人民政府、国家统计局数据绘制。

(2)产业结构持续优化，继续呈现“二三一”态势

2015年前三季度，中部地区三次产业结构为10.8∶47.9∶41.3，呈“二三一”特点；通过与长三角地区对比可以看出，中部地区第一产业比重偏高，尤其是河南、湖北、湖南3省第一产业比重仍占10%以上；第二、第三产业发展不均衡，其中安徽、江西、河南3省第二产业高于东部地区，湖北、湖南、山西3省第三产业高于东部地区；但从整体上看，中部地区仍以第二产业为主，第三产业比重略微上升。

表 3—10 中部地区三次产业结构

地区	一产增加值(亿元)	二产增加值(亿元)	三产增加值(亿元)	三次产业结构
河南	3 598.55	13 170.97	10 157.49	13.4∶48.9∶37.7
湖北	2 390.01	9 173.73	8 859.67	11.7∶44.9∶43.4
湖南	2 209.27	9 055.32	8 985.91	10.9∶44.7∶44.4
安徽	1 437	8 564.7	5 626.5	9.2∶54.8∶36.0
江西	1 015.79	5 983.25	4 569.53	8.8∶51.7∶39.5
山西	6 09.92	3 760.05	4 633.29	6.8∶41.8∶51.5
中部地区	11 260.54	49 708.02	42 832.39	10.8∶47.9∶41.3
长三角地区	5 537.85	58 374.99	64 889.92	4.3∶45.3∶50.4
全国	39 195	197 799	250 779	8.0∶40.6∶51.4

资料来源:根据各省统计局或人民政府、国家统计局数据制成。

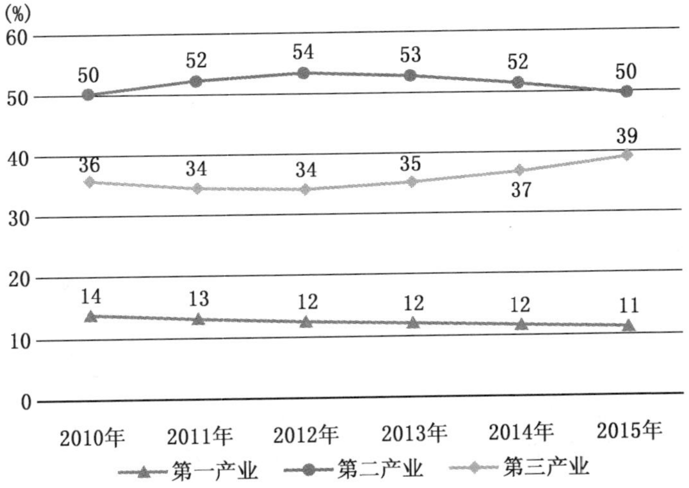

图 3—9 2010～2015 年中部地区三次产业结构变化趋势

资料来源:根据各省统计局或人民政府、国家统计局数据绘制。

(3)工业增势稳中有进、进中有难

2015 年前三季度,江西、安徽 2 省规模以上工业增速高于全国平均水平(8.5%),同比分别增长 9.4%、8.7%;河南、湖北、湖南 3 省规模以上工业增速均保持在 7%以上,同比分别增长 8.5%、8.3%、7.8%;而山西省规模以上工业增速进一步回落,同比下降 3.3%,增速在全国排名倒数第二。

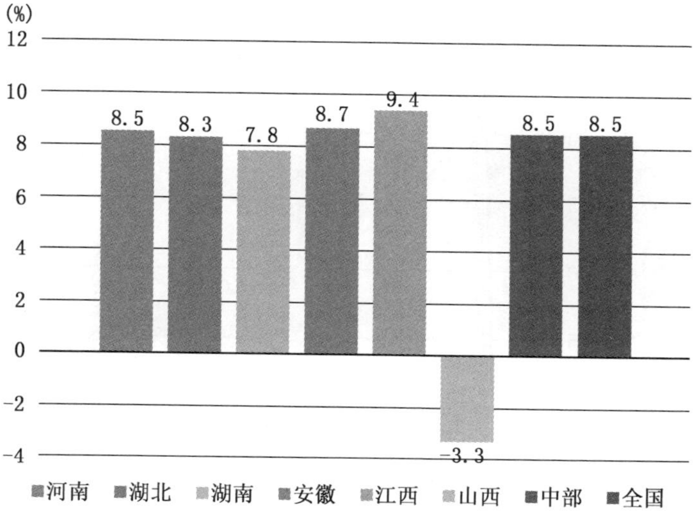

图 3—10　2015 年前三季度中部地区规模以上工业增加值增速

资料来源：根据各省统计局或人民政府、国家统计局数据绘制。

(4)固定资产投资较快增长，但房地产投资区域之间差异较大

2015 年前三季度，中部地区固定资产投资总额为101 640.89亿元，占全国总量的 25.76%；中部 6 省固定资产投资增速均超过全国平均水平(12%)。其中，增速较快的湖南、江西、湖北 3 省同比分别增长 17.4%、16.3%、16.2%，高出全国平均水平 4 个百分点以上。从房地产开发投资来看，2015 年前三季度房地产开发投资完成13 537.98亿元，占全国总量的 19.19%。其中，江西、山西、河南 3 省增速超过全国平均水平，同比分别增长 14.5%、12.0%、9.2%；湖北、安徽 2 省增速略低，同比仅分别增长 4.1%、3.0%；而中部地区固定资产投资增速排名第一的湖南省，受库存量较大、需求不足等因素影响，房地产开发投资增速同比下降 6.5%，在中部地区排名末位。

(5)消费需求稳中显旺，资源类商品零售额下降明显

2015 年前三季度，中部地区社会消费品零售总额为54 845.62亿元，占全国总量的 25.38%；除山西省外，中部地区社会消费品零售总额增速均超过全国平均水平(10.5%)。从消费热点来看，基本生活品类商品较快增长，资源类商品下降。例如，江西、湖南、山西 3 省限额以上企业粮油

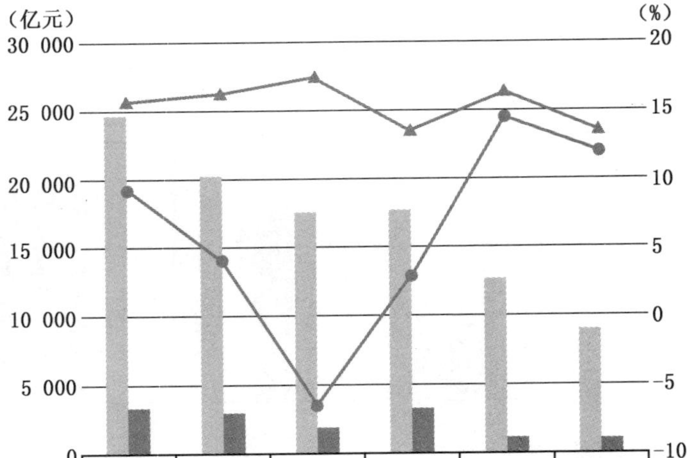

	河南	湖北	湖南	安徽	江西	山西
固定资产投资	24 613.44	20 162.60	17 550.89	17 677.80	12 653.15	8 983.00
房地产开发投资	3 329.71	2 950.50	1 861.38	3 272.40	1 089.79	1 034.20
固定资产投资增速	15.60	16.20	17.40	13.40	16.30	13.50
房地产开发投资增速	9.20	4.10	-6.50	3.00	14.50	12.00

固定资产投资　房地产开发投资
固定资产投资增速　房地产开发投资增速

图 3—11　2015 年前三季度中部地区固定资产投资、房地产开发投资总量及增速

资料来源:根据各省统计局数据绘制。

注:河南固定资产投资增速为名义增长。

食品类零售额同比分别增长 25.5%、24.2%、9.5%,而石油及制品类零售额同比分别下降 7.8%、7.4%、21.1%[79][80][81]。

(6)外贸发展相对平稳,贸易顺差增幅收窄

2015 年前三季度,中部地区总体对外贸易保持小幅增长,实现进出口总额11 100.56亿元,同比增长 3.28%,其中出口6 677.32亿元,同比增长 2.82%;进口4 422.70亿元,同比增长 8.65%;贸易顺差2 254.6亿元,同比下降 6.98%。从中部各省情况来看,虽然安徽、江西、山西 3 省出现下降趋势,但降幅均小于全国平均水平(—7.9%),总体发展形势相对平稳。

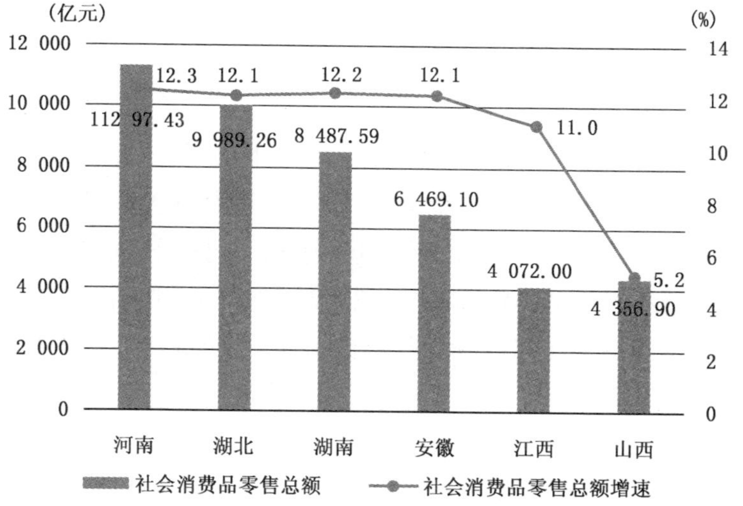

图 3－12 2015 年前三季度中部地区社会消费品零售总额及增速

资料来源：根据各省统计局数据绘制。

注：河南社会消费品零售总额增速为名义增长。

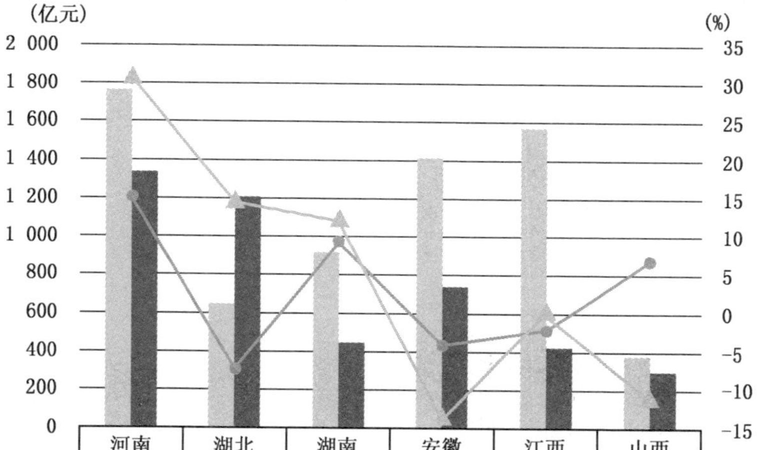

	河南	湖北	湖南	安徽	江西	山西
出口	1 762.86	645.00	913.48	1 410.30	1 569.28	376.40
进口	1 332.79	1 203.30	441.47	735.37	414.57	295.20
出口增速	15.1	-7.4	9.3	-4.2	-2.3	6.9
进口增速	30.4	14.4	12.0	-13.9	-0.2	-11.4

出口 进口 出口增速 进口增速

图 3－13 2015 年前三季度中部地区进出口额及增速

资料来源：根据各省统计局数据绘制。

注：湖南、安徽进出口额数据按照 2015 年 9 月 30 日中国外汇交易中心授权公布人民币汇率中间价公告换算。

3.3.2 中部地区主导产业集群发展情况

(1)中部地区产业发展基础分析

中部地区农业生产基础良好。2014 年中部 6 省粮食总产量达 18 247.9万吨,占全国粮食产量的 30%[82]。除山西省外,其余 5 省均位于中国 9 大商品粮基地,包括江淮地区(河南、安徽)、江汉平原(湖北)、洞庭湖平原(湖南)三大区域。矿产资源相对丰富。中部矿产资源丰度高于东部,资源密度高于西部,以能源、有色金属、贵金属为主,铜、铝、金、银、煤的保有储量在东、中、西三个地区中居首位[83]。土地资源优势显现。根据《2015 年第三季度全国主要城市地价监测报告》显示,中部地区(包含吉林、黑龙江 2 省)综合地价水平最低,其中工业地价为 651 元/平方米,仅比西部地区高 23 元/平方米[84]。人力资源成本最低。2013 年,城镇单位就业人员平均工资为51 483元,中部约为42 351元,低于东部、东北甚至西部地区,是东部平均水平的 72.64%。

表 3—11 中部地区产业发展基础

基础条件	内 容
重要煤田	山西(沁水、大同、宁武、西山、霍西、河东) 安徽(淮南、淮北、宿州) 河南(平顶山、商丘通柘)等
有色金属	河南(洛阳铝矿)、山西(河津铝矿) 江西(德兴铜矿) 湖南(郴州钨矿及铋矿)等
铁矿资源	安徽(马鞍山铁矿)等
重点区域	湖北:武汉城市圈 湖南:长株潭城市群 江西:环鄱阳湖城市群 安徽:江淮城市群 河南:中原城市群 山西:太原都市圈
区位条件	承东启西、接南转北、吸引四面、辐射八方
交通条件	基本形成由公路、铁路、水运、航空和管道等多种运输方式构成的综合交通体系

(2)中部地区主要产业集群发展现状

从工业41个行业大类来看，中部地区发展规模位居前列的规模以上工业企业主要集中为三大类行业，一是农副食品加工业，二是煤炭开采和洗选业、非金属矿物制品业、黑色金属冶炼和压延加工业、有色金属冶炼和压延加工业、电力热力生产和供应业等资源型产业，三是专用设备制造业、电气机械和器材制造业等装备制造业。

表3－12　2013年中部地区规模以上工业企业主要分布情况

序号	产业	河南	湖北	湖南	安徽	江西	山西
1	煤炭开采和洗选业	3			2		1
2	农副食品加工业	2	2	4		5	
3	石油加工、炼焦和核燃料加工业						4
4	化学原料和化学制品制造业	5	3	1	5	3	
5	非金属矿物制品业	1	5	5	3	2	
6	黑色金属冶炼和压延加工业	4	4				2
7	有色金属冶炼和压延加工业			3		1	
8	专用设备制造业			2			
9	汽车制造业		1				
10	电气机械和器材制造业				1	4	
11	计算机、通信和其他电子设备制造业						5
12	电力、热力生产和供应业				4		3

资料来源：根据各省统计局数据制成。

注：以上数据除湖北、湖南为2013年规模以上工业总产值排序外，其他省份均为2013年规模以上工业增加值排序。

从主要产业集群来看，中部地区基本形成了煤炭、有色金属矿等传统资源型产业集群，工程机械等装备制造业和农副食品加工业的产业集群。以山西为中心，形成了煤焦化产业集群；以洛阳和河津、鹰潭、郴州为中心，形成了铝矿、铜矿、钨铋锑等有色金属产业集群；以长沙、株洲、湘潭为中心，形成了工程机械产业集群；以武汉为中心，形成了汽车及零部件产业集群；以漯河、岳阳、上高为中心，形成了肉类、粮油调味品茶、绿色食品等富有特色的农副食品加工产业集群；以郑州、武汉为中心，形成了电子信息产业集群。

表 3—13 中部地区主要产业集群

主要产业集群	内容
资源型产业集群	山西煤焦化产业集群、各类有色金属产业集群
装备制造产业集群	长株潭工程机械产业集群
汽车产业集群	湖北的武汉—襄樊—十堰汽车及零部件、河南商用车、湖南低端SUV、山西的大同—运城—长治汽车零部件等产业集群
农副食品加工产业集群	漯河肉类和粮食加工产业集群、岳阳粮油调味品茶加工产业集群、上高绿色食品产业集群
电子信息产业集群	郑州航空港区智能终端(手机)产业集群、武汉东湖光电子信息产业集群

从主要空间载体来看,中部地区共有 28 个国家级高新区,其中湖南省 6 个(长沙、株洲、湘潭、衡阳、益阳、郴州),湖北省 5 个(武汉东湖、襄阳、孝感、宜昌、荆门),河南省 6 个(郑州、洛阳、新乡、安阳、南阳、平顶山)、安徽省 4 个(合肥、蚌埠、马鞍山慈湖、芜湖),江西省 5 个(南昌、新余、景德镇、鹰潭、抚州),山西省 2 个(太原、长治)。

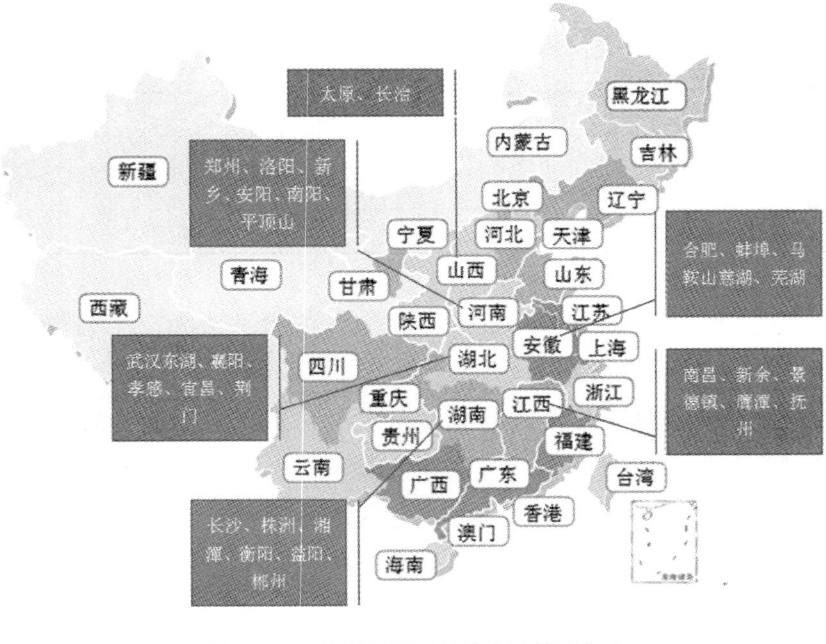

图 3—14 中部地区高新技术开发区分布

资料来源:根据中国开发区网数据绘制。

3.3.3 中部地区产能过剩背景下面临市场条件刚性约束

中部地区作为我国承东启西的战略要地，产业结构调整任务重大，产能过剩问题突出，不少行业生产经营面临困难，工业产品产量缩减明显[85]。从主要工业产品产量来看，2014年中部地区占主导地位的资源型产业和装备制造产业产量均出现严重下降。例如：煤炭开采和洗选业中，湖南、安徽、江西3省原煤产量同比分别下降23.2%、7.7%、5.5%，山西省焦炭产量同比下降3.5%；非金属矿物制品业中，湖南、安徽、山西3省平板玻璃产量同比分别下降33.1%、15.3%、14.8%；专用设备制造业中，湖南起重机产量较上年同期下降21.4%。从工业生产者出厂价格(PPI)来看，2015年前三季度中部6省出现全面下降，表明生产端持续通缩，企业去库存压力加大，产能过剩情况较为严重，上游产业去产能导致需求萎缩、价格下行。

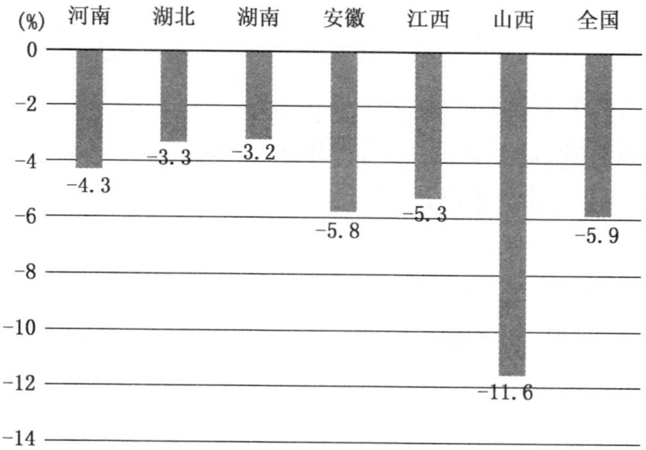

图3—15 2015年前三季度中部地区工业生产者出厂价格增速

资料来源：根据各省统计局、国家统计局数据绘制。

可见，市场需求疲软的态势在短期内难以明显改善，部分产品产能过剩严重，然而中部地区现阶段产能过剩的原因不是单一的，既受体制、环境、资源等普遍适用的影响因素影响，又受具体行业自身发展特点的影响，需求复杂化程度加大化解难度[86]。

一方面，中部地区产能过剩不仅受中国能源结构变化以及国家加大对煤炭等传统产业限产力度的影响,还体现价格竞争劣势之下的相对过剩。从煤炭行业来看,作为中国产煤第一大省的山西,面对近年煤炭市场的持续低迷,2012 年煤炭产业彻底告别“黄金十年”;2013 年煤炭产能利用率不足 74%;2014 年煤炭产量增速低至 1.47%;2015 年 1~9 月,煤炭工业、焦炭工业规模以上工业增加值同比分别下降 0.4%、7%,原煤、焦炭产量同比分别下降 1.3%、6.8%[87][88]。然而,山西煤炭产业陷入负增长的同时,国内外市场价格倒挂导致大量进口煤炭的矛盾局面。2015 年 1~8 月,山西省煤及褐煤进口量达875 006吨,而出口量仅为174 401吨,进口量为出口量的 5 倍,出口单价为进口单价的 2 倍[89][90]。放眼全国市场,煤炭需求进一步萎缩、供过于求的局面短期难以扭转,然而山西部分矿井煤质差、成本高,才是市场倒逼改革需要解决的首要问题。

另一方面,产品同质化严重、关键技术缺失导致的结构性过剩也是中部地区产能过剩的重要原因。从工程机械行业来看,随着宏观经济政策的调整,不少“铁公基”项目停工,房地产调控也导致很多项目的停建缓建,工程机械行业进入调整期。2015 年 1~9 月,我国房地产新开工面积仅为114 814万平方米,同比下降 12.6%[91]。作为房地产重要的上游领域,工程机械行业面临开工率不足的问题。但关键矛盾还在于供求的不匹配,部分产品同质化严重,目前全球装载机、挖掘机需求分别为每年 30 万台左右,然而仅中国国内企业装载机及挖掘机的产能就已经分别超过 50 万台,保有量都在 150 万台左右。产品同质化导致的供过于求直接造成挖掘机等工程机械产量、销量继续走低。2015 年前三季度,中部地区挖掘机产量总计为23 935台,同比下降 15.71%[92];中国挖掘机销量总计为47 665台,相比 2014 年同期的74 886台下滑 36.35%,产品销售率仅为 65.27%[93]。与此同时,国内工程机械涉及高技术、高附加值的关键配套部件还主要依靠进口,平均每吨价格 8 万多美元,例如传动部件、控制元件、柴油发动机及关键液压件严重紧缺,产能过剩和结构性短缺反差强烈,严重制约了中国工程机械向高端技术产品的发展[94]。

表 3—14　　2015 年 1~9 月中部地区挖掘机产量统计

地区	2015 年 1~9 月累计产量(万台)	2015 年 1~9 月累计同比增长(%)	占全国产量的比重(%)	全国排名
河南	722	24.27	0.99	11

续表

地区	2015 年 1～9 月累计产量(万台)	2015 年 1～9 月累计同比增长(%)	占全国产量的比重(%)	全国排名
湖南	15 123	−17.91	20.71	3
安徽	8 090	−13.86	11.08	4
中部地区	23 935	−15.71	32.77	2
全国总计	73 031	−24.32		—

资料来源：根据中国产业信息网数据制成。

3.3.4　中部地区产业发展窘境是粗放承接产业转移的结果

自 20 世纪 80 年代初我国非均衡发展战略实施以来，中部地区受传统计划经济模式的深刻影响，在产业发展过程中仍沿袭数量型、粗放型的增长方式，先后承接了纺织、化纤等劳动密集型产业以及能源矿产开发、钢铁、造船、炼化等资本密集型产业[95]。近年来，中部地区又利用北连“环渤海”、南贯“珠三角”、东临“长三角”的区位优势以及国家实施“中部崛起”战略和全球金融危机对东部沿海地区经济冲击给中部承接产业转移带来的机遇，陆续承接了汽车、机械、电器、微电子、IT 等产业(主要是制造环节)[96]。然而，这些产业在推动中部地区经济发展的同时，也存在许多问题与制约因素。

长期以来，中部地区承接产业转移是以牺牲资源环境为代价的，且资源环境破坏带来的弊端开始显现。在承接产业转移的过程中，由于中部地区产业准入门槛较低，诸如纺织、化工、钢铁等高耗能、高排放产业大量转移带来了严重的环境问题。总体的趋势是，在 2004 年后，也就是“中部崛起”战略实施后，各种重污染产业向中部转移的趋势越来越明显。从主要污染物的排放情况来看，2005～2013 年中部 6 省废水排放总量全面增加；废水和二氧化硫排放总量占全国的比重分别从 2005 年的 21.6%、23.4%上升到 2013 年的 23.4%、23.5%。从重污染行业的产值情况来看，中部 6 省的有色金属矿采矿业等废水重污染行业、造纸和纸制品业等二氧化硫重污染行业、非金属矿采矿业等烟(粉)尘重污染行业产值占全国的比重分别从 2004 年的 14.3%、17.8%、16.5%上升到 2013 年的 20.0%、21.5%、20.5%[97]。不仅如此，过去粗放承接的产业还将面临资源枯竭、环保成本增加带来的巨大转型压力。据国务院确定的前三批资源枯竭型城市名单显示,中部地区已有21个县市被认定为资源枯竭型城市,包括山西孝义市、安徽铜陵市、湖南冷水江市等曾经的资源主产区,这种"因矿而兴、因矿而衰"的资源型城市将面对"因矿而转"的严峻考验。随着《大气污染防治行动计划(2013)》、《水污染防治行动计划(2015)》、《环境保护法》(2015年实施)等环保制度的相继出台,在当前市场低迷的情况下,部分粗放承接的环保技术落后的煤炭、钢铁等高耗能、高排放产业,将承受价格下跌和环保成本上升的双重压力,产业经营陷入"寒冬"。因此,如何转型发展以实现经济发展和环境保护双赢是当前需要解决的首要问题。

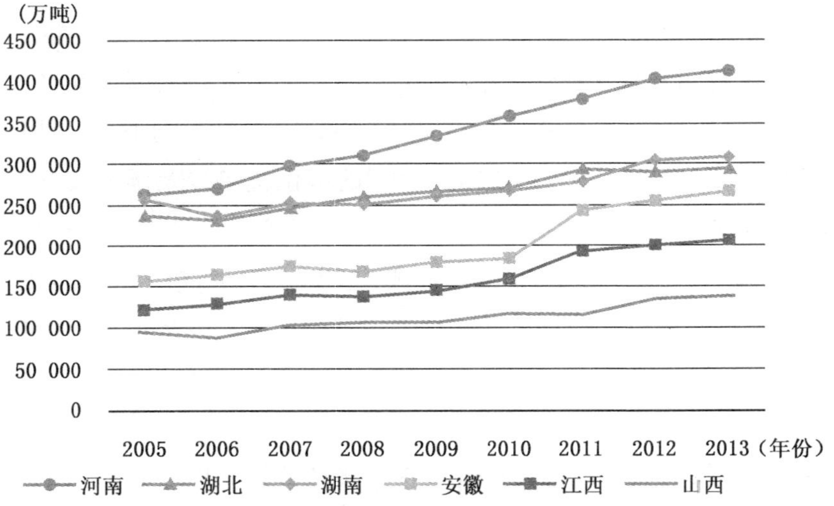

图3－16　2005～2013年中部地区废水排放总量

资料来源:根据国家统计局数据绘制。

同时,盲目承接产业转移削弱了当地研发与创新的动力。一方面,国内外产业转移到中部地区主要是为了占领市场,而不注重提升当地研发能力,具有科技研发活动的大中型企业比重持续下降。另一方面,由于在承接产业转移的初期,重点在于解决就业问题,盲目引进了大量劳动密集型产业,即使是汽车、电子信息等应具有技术密集型特征的产业大多也只是把生产制造端转移到中部地区。例如,河南的电子信息产业就盲目承接了大量的电子信息代工企业,直至2011年电子元器件、电子原材料等基础元器件类产品已占全省信息制造业的 70%，产品多处于产业链的上游、价值链的低端[98]。虽然自 2010 年富士康落户河南省以来，以手机为代表的产业已成为河南省的产业支柱之一，2015 年前三季度富士康所属企业进出口占河南省进出口的 63.7%，贡献率为 105.2%[99]。然而，从进口产品结构来看，不难发现围绕手机生产的关键零部件仍依赖进口，诸如集成电路、摄像头、计量检测分析自控仪器及器具、印刷电路和电容器等产品进口合计达 676.5 亿元，占全省外贸进口的 50.8%。可见，目前河南承接转移的电子信息产业仍以代工手机等为主，主要依靠人海战术进行组装作业，创新能力不强，企业在河南基本没有电子信息技术研发的投入，自主产品少，缺乏创新的活力。在未来的发展中，由于缺乏领先水平的关键技术、产品更新换代慢，可能会难以应付电子信息产品快速升级换代带来的冲击；同时随着物价和劳动力成本的上升，这种电子制造代工企业可能会大规模向东南亚转移，为今后的发展埋下隐患。

3.4 西部地区产业发展动态分析

西部地区包括内蒙古、广西、重庆、四川、贵州、云南、西藏、陕西、甘肃、青海、宁夏和新疆共 12 省市区，自然资源丰富，大多省份以资源型工业为主，产业结构整体呈“二三一”的格局。随西部大开发战略的深入推进，西部地区经济发展的潜力逐渐被释放，在国内普遍经济下行的背景下，虽然西部地区经济发展速度有所下降，但相对于其他地区而言，产业发展步伐有所加快。西部地区凭借自身的生产要素禀赋，以及承接产业转移能力的不断提升，产业向西部地区转移的步伐逐步加快，带动了西部地区工业化水平的提升。从西部地区内部发展来看，两极分化的态势逐步显现，产业结构的差异性是导致经济发展速度分化的主要原因。

3.4.1 西部大开发助推下产业发展步伐相对加快

经济总量不断增加，在国内经济发展中的占比不断上升。近年来，由于西部大开发工作的进一步推进及相应发展政策的倾斜，西部地区后发优势逐步显现，经济总量在全国经济发展中的比重逐步上升。2015 年前三季度，西部地区 GDP 总量为 99 729.26 亿元，占全国 GDP 总量的

19.66%,其值较2014年略有下降,但较2010年GDP占比(18.63%)高出1.03%。从区域内部来看,四川、重庆、贵州三省市2015年前三季度GDP分别为22 120.37亿元、11 252.67亿元和7 195.58亿元,在全国GDP中的占比分别为4.36%、2.22%和1.42%%,较2010年分别高出0.43%、0.40%和0.37%,而其他各省增幅相对较小。

表3—15　　西部地区各省市区GDP在全国占比　　单位:%

地区	2010年	2011年	2012年	2013年	2014年	2015年前三季度
内蒙古	2.67	2.75	2.75	2.67	2.60	2.38
广西	2.19	2.25	2.26	2.28	2.29	2.06
重庆	1.81	1.92	1.98	2.02	2.08	2.22
四川	3.93	4.03	4.14	4.16	4.17	4.36
贵州	1.05	1.09	1.19	1.27	1.35	1.42
云南	1.65	1.71	1.79	1.87	1.87	1.75
西藏	0.12	0.12	0.12	0.13	0.13	0.15
陕西	2.32	2.40	2.51	2.55	2.59	2.43
甘肃	0.94	0.96	0.98	1.00	1.00	0.91
青海	0.31	0.32	0.33	0.33	0.34	0.32
宁夏	0.39	0.40	0.41	0.41	0.40	0.39
新疆	1.24	1.27	1.30	1.33	1.35	1.26
西部地区	18.63	19.22	19.76	20.01	20.18	19.66

资料来源:根据国家统计局数据制成。

经济发展速度相对提升,发展步伐逐步加快。近年来,西部地区各省市经济发展速度一直高于全国整体水平,在全国经济增速普遍下滑的大背景下,虽然西部地区增速也有所放缓,但相对于其他地区而言发展速度有所加快。2015年前三季度,西部地区各省市GDP增速均高于全国GDP增速(6.9%),其中重庆、西藏和贵州GDP增速分别高达11%、11%和10.8%,在全国各省市GDP增速排序中位列前三;其后分别为新疆(8.4%)、云南(8.3%)、青海(8.3%)、广西(8.1%)、四川(8.0%)和甘肃(8.0%),GDP增速位序在11～20之间;只有陕西(7.6%)、宁夏(7.6%)和内蒙古(7.5%)GDP增速低于8.0%,位于第20名之后。2010年以来，西部地区大多数省市GDP增速在全国各省市中的位序有所提升，如贵州从第18位上升到第3位；云南从第22位上升到第12位；西藏从第22位上升到第1位；甘肃从第28位上升至第17位。

表3—16　　西部地区各省市区GDP增速位序

地区	2010年	2011年	2012年	2013年	2014年	2015年前三季度
内蒙古	6	5	13	21	22	24
广西	11	17	16	12	17	16
重庆	2	1	2	3	1	1
四川	5	3	6	16	17	17
贵州	18	3	2	1	2	3
云南	22	8	4	4	20	12
西藏	22	14	12	4	2	1
陕西	8	6	5	6	7	22
甘肃	28	15	6	9	13	17
青海	4	10	8	9	11	12
宁夏	17	21	14	18	21	22
新疆	29	21	10	6	4	11

资料来源：根据国家统计局数据制成。

工业发展后劲开始显现。长期以来西部地区工业发展速度大多高于全国工业发展速度，在全国工业发展普遍受挫的背景下，西部地区工业发展速度也有所放缓，但相比其他地区而言，降幅相对较小。2015年前三季度，重庆、贵州、西藏等省市依然保持较高的工业发展增速，其值分别为10.9%、10.0%和14.7%，远高于全国工业发展增速(6.2%)。在我国经济结构调整阶段，西部地区大多省市工业发展后劲开始逐步显现。

表3—17　　2010年以来西部地区工业发展速度　　单位：%

地区	2010年	2011年	2012年	2013年	2014年	2015年前三季度
内蒙古	19.0	19.0	14.8	12.0	10.0	8.6
广西	23.7	20.8	15.9	12.9	10.7	8.3
重庆	23.7	22.7	16.3	13.6	12.6	10.9
四川	23.5	22.3	16.1	11.1	9.6	8.0

续表

地区	2010年	2011年	2012年	2013年	2014年	2015年前三季度
贵州	15.8	21.0	16.2	13.6	11.3	10.0
云南	15.0	18.0	15.6	12.3	7.3	5.9
西藏	14.0	20.1	15.1	12.2	6.0	14.7
陕西	19.7	17.9	16.6	13.1	11.3	6.6
甘肃	16.6	16.2	14.6	11.5	8.4	7.2
青海	20.6	19.0	14.8	12.6	9.1	7.4
宁夏	16.8	18.1	13.8	12.5	8.3	7.5
新疆	13.6	11.4	12.7	12.9	10.0	5.2
全国	15.7	13.9	10.0	9.7	8.3	6.2

资料来源:根据国家统计局数据制成。

产业结构不断优化。长期以来西部地区经济发展以第二产业为主,其次为第三产业,三次产业构成呈“二三一”特点,近几年快速发展过程中,产业结构不断调整与优化,三次产业结构组成由2010年的13.1∶50.0∶36.9调整为2015年前三季度的10.8∶46.7∶42.5。从区域内部来看,内蒙古、青海、陕西、广西、宁夏和四川的发展以工业为主,第二产业增加值占比高于第三产业,分别为53.4%、53.0%、51.2%、49.9%、49.6%和47.7%,而西藏和新疆第二产业增加值占比最小,分别为36.6%和38.5%;西藏、重庆、云南、新疆、贵州和甘肃的发展以服务业为主,第三产业增加值占比大于第二产业,分别为53.5%、48.7%、46.3%、44.9%、43.7%和43.5%。而广西和四川第三产业增加值占比最低,分别为37.1%和39.5%;从农业生产来看,新疆和贵州第一产业增加值占比最高,分别达16.6%和16.3%,而内蒙古和陕西第一产业占比最低,分别为5.1%和6.3%。

表3—18　　2015年前三季西部地区三次产业构成

地区	GDP(亿元)	一产增加值(亿元)	二产增加值(亿元)	三产增加值(亿元)	三次产业结构
内蒙古	12 092.76	610.72	6 452.36	5 029.69	5.1∶53.4∶41.6
广西	10 430.75	1 359.93	5 202.50	3 868.32	13.0∶49.9∶37.1

续表

地区	GDP（亿元）	一产增加值（亿元）	二产增加值（亿元）	三产增加值（亿元）	三次产业结构
重庆	11 252.67	756.32	5 018.67	5 477.68	6.7∶44.6∶48.7
四川	22 120.40	2 845.80	10 543.30	8 731.30	12.9∶47.7∶39.5
贵州	7 195.58	1 171.54	2 882.64	3 141.40	16.3∶40.1∶43.7
云南	8 897.37	1 118.49	3 656.78	4 122.10	12.6∶41.1∶46.3
西藏	742.26	73.81	271.52	396.93	9.9∶36.6∶53.5
陕西	12 334.66	779.14	6 310.02	5 245.50	6.3∶51.2∶42.5
甘肃	4 630.46	719.93	1 898.40	2 012.13	15.5∶41.0∶43.5
青海	1 633.66	117.39	865.10	651.17	7.2∶53.0∶39.9
宁夏	1 987.32	152.33	985.94	849.05	7.7∶49.6∶42.7
新疆	6 411.40	1 061.22	2 468.59	2 881.59	16.6∶38.5∶44.9
西部地区	99 729.29	10 766.62	46 555.82	42 406.86	10.8∶46.7∶42.5

资料来源：根据各省市统计局、国家统计局数据制成。

注：西藏三次产业结构以2014年数据代替，2015年前三季度一、二、三产增加值由总增加值与三产比例计算而得。

固定资产投资保持平稳。贵州省2015年前三季度，全省完成固定资产投资（500万元统计口径）6 505.53亿元，比上年同期增长22.4%，增速比上半年回落0.4个百分点[100]。陕西省2015年前三季度，全省固定资产投资（不含农户）13 866.46亿元，同比增长8.1%，增速较上半年提高2.1个百分点[101]。

消费市场需求增长稳定。陕西省2015年前三季度，全省实现社会消费品零售总额4 670.5亿元，增长10.7%，增速较上半年回落0.1个百分点。重庆市2015年前三季度，全市实现社会消费品零售总额4 661.86亿元，同比增长12.3%，较上半年提高0.5个百分点[102]。

外贸形势挑战较大，增速继续回落。重庆市2015年前三季度实现进出口总值3 654.7亿元，同比下降19.0%，其中，出口2 746.6亿元，下降5.9%；进口908.1亿元，下降43.0%。四川省2015年前三季度，外贸进出口总额400.5亿美元，同比下降23.3%，其中，出口额265.5亿美元，下降20.9%；进口额135亿美元，下降27.6%[103]。

3.4.2 西部地区主要产业集群发展情况

(1)西部地区产业发展基础分析

矿产资源储量丰富。目前我国已经发现和开发的172种矿产在西部地区均有发现,全国有探明储量的158种矿产中,西部达138种,种类齐全、储量丰富。长期以来自然环境和资源状况对西部地区产业结构的形成与发展起着决定性作用。在西北地区,依靠能源和矿产资源富集的优势,已建立起一个以有色金属和石油化学工业为主体,包括黑色冶金和建材等多种工业部门在内的资源指向型工业体系与产业集群。

能源资源优势明显。能源资源是西部地区的突出优势,石油、天然气、煤炭等能源资源蕴藏丰富、分布广泛,在全国占主导地位,不仅满足西部地区自身发展的能源需求,还通过"西气东输"、"西油东送"等诸多能源工程保障广大东部地区发展的能源需求。

潜在区位优势逐步显现。近年来我国扩大内陆开放、沿江开放、沿边开放和实施"向西开放"战略,使原本处于区位劣势的西部地区变为中国向西开放发展的前沿阵地,良好的区位优势逐步显现。如渝新欧铁路的贯通,打通了西部地区与欧洲经贸合作交流的新命脉,使西部地区的产品能直接面向欧洲市场,也带动了重庆电子信息产业及其他产业集群的快速发展。

(2)西部地区主要产业集群发展现状

西部地区产业集群发展初见成效。随着国家对西部开发的日益重视与我国西部大开发的进一步实施,西部地区产业发展取得了很大的进展,产业集群化程度已初见成效,一些自然环境与人文环境较好的区域已经通过将经济发展较好的城市作为依托的方式,形成了初具产业集群特征的雏形。其中主要代表有:云南、贵州、四川等省的旅游产品企业集聚区;陕西高新技术产业集群区;新疆克拉玛依—乌鲁木齐石油基地;四川德阳装备机械产业区;四川绵阳以长虹为核心的家电业产业集群;攀枝花—六盘水煤炭—冶金工业基地;重庆的摩托车、汽车产业集群;贵州—成都—重庆制药业走廊(其已出现了以中小企业自然集聚而成的制药企业生产体系与原材料供应体系);内蒙古牛奶产业集群;贵州怀仁、四川泸州小酒厂集聚区(其主要侧重于对酿酒技术、原材料供应方面的开发与生产)等。

这些企业、产业的集聚已经在一定程度上取得了可观的成效，为未来西部地区大范围产业集群化发展的形成与实现打下了坚实的基础。

表3—19 西部地区主要产业集群

主要产业集群	内容
资源型产业集群	新疆克拉玛依—乌鲁木齐石油，内蒙钢铁、煤炭，攀枝花—六盘水煤炭—冶金工业基地，兰州石油化工产业集群
汽车产业集群	重庆摩托车、汽车产业集群等
重型机械产业集群	四川德阳装备机械产业区，陕西装备制造产业集群
医药产业集群	贵州—成都—重庆制药业走廊
电子信息产业集群	陕西高新技术产业集群区，重庆电子信息产业集群，成都电子信息产业集群
特色产业集群	内蒙古牛奶产业集群，贵州怀仁、四川泸州小酒厂集聚区

资料来源：赵永红．新经济视域下西部地区产业集群发展问题探讨[J]．改革与战略，2012(6)。

从主要空间载体来看，西部地区共有国家级高新区32个，其中新疆有3个(乌鲁木齐、昌吉、石河子)，内蒙古有2个(包头、金山)，宁夏有2个(银川、石嘴山)，甘肃有2个(兰州、白银)，青海有1个，四川有7个(成都、绵阳、自贡、乐山、泸州、德阳、攀枝花)，陕西有6个(西安、宝鸡、杨陵、咸阳、渭南、榆林)，重庆有2个(重庆、璧山)，贵州有1个，云南有2个(昆明、玉溪)，广西有4个(桂林、南宁、柳州、北海)。

以重庆电子信息产业集群为例。重庆市抓住产业转移的机遇，实施整机＋配套全产业链垂直整合模式，同步引进品牌商、代工商和零部件配套企业，用4年时间，成功建成“5＋6＋800”电脑产业集群，零部件本地配套化率达到80％；在电脑产业发展的基础上，又发展了显示器、打印机、手机等智能终端产品。目前产业集群包括集成电路产业链、通信设备产业链、信息家电产业链、数字仪器仪表产业链、汽车电子产业链、光伏产业集群、百亿新型显示器件产业集群、电脑产业集群、典型应用电子产业集群、电子材料产业集群等。重庆电子信息产业高度增长，2014年共生产电脑、显示器、打印机、网络通信产品等近2亿台件。其中，在全球笔记本电脑出货量萎缩的背景下，重庆凭借集群效应逆势增长15％，达6 100万台，约占全球总产量的三分之一[104]。

图 3—17　西部地区高新技术开发区分布

资料来源:根据中国开发区网数据绘制。

3.4.3　产业转移的高效承接加速西部地区工业化进程

西部地区承接产业转移的比较优势明显。随着制度变革、要素投入、全球化、人口红利提供的长期增长动力的衰减,东部地区企业运营成本逐渐上升,传统产业集聚的比较优势与竞争优势逐渐丧失,众多企业积极探寻新的发展空间。而与东部地区产业转型升级压力加大形成鲜明对比的是,西部地区环境容量相对较大,土地、矿产等资源丰富,劳动力等生产要素成本相对较低,且扩大投资的动力和热情依然高涨,采取多项优惠政策,从税收、土地、招工、配套、基础设施等多方面满足企业的需求,对吸引产业转移有着明显的比较优势。

西部地区承接产业转移的能力不断提升。新的经济发展阶段,我国城镇化的重心正在向中西部转移,铁路等重大项目投资还将继续向西部倾斜,西部地区产业发展配套设施日趋完善,且西部地区已成为我国向西开放战略的主要载体,国内外市场逐步被打开,不断吸引着资本、技术、人才等生产要素集聚，这些使得中西部地区承接产业转移，特别是劳动密集型产业转移的比较优势大大增强，承接产业转移的能力不断提升。

西部地区承接国内外产业转移成效显著。从西部地区典型省份来看，2009～2013年四川省累计引进境内省外资金3.3万亿元，投资涵盖能源电力、装备制造、电子信息、油气化工、交通物流、建材、环保、通信、农业及食品加工等众多领域；陕西省5年内累计引进境内省外资金达到1.44万亿元，逐步形成以专业产业园区的形式承接产业链或产业集群整体转移的态势；重庆市5年内累计引进境内省外资金达到2.1万亿元，比前5年引进资金总和增长10倍多，承接产业转移取得明显成效，形成了电子信息零部件、汽车零部件、精细化工、纺织服装和消费品制造等产业集群[105]。其中重庆的电子信息产业集群，伴随惠普、宏基、富士康、思科、广达等一批企业落户重庆，带动上下游企业纷纷入渝发展，现已形成从电脑零部件到服务器、整机组装的笔记本电脑生产制造基地。而在2015年，总投资高达328亿元人民币的京东方(BOE)重庆8.5代新型半导体显示器件及系统项目首批产品下线交付，成为重庆电子信息产业发展的又一新的里程碑[106]。另外，西部地区不仅在承接国内企业转移方面取得了重大成就，而且在承接国外资本的投资方面也取得了丰硕的业绩，如2010年西部地区各省市吸收外商投资企业投资总额为198 974.00万美元，占全国比重为7.35%，而到2013年已上升到7.95%。

表3－20　　**西部地区外商投资企业投资总额**　　单位：万美元

地　区	2010年	2011年	2012年	2013年
内蒙古	23 243.00	25 519.00	25 802.00	22 911.00
广西	27 973.00	29 942.00	31 143.00	31 927.00
重庆	34 885.00	45 194.00	53 694.00	58 841.00
四川	54 383.00	57 419.00	64 045.00	72 490.00
贵州	4 132.00	5 681.00	7 670.00	11 856.00
云南	17 949.00	20 641.00	22 561.00	24 097.00
西藏	534.00	726.00	1 131.00	1 311.00
陕西	18 044.00	19 888.00	31 130.00	36 629.00
甘肃	6 289.00	6 394.00	6 979.00	6 510.00

续表

地　区	2010 年	2011 年	2012 年	2013 年
青海	2 349.00	3 144.00	2 829.00	2 981.00
宁夏	3 964.00	4 399.00	3 098.00	3 537.00
新疆	5 229.00	5 602.00	6 655.00	6 453.00
西部地区	198 974.00	224 549.00	256 737.00	279 543.00
全国	2 705 900.00	2 993 124.02	3 261 047.77	3 517 608.47
所占比例(%)	7.35	7.50	7.87	7.95

资料来源:根据国家统计局数据制成。

承接产业转移提升西部地区工业化水平。长期以来的发展致使我国东西部地区区域发展差异悬殊,缩小中西部与东部地区发展差距,关键是要缩小中西部地区在工业化进程方面的差距,而承接产业转移推进工业化进程的加快是西部地区发展的绝佳路径。西部地区要集中力量,建立高质量、高水平、高效益的经济开发区去承接东部地区的产业转移,同时也必须处理好承接产业转移与发展本地企业的关系,使承接的外来企业向内生型企业转化,以推动地方经济的持续发展、推动地区工业化水平的持续升高。

3.4.4　西部地区产业发展两极分化态势逐步显现

西部地区产业发展中,经济发展增速呈现较为明显的分化态势,陕西、内蒙古、青海、宁夏等省区 GDP 增速相对放缓,贵州、云南、西藏、甘肃、新疆等省区 GDP 增速相对提升。研究发现,产业结构是导致西部各省市区经济发展速度出现相对分化的主要原因。

表 3－21　　西部地区经济增速与产业结构关系分析

地区	GDP 增速位序						三次产业结构
	2010 年	2011 年	2012 年	2013 年	2014 年	2015 年前三季度	2015 年前三季度
内蒙古	6	5	13	21	22	24	5.1：53.4：41.6
广西	11	17	16	12	17	16	13.0：49.9：37.1
重庆	2	1	2	3	1	1	6.7：44.6：48.7
四川	5	3	6	16	17	17	12.9：47.7：39.5
贵州	18	3	2	1	2	3	16.3：40.1：43.7

续表

地区	GDP增速位序						三次产业结构
	2010年	2011年	2012年	2013年	2014年	2015年前三季度	2015年前三季度
云南	22	8	4	4	20	12	12.6∶41.1∶46.3
西藏	22	14	12	4	2	1	9.9∶36.6∶53.5
陕西	8	6	5	6	7	22	6.3∶51.2∶42.5
甘肃	28	15	6	9	13	17	15.5∶41.0∶43.5
青海	4	10	8	9	11	12	7.2∶53.0∶39.9
宁夏	17	21	14	18	21	22	7.7∶49.6∶42.7
新疆	29	21	10	6	4	11	16.6∶38.5∶44.9

资料来源：根据国家统计局数据制成。

从三次产业构成来看，以第三产业为主导的省市经济增速相对提升，以第二产业为主导的省份经济增速相对下降。2010年以来，贵州GDP增速从第18位上升到第3位，而其三次产业结构为16.3∶40.1∶43.7；云南GDP增速从第22位上升到第12位，其三次产业结构为12.6∶41.1∶46.3；西藏GDP增速从第22位上升至第1位，其三次产业结构为9.9∶36.6∶53.5；新疆GDP增速从第29位上升至第11位，其三次产业结构为16.6∶38.5∶44.9。而内蒙古GDP增速从第6位下降到第24位，其三次产业结构为5.1∶53.4∶41.6；陕西GDP增速从第8位下降到第22位，其三次产业结构为6.3∶51.2∶42.5；四川GDP增速从第5位下降到第17位，其三次产业结构为12.9∶47.7∶39.5；青海GDP增速从第4位下降到第12位，其三次产业结构为7.2∶53.0∶39.9。

从产业内部结构来看，能源产业占比较高的省份经济增速放缓，而高新技术产业、新兴产业占比较高的省市经济增速相对加快。一方面，在宏观经济形势紧缩的背景下，基础性产业产能严重过剩，煤炭、钢铁等产业发展受挫，目前国内煤炭市场依然深陷泥淖，煤炭价格已跌至6年来最低，内蒙古和其他各地的煤矿正疲于应对产能过剩、需求不振和银行贷款萎缩等问题，资源、能源型产业占比较大的省份工业发展受到了较大的冲击。内蒙古的工业发展以煤炭开采和洗选业、石油和天然气开采业、黑色金属矿开采业、有色金属矿开采业等资源依赖型产业为主，2013年采矿业产值占规模以上工业总产值的比例超过了30%，随资源型产业发展的受挫，内蒙古经济增速降幅很大。另一方面，高新技术产业、新经济等产业的发展,为地区经济发展带来了新的活力。重庆的经济快速发展主要来自第二产业和第三产业,其中工业主要依靠先进制造业,支柱产业电子制造业和汽车产业都保持了很高的增速,并分别对重庆工业增长贡献了18.4%和29.7%[107]。贵州的经济快速发展主要受益于新兴产业发展加快及外贸回暖。上半年,贵州计算机、通信和其他电子设备制造业增加值增长44.4%,进出口增速由一季度的下降15%转为增长59.6%,其中出口增长69.9%[108]。

可见,产业结构的差异性直接决定了西部地区经济发展速度的两极分化。经济发展速度滞后的省份,应从产业结构调整入手来增加产业发展的活力、提升经济增长的速度。

3.5 东北地区产业发展动态分析

东北地区包括黑龙江、吉林、辽宁三省。东北具有雄厚的工业基础,以资源型工业和重型工业为主,是全国最大的重化工和装备制造业基地,装备制造业和基础装备方面在国内居于领先水平。东北地区整体处于工业化后期阶段和城镇化加速阶段。在计划经济时代,东北老工业基地曾为新中国的建设做出了巨大贡献,成为东北区域竞争力的源泉。但进入20世纪80年代后,东北地区的整体经济迅速落后于长三角、珠三角地区和京津地区。面对曾经辉煌过的东北老工业基地的衰落,中央提出要"振兴东北"。但长期以来,东北地区主要依赖政府的大项目、优惠政策、国家资本投入等来寻求解决经济发展问题的途径,仍然存在产业结构不合理、产业发展不平衡、产业结构趋同、产业关联度低、产业竞争能力弱等问题。

3.5.1 东北地区产业发展呈下行趋势

东北地区经济发展深陷困境,整体发展呈下行态势。2014年,辽宁、黑龙江、吉林三省工业总产值分别位列全国第7、20、22位,排位相比2013年(第7、17、21位)有下滑趋势。2015年前三季度,东北地区GDP增速远低于全国平均水平(6.9%),进入增速最慢行列。其中,吉林省增速相对较快,比上年同期增长6.3%;黑龙江省增速次之,比上年同期增长5.5%;而辽宁省前三季度GDP增速仅为2.7%,居全国末位。

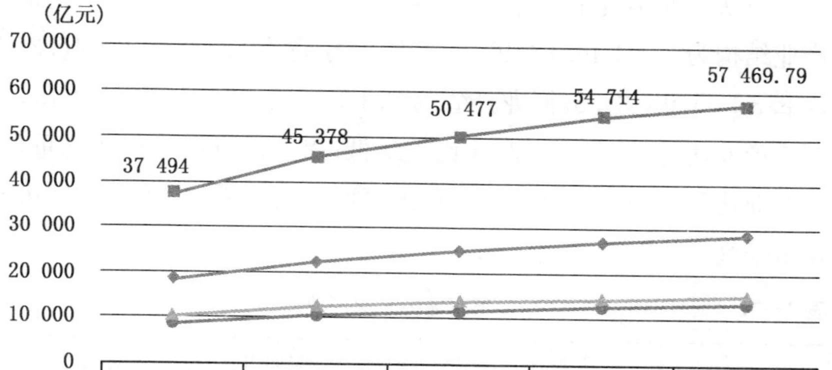

	2010年	2011年	2012年	2013年	2014年
东北地区	37 494	45 378	50 477	54 714	57 469.79
辽宁	18 457	22 227	24 846	27 213	28 626.58
吉林	8 668	10 569	11 939	13 046	13 803.81
黑龙江	10 369	12 582	13 692	14 455	15 039.4

图 3—18　2010～2014 年东北地区 GDP 总量变化趋势

资料来源:根据辽宁省、吉林省、黑龙江省统计局和国家统计局数据绘制。

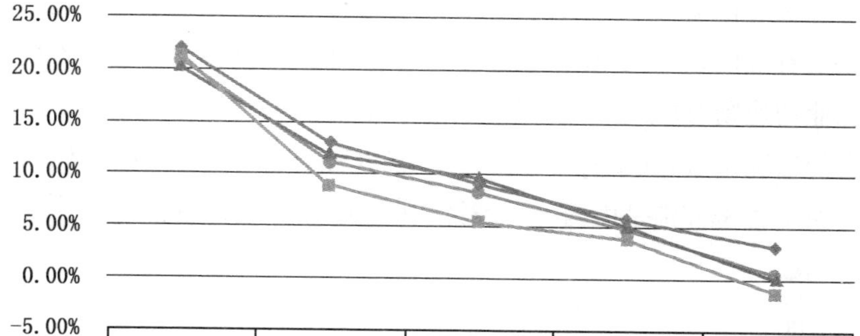

	2011年	2012年	2013年	2014年	2015年
平均增速	21.03%	11.24%	8.39%	5.04%	0.51%
辽宁	20.43%	11.78%	9.53%	5.19%	0.15%
吉林	21.93%	12.96%	9.27%	5.81%	3.24%
黑龙江	21.34%	8.82%	5.57%	4.04%	-1.30%

图 3—19　2010～2015 年东北地区 GDP 增速变化趋势

资料来源:根据辽宁省、吉林省、黑龙江省统计局和国家统计局数据绘制。

三次产业结构呈“二三一”的特点。2015 年前三季度,东北地区三次产业结构为 7.4∶46.4∶46.2,其中,辽宁省为 6.7∶47.0∶46.2,吉林省为 8.3∶55.9∶35.8,黑龙江省为 8.1∶35.2∶56.8。可以看出,吉林省第二产业比重最高,第三产业比重最低;黑龙江省第二产业比重最低,第三产业比重最高。通过与长三角地区对比可以看出,东北地区第一产业比重偏高,第三产业比重偏低。

表 3—22　　东北地区三次产业结构

地区	一产增加值(亿元)	二产增加值(亿元)	三产增加值(亿元)	三次产业结构
辽宁	1 390.4	9 593.7	9 420.5	6.7∶47.0∶46.2
吉林	737.54	4 970.78	3 188.58	8.3∶55.9∶35.8
黑龙江	709.1	3 091.9	4 989.90	8.1∶35.2∶56.8
东北地区	2 837.04	17 656.38	17 598.98	7.4∶46.4∶46.2
长三角地区	5 537.85	58 374.99	64 889.92	4.3∶45.3∶50.4
全国	39 195	197 799	250 779	8.0∶40.6∶51.4

资料来源:根据辽宁省、吉林省、黑龙江省统计局和国家统计局数据制成。

工业稳增长任务艰巨,工业经济运行压力较大。2015 年前三季度,辽宁省规模以上工业增加值比上年同期下降 5.4%。而吉林省规模以上工业增速则有所回升,规模以上工业增加值同比增长 5.1%。从全国各省份情况来看,辽宁省(−5.4%)和黑龙江省(0.2%)增速排在后四位,另外两个省份分别是山西(−3.3%)和上海(−1.3%)。

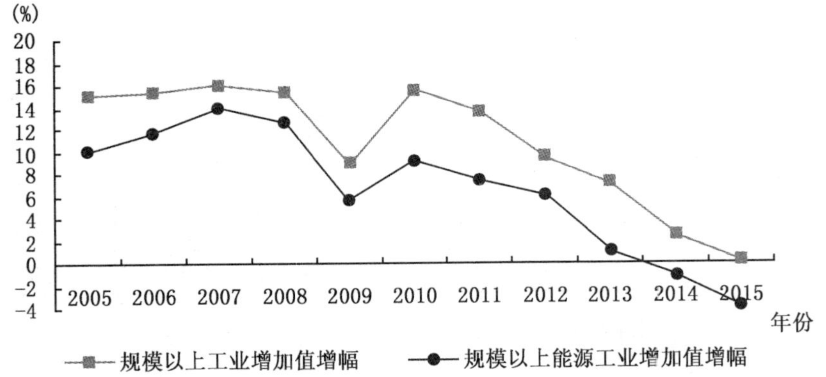

图 3—20　2005～2015 年前三季度黑龙江省规模以上工业及能源工业增加值增幅

资料来源:黑龙江省统计局。

固定资产投资增长压力较大，且区域内不同省份差别较大。2015 年前三季度，东北地区固定资产投资总额32 068.37亿元。其中，吉林省固定资产投资增速同比增长 12.1%，而辽宁省则比上年同期下降 21.2%，黑龙江省基本维持上年同期水平。以黑龙江省为例，全省三次产业投资呈"两增一降"态势(一产和三产增长，二产下降)。其中，房地产开发投资同比下降 24.5%，降幅同比扩大 10.2 个百分点。

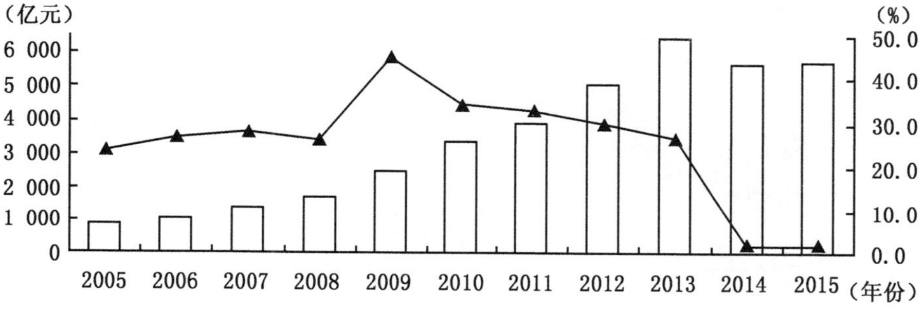

图 3—21　2005～2015 年前三季度黑龙江省固定资产投资总量及增幅

资料来源：黑龙江省统计局。

注：2005～2010 年口径为城镇固定资产投资，2011～2015 年口径为城镇和农村非农户 500 万元以上固定资产投资和房地产开发投资。

消费需求总体不旺，低于全国平均水平。2015 年前三季度，东北地区社会消费品零售总额19 411.44亿元，与上年同期相比增速整体低于全国平均水平约 2 个百分点。从消费热点来看，以黑龙江省为例，建筑装潢

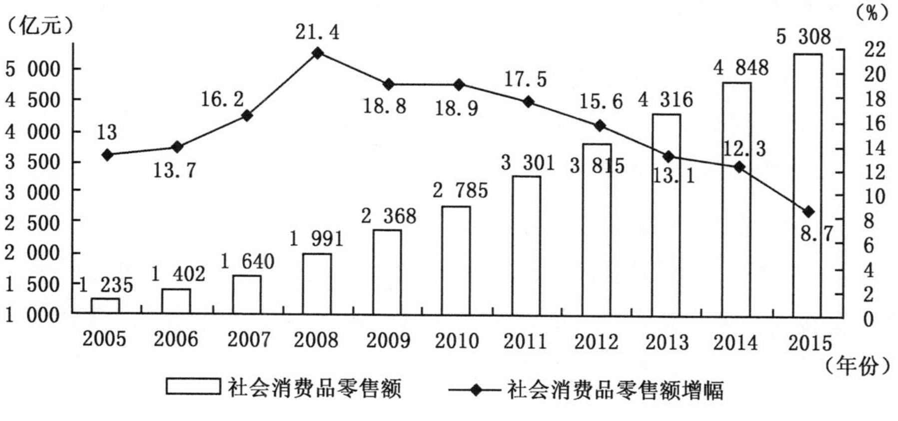

图 3—22　2005～2015 年前三季度黑龙江省社会消费品零售额及增幅

资料来源：黑龙江省统计局。

类和通信器材类商品需求旺盛,限上零售额分别增长 28.9%和 16%。汽车、石油及制品零售额增幅继续回落 5.9 和 3.7 个百分点。

外贸形势较为严峻,增速持续下降。2015 年前三季度,黑龙江省对外贸易在上年同期负增长的基础上继续下降,实现进出口总值 161.1 亿美元,下降 42%,降幅同比扩大 36.1 个百分点。其中,出口下降 44.2%,进口下降 40.5%。从主要贸易伙伴来看,以黑龙江省为例,对俄、东盟、美、欧盟进出口下降,降幅分别为 51.5%、8.4%、30.6%、33.1%。

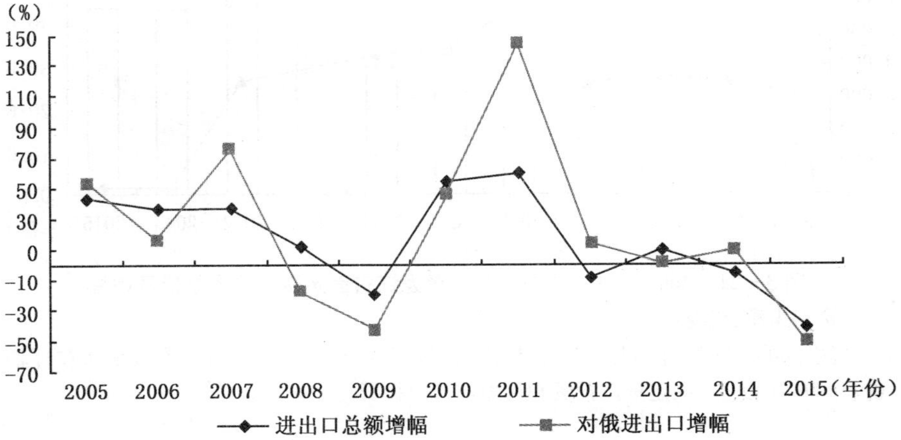

图 3—23　2005~2015 年前三季度黑龙江省进出口及对俄进出口增幅

资料来源:黑龙江省统计局。

3.5.2　东北地区主要产业集群发展情况

(1)东北地区产业发展基础分析

东北地区农业和工业基础良好,重化工业基础雄厚。土地、矿产、森林等自然资源丰富,是中国重要的商品粮基地;石化、钢铁、汽车、造船、航空产品等行业具有较好产业基础。东北地区是中国重要的石油工业基地,大庆油田一直是中国最大的油田,哈尔滨是中国重要的动力机械基地,能够生产大中型水电、火电发电机组及先进的输变电设备。同时,该地区地处东北亚经济圈的中心,具有面向东北亚、俄罗斯开放的区位优势。

表3—23 东北地区产业发展基础

基础条件	内容
重要煤田	阜新、鸡西、鹤岗、抚顺
重要油田	大庆、辽河
铁矿资源	本溪、鞍山
重要工业基地	沈阳机械工业中心 鞍山本溪钢铁工业基地 抚顺石油化学工业和装备制造基地 辽阳化学工业基地 大连综合工业中心和造船工业基地
区域优势	东北亚经济圈、自然资源、交通便利、农业基础、工业基础、劳动力资源、国家政策导向

(2)东北地区主要产业集群发展现状

从主要产业集群来看,东北地区主要产业集群包括钢铁、石油、煤炭等资源型产业集群,汽车、重型机械等重工业产业集群,以及农副食品加工特色产业集群。以沈阳、哈尔滨、齐齐哈尔为中心,形成了重型机械、冶金设备、矿山设备生产基地;以长春、大连为中心,形成了汽车及运输机械制造基地,大宗产品有汽车、铁路机车、客车、船舶、拖拉机等;以鞍山、大庆、抚顺为中心,形成了资源依托型产业集群;以辽东、抚顺、通化为中心,形成了医药产业集群。

表3—24 东北地区主要产业集群

主要产业集群	内容
资源型产业集群	鞍山钢铁、大庆石油、抚顺煤炭
汽车产业集群	长春汽车产业集群
重型机械产业集群	哈尔滨发电成套设备、沈阳机械制造
医药产业集群[109]	沈阳、抚顺化学原料药产业集群,沈阳、大连生物制药及数字化医疗器械产业集群,辽东地区中药产业集群,哈尔滨医药产业集群,通化医药集群

从主要空间载体来看,东北地区共有16个国家级高新区,其中黑龙

江省有3个(哈尔滨、大庆、齐齐哈尔),吉林省有5个(长春、长春净月、吉林、延吉、通化医药),辽宁省有8个(沈阳、大连、鞍山、阜新、本溪、辽阳、营口、锦州)。

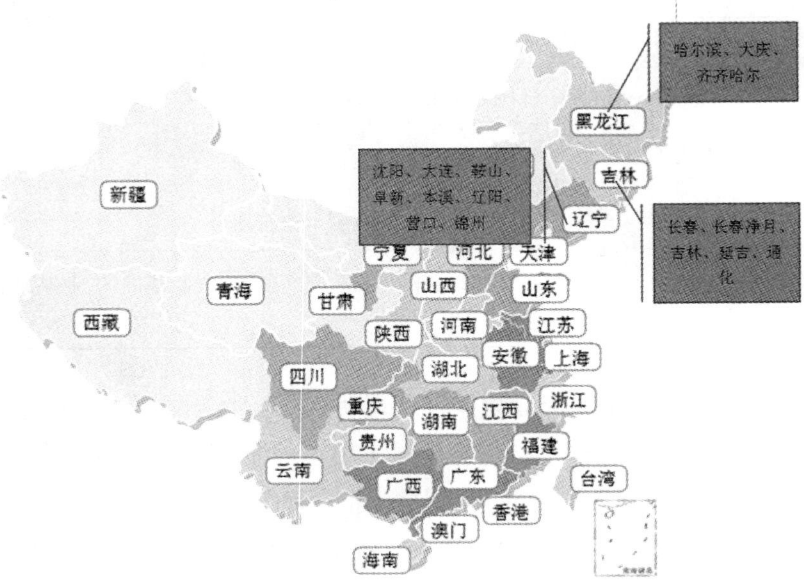

图3—24 东北地区高新技术开发区分布

资料来源:根据中国开发区网数据绘制。

以长春汽车产业集群为例。长春是中国汽车工业的摇篮,是国内最大的汽车生产制造基地,中国第一汽车集团公司、长春客车厂的所在地。新中国的第一辆汽车、第一辆轿车、第一辆轨道客车、第一辆地铁列车、第一辆磁悬浮列车都在这里诞生。长春汽车产业集群是以中国第一汽车集团为核心,集聚众多配套企业而形成的。目前长春汽车产业集群虽然在地理位置上集聚在一起,但是实质上仅仅处于集群发展的形成阶段,属于成本驱动下的企业集中,集群内的中小企业产品技术含量低、配套能力弱,容易陷入价格战等恶性竞争中。随着近年来汽车市场竞争的日趋激烈,中国一汽作为中国汽车行业"老大"的地位已经岌岌可危,而集群内的中小企业对一汽的过分依赖使集群潜在的风险很高,影响了集群整体竞争力的提升[110]。

中国第一汽车集团公司(原长春第一汽车制造厂)成立于1953年,是东北地区涉足装备制造业的国有大型企业的典型代表。2015 年,“全员降薪”、“史上最长假期”的报道使得一汽大众成为汽车行业的焦点。作为昔日的龙头车企,一汽大众 2015 年的销量表现不尽如人意。2015 年前三季度,在国内乘用车领域,一汽集团销量大幅下滑,排在第三位,落后于上汽集团和东风集团,其后的长安集团迅猛追赶。十大汽车集团乘用车合计销售1 274万辆,市场集中度为 92%,其中前六大集团集中度为 80%[111]。

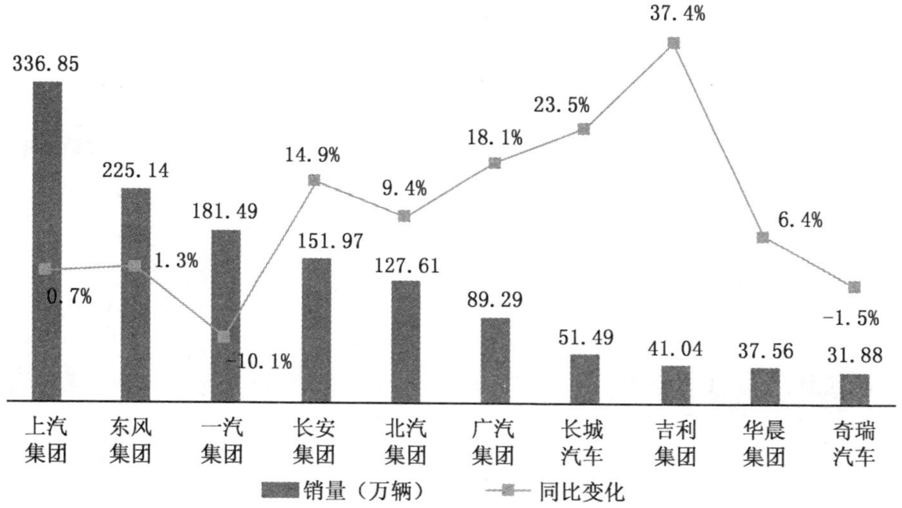

图 3—25 2015 年前三季度乘用车十大汽车集团销量排行

资料来源:盖世汽车网。

3.5.3 东北地区产业结构趋同问题明显

(1)东北地区城市及工业发展阶段

基于城市化发展阶段理论和产业发展阶段理论判断,东北地区整体处于城市化中期阶段和工业化后期阶段。2014 年,东北地区人均 GDP 达到8 463美元,城镇化率达到 60.85%。根据人均 GDP 指标和城镇化率指标进行判定,东北地区整体处于城市化中期阶段和工业化后期阶段。其中,辽宁省和吉林省处于工业化后期,而黑龙江省还处于工业化中期。处于这一阶段的区域经济呈现出工业化与城镇化相互促进、融合发展的特征。

东北地区城市已经进入加速发展阶段[112],产业升级更加强调技术创新和制度创新。在城市化中期阶段,城市对经济发展的作用以集聚效益为主,以扩散效益为辅。第二产业仍以资源密集型和加工业为主,随着资本的积累和引入,产品技术含量越来越高。各国历史经验表明,工业化后期与工业化中期相比,一个重要的特征变化是在中期依靠高投资、重化工业主导发展而支撑的高速增长将难以为继,潜在经济增长率将会自然回落。工业化初中期的产业升级主要通过"要素驱动"实现,而工业化后期的产业升级则需要"创新驱动"战略,即强调通过技术创新和制度创新来实现经济的可持续发展。

表 3—25　　东北地区城镇化率和人均 GDP

区域	2014 年 GDP(亿元)	2014 年人口(万人)	2014 年人均 GDP(美元)	2014 年城镇化率(%)
辽宁	28 626.58	4 390	10 489	67.07
吉林	13 803.81	2 699	8 227	54.75
黑龙江	15 039.4	3 835	6 308	58.03
东北地区	57 469.79	10 924	8 463	60.85

资料来源:根据国家统计局数据制成。

(2)东北地区产业结构特征分析

辽宁省与东北地区整体的主要产业构成基本一致。对 2013 年东北地区三省行业大类规模以上工业总产值数据进行汇总分析,东北地区工业总产值占比达到 5%以上的行业包括农副食品加工业,汽车制造业,黑色金属冶炼和压延加工业,石油加工、炼焦和核燃料加工业,非金属矿物制品业,化学原料和化学制品制造业,通用设备制造业共七个行业。其中,辽宁省产值占比达到 5%以上的行业有 7 个(与东北地区相同,排序不同),吉林省有 2 个(汽车制造业和农副食品加工业),黑龙江省有 1 个(农副食品加工业)。

表3—26 东北地区工业行业大类结构分析

东北地区	企业数（家）	工业总产值（亿元）	比例（%）
总计	27 079	88 302	—
农副食品加工业	3 430	10 706	12.12
汽车制造业	923	9 049	10.25
黑色金属冶炼和压延加工业	1 037	6 678	7.56
石油加工、炼焦和核燃料加工业	358	6 021	6.82
非金属矿物制品业	2 638	5 821	6.59
化学原料和化学制品制造业	1 554	5 500	6.23
通用设备制造业	2 430	5 302	6.00
电力、热力生产和供应业	745	3 707	4.20
专用设备制造业	1 384	3 386	3.83
电气机械和器材制造业	1 091	2 831	3.21
石油和天然气开采业	50	2 683	3.04
金属制品业	1 239	2 491	2.82
医药制造业	703	2 451	2.78
橡胶和塑料制品业	1 161	2 200	2.49
黑色金属矿采选业	925	2 166	2.45
木材加工和木、竹、藤、棕、草制品业	1 003	2 107	2.39
食品制造业	650	1 668	1.89
……	……	……	……

资料来源：根据辽宁省、吉林省、黑龙江省2014年统计年鉴制成。

从全国层面来看，东北三省的传统产业各有优势。根据2013年东北三省行业大类规模以上工业总产值数据进行区位商分析，东北地区区位商排名靠前的行业包括木材加工和木、竹、藤、棕、草制品业（3.97），农副食品加工业（3.87），石油加工、炼焦和核燃料加工业（2.49），非金属矿采选业（2.24），黑色金属矿采选业（2.23）等。其中，辽宁省具有比较优势的行业是黑色金属矿采选业（3.2，鞍山、本溪钢铁基地），石油加工、炼焦和核燃料加工业（3.01，盘锦石化基地）。吉林省具有比较优势的行业是汽车制造业（2.08，长春汽车生产基地），医药制造业（1.18，通化医药集群）；

黑龙江省具有比较优势的行业主要是石油和天然气开采业(1.61,大庆油田)。可以看出,三个省份的传统优势产业(辽宁省的装备制造业、吉林省的汽车产业、黑龙江省的石化产业)与分析结果基本相符,但辽宁省装备制造业整体规模还有待进一步提高。

表 3-27　　东北地区工业行业大类区位商分析

区域	区位商最高的前五个部门				
辽宁	黑色金属矿采选业(3.2)	石油加工、炼焦和核燃料加工业(3.01)	农副食品加工业(2.87)	非金属矿采选业(2.85)	木材加工和木、竹、藤、棕、草制品业(2.61)
吉林	木材加工和木、竹、藤、棕、草制品业(2.6)	汽车制造业(2.08)	其他采矿业(2.07)	农副食品加工业(1.9)	医药制造业(1.18)
黑龙江	农副食品加工业(1.68)	石油和天然气开采业(1.61)	木材加工和木、竹、藤、棕、草制品业(1.42)	开采辅助活动(1.03)	石油加工、炼焦和核燃料加工业(1.00)
东北地区	木材加工和木、竹、藤、棕、草制品业(3.97)	农副食品加工业(3.87)	石油加工、炼焦和核燃料加工业(2.49)	非金属矿采选业(2.24)	黑色金属矿采选业(2.23)

资料来源:根据国家、辽宁省、吉林省、黑龙江省 2014 年统计年鉴制成。

从东北地区内部来看,东北地区产业结构呈现趋同特征。对三个省份产值排序靠前的行业大类进一步比对可以看出,东北三省现有产业结构具有高度的雷同性,三个省份排序前十位的行业相似度比较大,产业重合数目均在 6 个以上,如食品(三省)、建材(三省)、汽车(吉林、辽宁)、钢铁(辽宁、吉林)、石化(黑龙江、辽宁)等行业。同时,从东北三省主要工业产品产量情况来看,水泥产量黑龙江和吉林基本持平,虽然汽车是吉林省的特色产业,2013 年辽宁省汽车产量也达到了吉林省汽车产量的一半。

表3—28　东北三省工业行业结构比较分析

辽宁省	工业总产值	产值占比	吉林省	工业总产值	产值占比	黑龙江省	工业总产值	产值占比
总计	52 892		总计	21 690.90		总计	13 719	
黑色金属冶炼和压延加工业	5 418	10.24%	汽车制造业	6 058.87	11.46%	农副食品加工业	2 792	5.28%
农副食品加工业	4 763	9.00%	农副食品加工业	3 150.96	5.96%	石油和天然气开采业	1 893	3.58%
通用设备制造业	4 545	8.59%	化学原料和化学制品制造业	1 623.26	3.07%	石油加工、炼焦和核燃料加工业	1 449	2.74%
石油加工、炼焦和核燃料加工业	4 356	8.23%	非金属矿物制品业	1 491.41	2.82%	电力、热力生产和供应业	1 171	2.21%
非金属矿物制品业	3 770	7.13%	医药制造业	1 353.74	2.56%	煤炭开采和洗选业	567	1.07%
化学原料和化学制品制造业	3 326	6.29%	黑色金属冶炼和压延加工业	907.88	1.72%	非金属矿物制品业	559	1.06%
汽车制造业	2 866	5.42%	电力、热力生产和供应业	876.89	1.66%	化学原料和化学制品制造业	550	1.04%
专用设备制造业	2 427	4.59%	木材加工和木、竹、藤、棕、草制品业	824.82	1.56%	食品制造业	526	0.99%
电气机械和器材制造业	2 302	4.35%	专用设备制造业	568.89	1.08%	木材加工和木、竹、藤、棕、草制品业	452	0.85%
金属制品业	1 999	3.78%	酒、饮料和精制茶制造业	477.23	0.90%	专用设备制造业	390	0.74%

(3)东北地区产业趋同原因解析

东北地区的问题实质是产业结构趋同的问题。近年来,东北地区产业结构趋同问题明显,面临市场需求总量和结构的双重硬约束。当前关于东北老工业基地的研究学者普遍认为,东北的问题实质是产业结构的问题。东北三省原本有很多在国内具有比较优势的行业,但三省并没有把这样的行业转化为本地区的主导产业,实现区域产业竞争力的不断超越,反而陷入了区域产业结构趋同的尴尬境地。

东北地区产业结构趋同包括正常趋同和非正常趋同。东北三省历史渊源颇深,在资源、经济发展模式、工业结构、政府管理体制以及经济发展瓶颈问题等方面极为相似。长期以来,东北三省均属于资源型经济发展模式,并且在制度环境、历史背景等方面也极为相似。东北三省相似的产业格局,限制了其发展规模和速度。东北地区产业结构趋同现状的形成既具有符合市场经济发展规律的客观合理一面,也有受到人为干扰、恶性竞争的非合理一面。

表 3—29　　东北三省产业结构趋同原因分析[113]

分　类	原因分析
正常趋同	自然条件相近:自然资源、自然环境 社会经济因素相似:经济发展水平、基础设施条件、文化传统、民族习惯
非正常趋同	政府职能不明确:政府过多干预企业生产决策、企业对政府过于依赖 投资体制不健全:盲目性投资、重复建设 考核制度不完善:经济增长为核心、短平快类项目一拥而上

3.5.4　东北老工业基地改造提升乏力

趋同的产业结构和国有体制的束缚是东北老工业基地衰落和转型困难的主要原因。东北老工业基地是新中国成立以后形成的以重化工业为主的产业结构、国有经济主导的所有制结构和计划经济体制最完善的经济区。以沈阳、大连、长春、哈尔滨、吉林和齐齐哈尔等重工业城市为代表的东北老工业基地在全国经济发展中起着十分重要的作用,为新中国经济的发展曾做出过重大贡献。改革开放以来,尤其是实行社会主义市场经济以来,东北老工业基地的经济发展遇到了前所未有的困难。2003

年，国家明确提出振兴东北老工业基地发展战略，加强产业结构调整，推进体制机制创新，尤其是运用高新技术改造提升传统产业，支持资源枯竭型城市转型提升。然而，东北三省原有经济结构的沉淀和体制的惯性，使得产业转型和经济体制转轨成为改革以来东北老工业基地改造最为艰巨的任务。

表3—30　东北老工业基地衰落原因及转型困难分析

类　别	内　容
存在的问题	煤炭资源趋于枯竭、矿山资源量严重不足、油田可采储量大幅减少，矿区沉陷、生态恶化、环境污染等生态环保问题也成为制约东北老工业基地发展的重要瓶颈
衰落原因	生产结构单一，传统产业比重过大，市场适应性差；市场活力不足，经济增长乏力；资源利用率低，资源枯竭现象严重；技术落后，创新不足，产品竞争力低；资金短缺，企业发展后劲不足；辽中南等地水资源不足；环境污染严重
转型困难	资源枯竭型城市产业全面凋敝，下岗职工社会保障问题突出，社会不稳定因素增多

东北老工业基地改造提升乏力的本质在于，这些工业基地或大型国企是国家在计划经济时期实行赶超战略的产物，缺乏适应市场变化的自生能力。东北老工业基地改造提升乏力，表面上看是外部需求不足、投资拉动减弱所致，实质是老工业基地尚未根本解决的一些体制性、机制性矛盾的集中爆发，是长期积累的产业结构、经济结构问题的集中显现。从企业微观层面来看，国企腐败问题滋生、管理部门臃肿、管理效率低下等问题是制约东北老工业基地国有大型企业激发创新活力的最大因素。东北原本具有很强的产业、科研和技术创新的潜在优势，由于受到体制和结构矛盾的羁绊，这些潜力还没有释放出来[114]。

国有体制束缚导致缺乏创新动力是东北老工业基地改造提升效果不佳的直接原因。具体来看，东北地区老工业基地改造提升乏力的原因主要有：国有企业沿用传统管理模式，体制机制不灵活；科技创新和科技成果转化的原动力不强，区域和企业内部没有形成可持续创新驱动的机制；“开放”的广度和深度不足，“走出去”的力度也不够；民营经济发展滞后；产业结构和产业布局不合理的矛盾突出。其中，产业技术创新存在的主要问题如表3—31所示。

表 3—31 东北老工业基地产业技术创新存在的问题分析[115]

问　题	具体分析
人才流失严重,技术创新后劲不足	大量技术人才、企业管理人才流向东部沿海地区和以省会城市为主体的中心城市,老工业基地本地企业和科研机构人才青黄不接,高端人才引不来、留不住
研发投入不足,创新活动不够活跃	2010 年老工业基地研发经费支出占国内地区生产总值比重仅为 1.1%,远低于全国 1.76%的平均水平
军工企业技术扩散动力不足,引领作用尚未充分发挥	军工企业带有浓厚的计划布局和战备经济特征,与地方产业关联不多,且军工企业多属央企全资或控股子公司,与地方合作缺乏动力,对地方产业技术进步的引领带动作用尚未充分发挥
区域发展不平衡,部分地区产业集群发展缓慢	沈阳、大连老工业基地改造效果相对明显,而齐齐哈尔等地虽然汇聚了一批机床企业,但仍存在产业总量规模偏小、企业间协作配套不足、缺少技术交流等问题,难以形成集群效应,进而激发高端装备制造技术的发展

鞍钢是东北地区央企的典型,面临转型的窘境。鞍钢集团公司于 2010 年 5 月由鞍山钢铁集团公司和攀钢集团有限公司联合重组而成。2012 年,受钢铁产能过剩、市场需求减弱、钢材价格下跌以及历史包袱沉重等因素影响,鞍钢集团出现了巨额亏损,生存发展面临巨大挑战。在产能过剩、需求低迷、节能减排的多重压力下,以鞍钢集团等大型钢企为代表的中国钢铁行业"举步维艰"。而鞍钢集团从钢铁业的"共和国长子"、"中国钢铁工业的摇篮",到最亏钱的钢企,既折射出钢铁行业之困,又透露出老国企转型之艰。目前,鞍钢面临的问题包括:鞍本(鞍钢—本钢)重组无实质性进展,多项对外投资没有达到预期盈利,而集团内部仍然延续陈旧的管理方式。人员多、负担重,以及由此带来的劳动生产率低下等,一直是鞍钢作为传统国企的"老大难"问题。因此,尽管生产经营和企业改革取得了进展和突破,但历史包袱和人员负担,严重制约着鞍钢的长远稳定发展[116]。

企业办社会负担重,厂办大集体企业运营困难、改制推而不动,是困扰鞍钢的两个老问题。鞍钢主要生产基地所在的鞍山市依钢而生,城市接纳能力不足,鞍钢仍然承担着教育、医疗、房产等社会职能。比如,鞍钢至今还承担着部分住房的物业管理,并负责为所在城市供应煤气,这两部分与社会价格的差价损失,仅 2011 年和 2012 年合计达到 11.62 亿元。20 世纪七八十年代,大型国有企业为安置上山下乡回城青年和接纳企业职工子女就业，出资开办了大量集体企业。这些集体企业为国企提供配套产品和服务，紧紧依靠和伴随国企而生。鞍钢共有厂办大集体企业395 户，在职员工 8.3 万人、退休人员 7.6 万人。市场经济改革后，国企对产品和服务进行市场化采购，多数集体企业竞争力薄弱，生存困难。目前，鞍钢厂办大集体企业中，正常生产的企业仅占 40%，其余处停产、半停产状态[117]。

3.6 本章小结

2015 年，我国四大区域经济增长速度逐步由“东高西低”向“西高东低”转换，经济规模呈现“东部领先，中西部追赶，东北衰退”的态势。从四大区域所处的工业化发展阶段来看，东部地区处于后工业化阶段，中部和西部地区处于工业化中期阶段，东北地区处于工业化后期阶段。

东部地区经济发展速度趋缓的态势明显，经济增长贡献度呈减弱态势；随工业化水平的提升及生产要素成本的上升等环境因素变化，东部地区产业向中西部地区及向东南亚国家转移的特征明显；东部地区资源禀赋等先天优势明显，产业集群的形成和成长快于中西部等地区。因体制机制等因素影响，以国有企业为主导的产业经济缺乏创新活力，而因行业垄断因素、市场准入方面、资金与高端人才需求等因素限制，以民营经济为主导的产业经济创新活力受到制约，产业转型升级与创新驱动乏力是制约东部地区产业发展的主要原因。

中部地区经济发展保持平稳增长，工业增势稳中有进、进中有难，固定资产投资较快增长，消费需求稳中显旺，外贸发展相对平稳，产业发展整体稳中趋缓；依托农业生产、矿产资源、土地资源、人力资本等优势，中部地区逐步形成农副产品加工业、资源型产业、装备制造业等产业集群。然而，产能过剩背景下中部地区产业发展面临市场条件刚性约束，陷入发展窘境，其根源在于对产业转移的粗放承接：中部地区承接产业转移是以牺牲资源环境为代价的，资源环境破坏带来的弊端开始显现；盲目承接产业转移削弱了当地研发活动的动力，缺乏持续动态的产业竞争力。

西部地区经济发展的潜力逐渐被释放，经济总量不断增加，发展步伐逐步加快，工业发展后劲开始显现，固定资产投资保持平稳，消费市场需求增长稳定,外贸形势严峻。整体来看,在西部大开发助推下产业发展步伐相对加快;依托矿产资源、能源资源及区位优势,西部地区产业集群发展初见成效,但相比其他地区而言尚不成熟,仍有诸多方面亟待优化与提升;西部地区承接产业转移的比较优势明显,且在发展中不断提升自身能力,使其承接国内外产业转移进展显著,从而加速西部地区工业化进程。然而,西部地区产业发展两极分化态势逐步显现,产业结构是导致西部各省市经济发展速度出现相对分化的主要原因:以第三产业为主导的省市经济增速相对提升,以第二产业为主导的省份经济增速相对下降;能源资源产业占比较高的省份经济增速放缓,而高新技术产业、新经济相关产业占比较高的省市经济增速相对加快。

东北地区经济发展深陷困境,GDP 增速步入全国最慢行列,工业经济运行压力增大,固定资产投资增长压力较大,消费需求总体不旺,外贸形势严峻、增速持续下降,经济整体发展呈下行态势。作为老工业基地,东北地区重化工业基础雄厚,已形成较好的钢铁、石油等资源型产业集群,汽车、重型机械等重工业产业集群,以及农副食品加工特色产业集群。然而,东北地区目前面临的主要问题实质上是产业结构的问题,即东北三省内部产业结构趋同特征明显。究其原因,既具有符合市场经济发展规律的客观合理一面,也有受到人为干扰、恶性竞争的非合理一面。而东北老工业基地改造提升乏力的原因在于,在单一的产业结构和国有体制的束缚下,老工业基地缺乏适应市场变化的自生能力,且束缚了企业创新的动力与活力。

4

中国产业发展的政策建议与未来展望

2015年，中国产业发展取得了一定成绩，但同时也面临着巨大压力。总体来看，国民经济运行和产业发展下行承压，旧的增长动能逐渐消退，产能过剩情况严重；新的增长动能尚未成熟，不能适应消费升级的需要；以创新驱动的内生动力严重不足，以政策引导的外生动力力度不够，产业结构转型步履维艰。

从产业体系变化维度来看，传统基础产业总量和结构双重过剩，行业进入成熟期甚至衰退期；新兴产业规模和效益双增长，但关键技术和关键环节创新能力仍然不足；互联网产业发展风光无限，但与传统产业融合升级的力度仍有待加强。

从地区产业发展维度来看，东部沿海地区进入产业转型的攻坚期，发展速度有所放缓；中部地区粗放承接产业转移，产能过剩与污染问题逐步显现；西部地区工业化水平总体提高，但两极分化态势逐渐加剧；东北老工业基地改造升级乏力，产业发展承受下行压力。

在未来的发展中，我国必须正确认识现有产业发展和产业结构中存在的问题,进一步加大政策扶持力度,保障产业转型升级的顺利进行,实现国民经济的创新、协调、绿色、开放、共享发展。

4.1 中国产业发展的政策建议

中国产业体系与结构的转型实为供给体系与结构的转型,顺利进行我国产业体系与结构转型离不开政府的有效引导和政策的大力扶持,建立一套合理有效的政策体系对于产业结构的成功转型至关重要。

总体来说,促进中国产业发展应当坚持分类调整的总体思路,对于处于产业生命周期不同阶段的产业和处于不同梯度的地区,采取差异化调整策略。在调整过程中,应当坚持发挥市场的主导作用,政府适时适当引导;产业调整先后有序,存量调整为先,增量调整在后;注重供给端制度改革,最大化发挥企业在产业转型升级中的主体作用;改善市场环境,打击垄断行为,为中小企业创新发展扫清障碍;发挥舵手型企业的中坚作用,以战略新兴产业为方向,以舵手型企业为抓手,最终培育出一批具有价值链控制力的企业和产业。

4.1.1 产业分类调整,地区差异性调整

分类调整是产业发展和政策制定的总体思路。根据产业生命周期和地区梯度理论,不同的产业、不同地区一般处于不同的发展阶段,表现出不同的发展特征。因此,在制定相关政策,促进产业发展时,应当视产业和地区的不同,制定差异化的调整策略。

(1)升级改造传统基础产业,培育扶持新兴产业,促进互联网产业融合发展

以钢铁、水泥等为代表的传统基础产业处于产业生命周期的成熟期,产业增长速度逐渐下降,面临生存或衰退的二元选择。一方面,如果产业增长速度继续下降,市场继续萎缩,产业将进入衰退周期,逐渐退出历史舞台;另一方面,一旦新技术出现和被应用,成熟产业有可能重新进入高速增长的成长期,焕发产业的“第二春”。因此,产业的成熟期也是升级改造的重要窗口期。政府应当抓住这个关键机遇,出台优惠政策,积极引导传统基础产业引进和应用新技术、新模式,实现产业的升级改造。

以新能源、新材料、智能制造等为代表的新兴产业正处于产业生命周期的导入期，此时产业中只有为数不多的初创企业，市场需求也相对狭小，求生存是此时企业面临的唯一问题。因此，对于新兴产业，政府政策应当以培育扶持为主。政府应当积极作为，主动清除市场壁垒，为更多企业进入新兴产业提供条件。同时，对于已进入市场的企业，政府应当积极培育扶持，为企业创新提供政策便利。

以互联网产业为代表的新一代信息技术产业正处于产业生命周期的成长期，产业高速增长，创新层出不穷，市场不断增加。此时的产业最具有活力，具有渗透其他产业、改造其他产业的动力和能力。因此，对于互联网产业，应以发挥其创新活力、实现产业融合为政策导向。当前国家提出的"互联网＋"战略，便是对互联网产业的有力支持。未来，国家应当继续加大"互联网＋"的政策支持力度，大力推进互联网产业与其他产业的创新融合发展，最终实现产业结构的全面升级。

(2)东部地区坚持产业转型不动摇，中西部地区做好产业承接不放松，东北地区加快产业升级不停步

在促进地区产业发展时，应当继续继承"西部大开发"、"中部崛起"、"东北振兴"的国家战略，根据不同地区的实际发展情况，制定差异化发展策略。

东部沿海地区的产业发展长期以来都走在全国前列，产业体系和产业结构较之其他地区更加完善。虽然近年来随着产业转型进入攻坚期，东部地区的产业发展速度有趋缓态势，但是产业转型也取得了一定的阶段性成果。目前，东部地区已经基本形成了比较好的机械工业、电子工业、化工工业、汽车工业、建筑材料和纺织业等传统产业以及高端装备、新能源、生物医药、节能环保等新兴产业的发展基础，服务业发展也取得了长足进步。未来，东部地区的产业发展应当继续坚持产业转型的思路不动摇，坚定不移地发展新能源、新材料、高端装备、生物医药等战略新兴产业，毫不犹豫地淘汰高能耗、高污染的落后产业，不断提高现代服务业比重和质量，争做国内产业转型升级的排头兵，率先实现产业结构优化升级。

中西部地区是我国产业发展的战略腹地。近年来，在国家"西部大开发"和"中部崛起"战略的推动下，中西部地区的产业发展速度不断提升，

经济总量不断增加。总体来看,中西部地区基本形成了“二三一”产业结构,工业成为三次产业中的主导产业。未来,随着东部地区产业转移的加快,东部原有的工业企业将为中西部地区提供新的动力。中西部地区应当积极承接符合国家发展战略和经济发展需要的转移产业,做到无缝衔接。同时,对于不符合国家发展战略、不符合绿色发展理念的高污染、高能耗产业,也应坚决抵制和淘汰,绝不让污染随着产业而转移。

东北地区的产业发展有着辉煌的历史,为中国经济发展做出过巨大的贡献。但以资源型工业和重型工业为主的产业结构造成了东北产业持续发展的先天不足,进入20世纪80年代后,东北地区的整体经济迅速落后于长三角、珠三角地区和京津地区。东北地区产业结构不合理、产业发展不平衡、产业结构趋同、产业关联度低、产业竞争能力弱等问题也逐渐凸显出来。因此,东北地区产业发展的重点不仅是产业转型,更重要的是产业升级,用新技术、新模式改造现有产业,提升产业竞争力。东北地区应当充分利用雄厚工业底蕴的良好基础,借鉴德国工业4.0模式,利用新一代信息技术打造智能工厂,推进老工业基地的进步升级。

4.1.2 市场调整为主,政府引导为辅

正确处理市场与政府的关系是产业发展和政策制定的基本原则。在成熟的市场经济中,市场是主导产业发展的最终力量,而政府只是扮演“守夜人”的角色,起到服务引导作用。

因此,在制定相关政策时,应当注重发挥市场的主导作用,通过市场手段,激发企业动力和活力,使企业主动转型和升级,从而带动整个产业结构的转型升级。同时,政府应当加强对企业和市场的服务,保证市场的有效运转。而对于市场无法有效作用的领域,政府应当主动适时引导,防止市场失灵。

理顺政府与市场的关系的根本是加快政府职能转变,由管理型政府向服务型政府过渡。政府应当继续简政放权,深化行政审批制度改革,规范审批事项,简化程序,明确时限;适时修订政府核准的投资项目目录,落实企业投资主体地位,真正让位于市场。

4.1.3 存量调整为主,增量调整为辅

存量增量先后有序是产业发展和政策制定的基本逻辑。改革开放以

来,经过 30 多年的快速发展,产业经济体量已经很大,劳动力、自然资源、空间资源的利用已经基本达到极限。这意味着,增量的调整必将受到存量的限制,所以未来产业转型发展应以存量调整为主、增量调整为辅。

(1)鼓励兼并重组,实现存量优胜劣汰

存量调整应当是现阶段产业转型发展的主线。目前中国经济体量超过 63.6 万亿元,但是具有战略意义的新兴产业体量不足 10%,传统产业占据绝大部分。因此,国家要实现产业转型升级,调整传统产业存量是首先面临的选择。

然而,由于各种原因,存量调整存在种种困难。长期来看,有些存量产业和企业确实不具备竞争力,需要尽快淘汰。但是淘汰之后,涉及方方面面的问题无法解决,如职工安置、企业转产、债务化解等问题。同时,对于一些地区和行业来说,被淘汰的落后产能是当地利税大户甚至支柱产业,这无疑为产业退出增加了难度。

因此,未来政府应当充分利用市场机制,调整存量产业。企业兼并重组是发挥市场作用、做强做大优势企业、淘汰退出落后企业的重要手段。政府应当积极鼓励和引导企业参与兼并重组,继续完善相关行业规划和政策措施,努力营造有利于企业兼并重组的政策环境;继续完善企业兼并重组服务管理体系,努力消除制约企业兼并重组的体制机制障碍;鼓励大型骨干企业开展跨地区、跨所有制兼并重组;鼓励企业通过兼并重组延伸产业链,组成战略联盟;鼓励企业"走出去",参与全球资源整合与经营,提升国际化经营能力,增强国际竞争力。最终通过企业自主的兼并重组,实现产业存量的优胜劣汰。

(2)引导投资方向,实现增量有序调整

增量结构优化对于产业结构优化具有先导作用。增量调整相对容易,国家在存量调整的同时也应注重增量投资的优化。

未来,政府应当积极引导产业投资向新兴产业和民生领域发展。新一代信息技术、新能源、新材料、高端装备、生物医药、节能环保等新兴产业是重点投资领域。国家可以通过重点项目的推进,带动相关领域企业投资的跟进;通过引导金融机构建立快速通道,加快重大工程、PPP 项目等贷款审批,促进有效投资持续增长。以新型城镇化建设和新农村建设为代表的民生工程是关键投资领域。围绕智慧、绿色、人文等新型城市需求,加大城镇棚户区、城乡危房改造及公共服务配套基础设施建设等领域的投资;围绕美丽乡村建设、村级公共服务运行维护、农业社会化服务三大目标,加大农村公共服务、农业生产服务、农业生态保护等领域的投资。

在引导增量投资时,政府应当注重发挥市场的基础性作用和企业的主体作用,通过设立产业投资引导基金、PPP等市场方式,撬动各类型社会资本,增强投资活力。

4.1.4 深化体制改革,释放改革红利

深化体制改革是产业转型发展的制度保障。我国应当继续深化供给端体制改革,从金融、财税、人才等领域出发,最大限度地释放改革红利。

金融是经济的血液,也是维系产业转型升级的动力保障。我国应当从深化金融领域改革入手,拓宽产业转型升级的融资渠道,降低转型升级的融资成本。首先,积极发挥政策性金融、开发性金融和商业金融的优势,加大对新一代信息技术、高端装备、新材料等重点领域的支持力度。其次,健全多层次资本市场,推动区域性股权市场规范发展,支持符合条件的企业通过境内外上市、发行各类债务融资工具等方式募集转型升级资金。积极引导风险投资、私募股权投资等支持企业创新发展和转型升级。此外,支持重点领域大型企业集团开展产融结合试点,通过融资租赁方式促进企业转型升级。

加大财税改革力度。充分利用现有渠道,加强财政资金对产业转型升级的支持,重点投向智能制造、“四基”发展、高端装备等转型升级的关键领域,为产业发展创造良好的政策环境。运用政府和社会资本合作(PPP)模式,引导社会资本参与企业重大项目建设、技术改造和关键基础设施建设。创新财政资金支持方式,逐步从“补建设”向“补运营”转变,提高财政资金使用效益。实施有利于产业转型升级的税收政策,推进增值税改革,完善企业研发费用计核方法,切实减轻企业税收负担。

完善人才制度改革。以高层次、急需紧缺专业技术人才和创新型人才为重点,实施专业技术人才知识更新工程,打造高素质专业人才队伍。强化职业教育和技能培训,引导一批普通本科高等学校向应用技术类高等学校转型,建立一批实训基地,开展现代学徒制试点示范,形成一支门类齐全、技艺精湛的技术技能人才队伍。鼓励企业与学校合作,培养制造

业急需的科研人员、技术技能人才与复合型人才，深化相关领域博士、硕士专业学位研究生招生和培养模式改革，积极推进产学研结合。加强产业人才需求预测，完善各类人才信息库，构建产业人才水平评价制度和信息发布平台。建立人才激励机制，加大对优秀人才的表彰和奖励力度。建立完善制造业人才服务机构，健全人才流动和使用的体制机制。加大引智力度，引进领军人才和紧缺人才。

4.1.5 打击企业垄断，维护市场公平

公平市场环境是产业转型发展的环境基础。垄断是危害市场公平的最大隐患。在市场经济条件下，自由与秩序是两大必要条件，缺一不可。缺少了自由，就会限制竞争，资源配置就不会得到优化，市场的作用就难以发挥。而缺少了秩序，价格体系就会被扭曲，歪曲供给与需求的信号，引起市场的震荡与经济运行的紊乱，阻碍国民经济的发展。垄断，既限制了市场自由又破坏了市场秩序，显然与市场经济原则相悖。垄断的存在不仅扰乱正常的市场秩序，损害消费者利益，更会制约企业创新活力，影响产业长期发展。

近年来，随着一些企业规模的增大，市场垄断行为也时有发生。政府越来越重视市场垄断的管制，高通、奔驰等外资公司相继受到国家反垄断部门的处罚。未来，政府有关部门应当继续保持打击市场垄断的高压态势，维护市场良好的竞争环境。

要打击垄断，首先政府要破除GDP崇拜的发展观念。垄断虽然在短期内能为部分地区带来较高的经济增加值和财政收入，但是长期来看对产业经济的发展后患无穷。其次，政府要敢于自我改革，破除形成垄断的行政壁垒。相关研究证明，政府干预市场所形成的行政垄断对企业和产业创新的抑制作用更大。

除此之外，假冒伪劣、失信失责等不正当竞争行为也会影响市场的公平环境。政府有关部门应当切实加强监管，进一步健全知识产权创造、运用、管理、保护机制，严厉打击制售假冒伪劣行为，严厉惩处不正当竞争行为，为企业创造良好的生产经营环境。政府还应当积极推进企业信用体系建设，建设中国企业信用数据库，建立健全企业信用动态评价、守信激励和失信惩戒机制。强化企业社会责任建设，推行企业产品标准、质量、

安全自我声明和监督制度。

4.1.6 引导战略新兴产业，培育舵手型企业

战略新兴产业是产业转型发展的最终方向。发展战略新兴产业不是简单的投资相关产业领域，而是从价值链高端入手，抢占战略新兴产业的制高点。这样才能在与美、德等发达国家的国际竞争中处于同一层次。

现阶段，我国很大一部分战略新兴产业依然处于加工组装等技术含量低、附加值低的价值链低端环节。以属于新能源的光伏产业为例，中国缺乏核心技术，由于电池片和组件生产的技术门槛较低，各地区在产业更替思维的主导下，都一窝蜂地上马光伏生产项目。这使得该行业产能过剩，进入比拼成本的阶段。未来，我国战略新兴产业的发展方向应当是研发设计、品牌营销等科技含量高、技术门槛高、产业附加值高的价值链高端环节。例如：新一代信息技术产业要着力提升集成电路设计水平、发展核心通用芯片；新材料产业要加快发展先进熔炼、凝固成型、气相沉积、型材加工、高效合成等新材料制备关键技术和装备等。

发展战略新兴产业的高端环节更要注重舵手型企业的作用。舵手型企业是产业体系中具有控制能力和带动作用的领军型企业，对于产业转型升级发展至关重要。特别是在新技术、新标准层出不穷的今天，舵手型企业尤为重要。不同的技术、标准不断涌现、相互竞争，增加了产业合作的不确定性，使得创新企业之间的协作变得异常困难，大大减缓了新技术发展和成熟的速度。而舵手型企业可以通过对上下游企业的控制力和对同行业企业、互补性企业的影响力，促进创新的合作和竞争，加快技术创新的进度，最终带动新兴产业的成熟。

产业舵手型企业的选择应当集中于主导性的战略性新兴产业之中。只有这些企业，才具有足够的产业链控制能力，同时有利于推动产业结构的转型升级。因此，国家应当大力支持新一代信息技术、新能源、新材料、生物医药、高端装备制造、高端现代服务等产业的舵手型企业，促进这些企业的成长和发展。

对于舵手型企业的扶持和培育可以从三个方面入手：第一，继续坚持改革开放不动摇，以健康的心态、优惠的政策和健全的制度，积极引进相关产业内国际知名公司，特别是对处于产业链关键环节、具有价值链控制

力的企业,如研发、设计等环节,应予以大力支持。第二,以税收优惠、财政补贴等方式,积极支持企业开展创新活动,重点培育舵手型企业的创新能力,提供舵手型企业的国际竞争力和价值链控制力。第三,积极鼓励相关企业为产业舵手型企业的创新和生产活动提供配套,努力打造以产业舵手型企业为核心的产业集群,充分发挥舵手型企业的产业带动作用。

以此,通过打造和培育产业舵手型企业,以点带面,带动整个产业生态和产业体系的发展,从而推动产业转型升级的发展,提升中国产业的国际影响力和价值链控制力。

4.2 中国产业发展的机遇和挑战

当前时期,中国产业发展处于世界经济周期更替的特殊时期和关键时刻。新一轮产业革命悄然发生,产业发展面临重大的技术变革,生产方式和消费方式将会发生根本性改变。经济周期和技术变革既为中国产业发展提供了“弯道超车”的赶超机遇,同时也对产业能级提升提出了严峻挑战。未来,中国产业发展机遇与挑战并存。

长期来看,技术变革驱使的供给和需求变化直接决定了产业发展的未来方向。随着生产和消费方式的转变,产业发展将体现出个性化、智能化、模块化、互联互通、大规模定制化等一系列新趋势。

短期来看,在需求方面,产业发展的动力逐渐由投资驱动向消费拉动转移,这不仅将带来产业结构的变化,同时也将带来产业能级的提升;在供给方面,国家政策力度逐渐加大,大力引导产业能级提升,积极促进传统产业与新兴产业融合发展,产业转型发展将大大提速。

然而,我国产业转型发展必将是一场破釜沉舟之战。国内产业转型必将导致国际产业分工的重构。在高端产业领域,中国将与发达国家直接正面竞争,抢占价值链高端;在低端产业领域,产业转型将逐渐淘汰落后产能,低端产业加快向新兴发展中国家转移。因此,中国的产业转型“开弓没有回头箭”,一旦转型失败,国内产业将面临空心化危险。

4.2.1 新一轮产业革命正在加速,技术变革重塑生产和消费新方式

金融危机之后,世界经济进入了新旧经济周期交替的历史时期。经

济周期的更替也孕育着新一轮产业革命的爆发。新一轮产业革命的实质是新一代信息技术与新材料、新能源等技术的融合创新[118]。在此趋势下,新一代信息技术、机器人技术、3D 打印技术和新型材料技术等重大创新将不断涌现,并发展成熟。

新一代信息技术是本轮产业革命的核心。传统认识中,互联网信息技术仅仅是人与人沟通的工具。随着互联、数字、智能化的融合,以新一代通信网络、物联网、云计算等为代表的新一代信息技术将会逐渐成熟,不断地向制造业的各环节渗透,扩散到整个产业链,引领了一系列新的产品、服务、生产体系和产业,并颠覆过去的技术经济范式,开创新的发展模式。

新材料技术是本轮产业革命的基础。新一代的产品材料将选用诸如碳纳米管、陶瓷基纳米复合材料和新型碳纤维等新材料,使得未来的产品比现有制成品更硬、更轻、更节能、更耐用。同时,新材料技术将改变产品的生产方式,由传统的削减式变为添加式,一次定型、精确生产,大大降低生产制造的时间和成本。

新能源技术是产业可持续发展的重要保障。目前,产业经济的发展模式,人们生产、生活的方式,基本依赖于化石能源的生产与使用。然而,化石能源已经逐步进入枯竭期。新的可持续的生产生活能源与动力问题就成了重要的变革核心。以太阳能、风能、海洋能、核能为代表的新能源技术正逐渐发挥作用,替代原有的产业结构与产品。新能源发电之外,新能源汽车、新能源住房等都带来了新的应用领域,且正成为主流的消费品。

以信息技术、新能源、新材料等为代表的新技术正在逐渐成熟,并大规模应用。从长期来看,技术的变化最终将导致生产方式和消费方式的变化,进而影响产业发展的方向。

(1)个性化、集成化和便利化成为消费需求的新趋势

新技术的产生首先使得多元化消费需求成为可能,消费者需求呈现出新的变化趋势。

第一,消费需求的个性化。随着收入水平提高,消费者越来越希望按照自己的偏好来消费。而现在提供标准化产品和服务的传统产业体系并不能满足消费者的个性化需求。事实上,个性化需求的背后是消费者具

体的需求信息和数据。由于消费者众多，每个人的需求不同导致需求的具体信息也不同，加上需求的不断变化，就构成了消费需求的大数据。传统技术对于消费大数据的处理力不从心，但随着信息技术的发展和大数据技术的成熟，消费大数据变得愈加重要。对这些大数据进行处理，并传递给智能设备，进而进行运算、设备调整、材料准备与自动加工等步骤，最终生产出符合个性化需求的产品。

在国内，需求个性化的影响已经初步显现。在电子商务平台上，消费者既可以买到印着自己照片的T恤和棒球衫、刻着自己名字的水杯和笔筒，也可以买到简约时尚、带着自己LOGO的手包首饰，或是根据自己需要的尺寸定做的古典家具。未来需求个性化的趋势将更加突出。

第二，消费需求的集成化。消费者的需求不仅是个性化的，而且是多种多样的。为了达到消费的最佳体验，消费者更希望制造业和服务业能够基于其个性化、多样化的消费需求，为其提供一揽子解决方案。这样既节约了消费者的搜寻时间和成本，又可以实现产品和服务的有效协同，从而为消费者提供更准确、更优质的服务。

互联网产业的快速发展为需求集成化提供了行之有效的解决方案。无论是“平台化”还是“场景化”的商业设计思路，归根结底都是基于消费需求集成化的根本要求。这在互联网产业中并不鲜见。腾讯以即时通讯为场景入口，围绕消费者沟通交流的基本需求，搭建起通信、娱乐、购物、金融等多元化服务平台，满足消费者对产品和服务的集成化需求。阿里巴巴则以购物为场景入口，围绕消费者网络购物的基本需求，打造了集网络购物、互联网金融、物流服务于一体的生态帝国，服务于消费者的集成化需求。未来，消费需求集成化的影响将继续强化，并进一步向传统产业延伸，彻底颠覆传统制造和服务的产业体系。

第三，消费需求的便利化。消费者总是希望以最方便、最节约体力的方式来消费。无论多么深奥、复杂的技术，其展现在消费者面前时必须是以极简的方式出现，因为技术、渠道对于消费者来说只是手段，而不是最终目的。满足需求是消费者的最终需求。

因此，无论是传统产业还是新兴产业，满足消费需求的便利化是产业发展的基本前提。如今，O2O消费模式渐成主流，主要是因为它将线上产品、服务的获取便利与线下产品、服务的体验便利有机结合，创造出了比单一消费模式更加便利的途径，因而得到了消费者的青睐。未来，消费者需求便利化的发展趋势将会促进更多产业创新机会的产生。

(2)智能化大规模定制带来生产方式的新变革

现在的生产方式是机器生产机器的大规模标准化生产。但面对消费者需求变化的新趋势，现有生产方式的弊端逐渐显现，已经不能满足产业发展的新要求。目前，以互联网为支撑的智能化大规模定制生产方式已经诞生，且正在多种路径成长。

新的生产方式的核心是智能制造。智能制造是通过物联网、信息通信技术和大数据分析，把不同的设备通过数据交互连接到一起，让工厂内部，甚至工厂之间都能成为一个整体，在自动化之上，形成制造的智能化。

在智能制造的驱动下，产品、设备和管理设想将形成自我协调、自我调整的有机整体。每一个产品将承载其整个供应链和生命周期中所需的各种信息。设备将由整个生产价值链所继承，可实现自组织。管理能够根据当前的状况，灵活决定生产过程。制造系统具体表现为6C：连接(Connection，传感器和网络)、云(Cloud，任何时间及需求的数据)、虚拟网络(Cyber，模式与记忆)、内容(Content，相关性和含义)、社群(Community，分享和交际)、定制化(Customization，个性化服务与价值)。

6C条件下的产品本身，是功能和数据的合体。产品不仅具有使用的功能，还是信息的载体。产品能够自动记录其生产过程的一切。同时，它还能够辅助操作步骤与监测周围环境。比如，一款产品出厂时会根据温度与湿度的变化而发生变化，产品还会自动提示监控人员需要增加什么样的额外调整措施。

6C条件下的设备，可以实现全产业链的智能生产，实现生产的自我调整。2013年，蔡司(Zeiss)集团在欧洲机床上展出的PiWeb系统正是这一理念的现实反映。该系统能把分布在不同地区、不同产业链环节的工厂机器测量数据汇总，这些汇总信息能够自动通过系统分析出调整结果，重新返回各个工厂实现实时智能化调整。

6C条件下的管理，可以实现透明化生产、预测性制造。目前的制造中，存在许多无法定量的因素，包括加工过程中的性能下降、零件的偶发失效、废品的返工、整体设备的效率下降等。通过透明化，阐述并量化那些不确定因素，以使生产组织者能客观地估计自身制造和装备状态的能力，通过管理做到预测性制造，实现维修成本的降低、运行效率的提高、产品质量的改进。

目前来看，智能化大规模定制的生产方式有三条技术发展路径：第一是3D打印，因为是个别独立的打印，所以可以解决个性化需要。但目前在打印材料上还有很多障碍，打印速度也比较慢，使用还不广泛，但是从长远来看，3D打印必然会促使制造业发生重大变化。第二是工业4.0，此系统建立在物联网和互联网基础上，通过虚拟和物理结合，形成一个能大规模定制的生产系统，区别于过去大批量标准化生产方式。第三是模块化分工集成，把产品按照功能分解成模块，根据需要，形成不同功能组合，以满足个性化消费需求。

4.2.2　产业发展动力发生转移，消费拉动产业结构转型

从短期来看，国内产业发展正在经历着一次再平衡，发展动力由投资驱动逐渐向消费拉动转移。这不仅将带来三次产业结构的变化，还将促使产业能级的提升。

(1)消费拉动作用渐占主导，服务业比重不断提升

金融危机之后，中国经济发展出现了新变化，由以往的高速增长变为中高速增长，经济进入了发展的"新常态"。在经济"新常态"下，投资驱动经济增长的效应开始弱化，消费拉动的作用逐渐占据主导。2015年三季度，全国社会消费品零售总额同比增长10.5%，实现稳步提升，其中全国网上零售额同比增长36.2%。消费增速快于投资和净出口增速。最终消费支出对国内生产总值增长的贡献率为58.4%，比上年同期提高9.3个百分点，高于投资贡献率15个百分点。消费拉动越来越成为促进经济发展的主导力量。

消费拉动型经济增长方式的转变正在促进产业结构的转型，第三产业比重不断提高。截至2015年9月，第三产业增加值在国民经济中的比重超过50%，达到51.4%，比上年同期高出2.3个百分点。产业结构逐渐由工业主导向服务业主导转变。

三次产业结构仍然存在继续转型的空间。根据发达国家和地区的发展经验，第三产业的比重可以达到GDP的70%。可见，未来第三产业在经济发展中的地位还将进一步提升，消费的拉动作用还将进一步强化。

(2)量的增加带动质的提升,消费升级促进产能升级

随着消费体量的不断增加,消费在经济发展中的地位也不断提升。消费不仅带动产业发展的速度,更将决定产业发展的方向。未来产业发展将更加重视消费需求的变化趋势。个性化、集成化和便利化的消费需求升级将倒逼国内产业升级改造。

个性化、集成化和便利化消费需求的满足离不开技术的发展和产业的成熟。消费的快速发展将会吸引更多企业积极主动转型,使用新技术,实现能级升级,适应需求变化。2015 年三季度的数据显示,在经济增速整体面临下行压力的情况下,以高新技术为代表的产业却逆势增长,新产业、新业态、新产品、新经济等新的增长点加快孕育并不断破茧而出,成为 2015 年经济发展的一大亮点。1 至 9 月份,网上零售额同比增长 36.2%,其中实物商品网上零售额增长 34.7%,快于传统零售业;高技术产业增加值增速达到 10.4%,比规模以上工业增长速度高出 4.2 个百分点。

未来,在消费需求升级的带动下,更多新技术将会产生。新兴产业利用新技术生产新产品、开辟新市场;传统产业利用新技术改造旧技术、创造新模式。在此作用下,国内产业将会实现产业结构的转型和产业能级的升级。

4.2.3 国家政策力度逐渐加大,产业创新融合发展提速

11 月,中央财经领导小组会议上提出,国家政策着力点将由需求侧逐渐向供给端转移。事实上,国家在供给方面的政策力度确实在逐渐加大,2015 年两份纲领性文件《中国制造 2025》和《国务院关于积极推进“互联网+”行动的指导意见》为产业创新融合和转型发展提供了明确方向和清晰路径。

(1)“中国制造 2025”目标提出,智能制造发展方向明确

制造业是国民经济的主体,是立国之本、兴国之器、强国之基。当前,新一轮科技革命和产业变革与我国加快转变经济发展方式形成历史性交汇,为我国制造业转型升级提供了绝佳的历史机遇。在这历史关键窗口期,国家提出《中国制造 2025》的发展规划,为国内产业发展澄清了疑惑、指明了方向。

根据规划目标，中国制造发展的终极目标是成为世界制造强国之翘楚。过程中，国家制定了稳步推进的“三步走”战略：第一步，到2025年迈入制造强国行列；第二步，到2035年我国制造业整体达到世界制造强国阵营中等水平；第三步，到新中国成立一百年时，制造业大国地位更加巩固，综合实力进入世界制造强国前列。

在“中国制造2025”的指引下，我国智能制造将面临空前的发展机遇，以新一代信息技术、高端装备、新能源、新材料、生物医药等为代表的战略重点产业将步入快速发展通道。

未来，新一代信息技术将与制造业深度融合，三维(3D)打印、移动互联网、云计算、大数据、生物工程、新能源、新材料等领域将取得突破，得到广泛应用，制造业将形成新的生产方式、产业形态、商业模式和经济增长点。基于信息物理系统的智能装备、智能工厂等智能制造将引领制造方式变革；网络众包、协同设计、大规模个性化定制、精准供应链管理、全生命周期管理、电子商务等将重塑产业价值链体系；可穿戴智能产品、智能家电、智能汽车等智能终端产品将不断拓展制造业新领域。

(2)“互联网＋”政策提出，产业融合发展路径清晰

新一代信息技术不仅可以改造升级传统制造业，实际上其应用范围更加广泛，可以与经济社会各领域深度融合，推动技术进步、效率提升和组织变革，提升实体经济创新力和生产力。国家提出“互联网＋”行动的指导意见，正是对这种趋势的准确把握，明确了互联网与各领域深入融合和创新发展的产业路径，对实现中国经济提质增效升级具有重要意义。

未来，互联网将与现代农业深度融合，提升农业生产、经营、管理和服务水平，形成网络化、智能化、精细化的现代“种养加”生态农业新模式；互联网将与智慧能源深度融合，促进能源系统扁平化、网络化，推进能源生产与消费模式革命，提高能源利用效率，推动节能减排；互联网将与金融服务深度融合，与银行、证券、保险、基金的融合创新，为大众提供丰富、安全、便捷的金融产品和服务，更好地满足不同层次实体经济的投融资需求，形成一批具有行业影响力的互联网金融创新型企业；互联网将与益民服务深度融合，形成基于互联网的医疗、健康、养老、教育、旅游、社会保障等新兴服务，提高资源利用效率，降低服务消费成本；互联网将与物流服务深度融合，形成跨行业、跨区域的物流信息服务平台，提高物流供需信

息对接和使用效率,大数据、云计算将在物流领域广泛应用,提升物流仓储的自动化、智能化水平和运转效率,降低物流成本;互联网与生态建设深度融合,形成覆盖主要生态要素的资源环境承载能力动态监测网络,实现生态环境数据互联互通和开放共享,促进再生资源交易利用便捷化、互动化、透明化,促进生产生活方式绿色化。

4.2.4　国际产业分工面临重构,我国产业面临空心化挑战

在新一轮产业革命的国际背景下,不仅我国产业面临着转型升级的巨大压力,整个国际产业体系都面临着动荡变迁。我国的产业结构转型必将伴随着国家产业分工的重构。我国产业发展面临着传统发达国家和新型后进国家的两面夹击。

(1)美国和德国依赖传统产业优势,分别从软件和硬件两个方向抢占高端产业

美国是最早提出虚拟网络—实体物理系统(Cyber-Physical System, CPS)的国家。CPS的实质是利用工业大数据及其配套的信息系统与美国特有的硅谷模式相结合,确保美国可以在未来的智能制造中取得领先[119]。这是一种从软件端抢占高端产业的产业策略。

美国目前已经构建出一套创新性的预测工具,能将数据系统所收集的内容加工成解释不确定性的信息,使管理人员做出更多"知情"的决定,实现部分的透明化生产。这一套工具中包含了整合平台、预测分析工具和可视化工具。例如,软件Watchdog Agent™中,算法被分为四个部分:信号处理和特征提取、健康评估、性能预测和故障预测。利用雷达图、故障图、风险图和健康退化曲线,有效地传达工厂设备的信息,从而做到智能化的生产。

德国则反其道而行之,试图从硬件端取得突破。德国于2011年提出"工业4.0"的概念,强调智能工厂的建设。国家战略下合作建设互联的智能工厂系统,加之其自身较强的装备制造工业,使得德国成为新一轮产业革命的先行者。

德国人工智能研究中心协同10家德国企业,建立了世界上首个反映"工业4.0"愿景的工厂模型。借助这个被称为Smartfactory的项目,10个合作伙伴各自建立一个系统模块,或是提供相关跨应用的技术。这个

工厂模型展示了不同领域的创新性企业相互合作，使概念转化成商品，把愿景转变为现实的过程。

表 4－1　　德国与美国的新工业革命实现路径对比

	德　国	美　国
国家优势	制造业设备先进	软件与信息系统优势
发展主题	智能工厂	智能生产
具体操作	由国家主导，合作发展实验性智能工厂及设备	鼓励开发智能监控软件，研究相应大数据理论与数据应用
范例	Smartfactory 模型	Watchdog Agent™软件

资料来源：芮明杰，2014。

我国产业发展智能制造，向高端产业转型，必将与美国和德国直接形成正面竞争。

(2)新兴国家凭借成本优势，积极吸引劳动密集型产业转移

在产业结构积极向高端产业转型的背后，是劳动密集型等低端产业面临越来越少优惠政策的现实。与此同时，人口红利的结束直接推动了生产成本的提高。根据 2014 年 8 月美国波士顿咨询公司发布的《全球制造业成本变迁报告》，以美国制造业的成本作为 100，中国的成本已经达到 96，只比美国低 4 个点。可见，低成本不再是中国产业的竞争优势，未来严重依赖廉价劳动力的劳动密集型产业必将加速从中国退出，向新兴后进国家转移。

事实上，低端产业转移正在发生。以日韩外资企业为例，自金融危机之后，在中国从事纺织、鞋类、珠宝加工行业的日韩外资企业就开始陆续撤出。根据韩国贸易投资振兴公社(KOTRA)和韩国进出口银行的数据，在中国新设法人的韩国企业 2008 年为1 301家，2010 年减至 901 家，2013 年则进一步减至 817 家。山东省作为韩资企业的集聚地，现在正以平均每年 500 家的速度减少。日资企业也表现出了相同的趋势，2005 年山东省的日资企业将近2 000家，如今只剩1 000家左右。印度、东南亚等低成本国家和地区成为劳动密集型外资企业的新宠。松下、三星、LG 等企业相继到印度设厂，充分利用印度的低劳动力成本。甚至很多中国本土企业也热衷于到这些国家设厂，三一重工、潍柴动力、海尔电器以及一些化工企业相继在印度设立生产基地，而华为、小米、金立等通信设备和

手机制造商也纷纷积极谋划赴印设厂。低端产业和低端环节向低成本国家转移的趋势不可逆转,未来随着国家"一带一路"战略的实施,将有更多低端企业退出中国市场、进入新兴市场。这是中国产业转型的主动选择,是产能升级的必然结果。

然而,我们也必须意识到,中国产业的转型升级是一个不可逆的过程,这意味着转型必将是一场破釜沉舟之战。在高端产业领域,中国与发达国家直接正面竞争,在智能制造的价值链高端一决高下;在低端产业领域,产业转型逐渐淘汰落后产能,低端产业加快退出,短时间内部分地区可能出现产业空白。显然,这不是一个简单的过程,存在着诸多风险。一旦失败,国内产业将面临空心化危险。这是中国产业发展的最大挑战。

4.3 本章小结

中国产业发展和产业调整就是供给侧转型的一个重要方面,我们认为应当坚持深化市场改革、产业分类调整的总体思路,对处于产业生命周期不同阶段的产业和处于不同梯度的地区,采取差异化调整策略:升级改造传统基础产业,培育扶持新兴产业,促进互联网产业融合发展;东部地区坚持产业转型不动摇,中西部地区做好产业承接不放松,东北地区加快产业升级不停步。

在调整过程中,应当坚持发挥市场的主导作用,政府适时适当引导。产业调整先后有序,存量调整为先,增量调整在后。注重供给端制度改革,从金融、财税、人才等领域的改革出发,最大化发挥企业在产业转型升级中的主体作用。改善市场环境,打击垄断行为,为中小企业创新发展扫清障碍。发挥舵手型企业的中坚作用,以战略新兴产业为方向,以舵手型企业为抓手,最终培育出一批具有价值链控制力的企业和产业。

展望未来,中国产业发展的机遇与挑战并存。长期来看,技术变革驱使的供给和需求变化直接决定了产业发展的未来方向。随着生产和消费方式的转变,产业发展将体现出个性化、智能化、模块化、互联互通、大规模定制化等一系列新趋势。短期来看,产业发展的动力逐渐由投资驱动向消费拉动转移,这不仅将带来产业结构的变化,同时也将带来产业能级的提升;国家政策扶持力度逐渐加大,大力引导产业能级提升,积极促进传统产业与新兴产业融合发展，产业转型发展将大大提速。

然而，我国产业转型将导致国际产业分工的重构，国内产业面临空心化挑战。在高端产业领域，中国将与发达国家直接正面竞争，抢占价值链高端；在低端产业领域，产业转型将逐渐淘汰落后产能，低端产业加快向新兴发展中国家转移。因此，中国的产业转型必将是一场破釜沉舟之战。

副报告

中国高新技术产业效率实证分析

高新技术产业效率水平高低直接影响我国经济的转型与产业结构升级，对实现创新型国家目标起着关键作用。基于近几年高新技术产业数据分析，我国高新技术产业的R&D投入强度还远不如发达国家，我国高新技术产业的劳动生产率水平与发达国家还有一段差距，效率需要提升。本研究从实证角度对高新技术产业生产效率、创新效率和经济效率进行研究，系统探索我国高新技术地区差异、行业特征及其影响因素。

在高新技术产业的生产效率实证研究中，采用DEA-Malmquist指数分析方法，对我国高新技术产业2009～2013年的全要素生产率及其分解情况进行测度和分析。结果表明：我国高新技术产业整体全要素生产率不断上升，呈现波动趋势。从地区层面来看，西部地区产业整体生产效率提升最快，中部地区次之，东部地区生产效率提升幅度最小。从行业层面来看，高技术行业的资源配置效率整体上呈上升趋势，医疗设备及仪器仪表设备制造业Malmquist指数小于平均值，说明该行业的资源配置效率整体提升速度较慢。不论从地区层面还是行业层面来看，造成高新技术产业全要素生产率增长的主因是技术进步而不是技术效率提高。

在高新技术产业的创新效率实证研究中，使用随机前沿分析方法，利用29个省(市)2009～2013年的高新技术产业数据进行实证分析。结果表明:创新投入对创新产出有着显著的正向影响。市场结构和企业规模对以新产品销售收入为创新产出的无效率分析中,都有着显著的作用,产业利润则没有显著的作用;而在以专利数为创新产出的无效率分析中,这三者作用都显著。在分析各省(市)创新效率的差异中,以新产品销售收入为创新产出计算出来的各省(市)创新效率普遍小于以专利数为创新产出计算出的各省(市)创新效率。总体上来说,我国高新技术产业的创新效率存在着较大地区差异,东部地区高于中、西部地区,西部地区最低。

在高新技术产业的经济效率实证研究中,以"新钻石模型"为理论基础,从生产要素、产业结构、产业支撑、政府以及创新能力这五大方面探寻高新技术产业的影响因素。利用29个省(市)2009～2012年的高新技术产业数据,建立动态面板数据模型进行实证分析。结果表明:从全国层面来看,高新技术产业前一期利润额对当期的利润额有显著的正向作用;从业人员数和固定资产投资额对高新技术产业经济效率均具有明显的促进作用;R&D人员对高新技术产业经济效率有显著的正向影响,而R&D经费投入对其影响不显著;大中型企业数量和外商直接投资对高新技术产业经济效率提升有促进作用;工业化水平对高新技术产业经济效率的提升具有抑制作用。这些影响因素在不同行业中,表现也不同。在实证研究基础上,结合高新技术产业发展面临的新环境和产业发展趋势,对高新技术产业发展提出一系列政策建议。

1

绪 论

1.1 研究背景与意义

1.1.1 研究背景

在经济全球化的大背景下,我国高新技术产业迎来了发展的最佳时机。高新技术产业具有知识密集型、资本密集型和技术密集型的特点。高新技术产业近些年来的迅速发展,带动了其他产业共同发展。高新技术产业代表着未来产业发展趋势,产业竞争力的水平代表了一国的整体经济实力与科研实力。高新技术产业效率高低直接影响我国经济的转型与产业结构升级,对实现我国成为创新型国家目标起着关键作用。

我国一直在努力为高新技术产业的发展营造一个良好的环境氛围。中国实施了“科教兴国”战略,并陆续启动了国家高技术研究发展计划(863 计划)与火炬计划。在此背景下,中国高新技术产业取得了令人瞩目的成果:利润总额由2000年的673亿元增加到2013年的7 234亿元,13年来增长了近11倍;出口交货值由2000年的3 396亿元增加到2013年的49 285亿元,13年来增长将近15倍;专利申请数和新产品的销售收入也是逐年上升。总而言之,高新技术产业在中国经济中的地位正在不断提升,并已成为促进经济增长的重要因素之一。尽管中国高新技术产业发展前景良好,但与发达国家相比仍然存在着很大的差距,世界各国尤其是发达国家都十分重视高新技术产业的发展。在高新技术产业的劳动生产率方面,中国2012年为12.8万美元/人,而法国2007年则高达54.4万美元/人,美国2009年为38.8万美元/人,日本2008年为33.2万美元/人,德国和意大利2007年分别为31.3万美元/人和26.7万美元/人。因此,在中国高新技术产业取得了进步的同时,我们应当注意到与发达国家之间存在的差距。在上述背景下,对我国高新技术产业生产效率进行研究,显得尤为重要。

1.1.2 研究意义

理论意义:近十多年来,学者对高新技术产业发展问题的研究成果十分丰富,但是主要集中在高新技术的界定、高新技术产业的界定、高新技术研发、高新技术产业政策、高新技术产品营销、高新技术企业管理等方面,而从效率的角度来对高新技术产业进行研究的还比较少。本研究尝试从实证角度对高新技术产业生产效率、研发效率和经济效率进行研究,系统探索我国高新技术地区差异、行业差异特征及其影响因素。

现实意义:顺应时代背景以及我国经济转型的迫切需要,我国在科技大会上提出到2020年要实现进入创新型国家行列的目标,而高新技术产业由于其创新性和对产业的巨大带动作用,正是这一目标实现的关键之处。①通过研究使得我们能够更加了解高新技术产业竞争力的影响因素,有助于政府在制定高新技术产业政策过程中能够更加准确地把握政策的方向和投入力度,最大化地利用资源实现产业竞争力的不断提升。②提升我国高新技术产业竞争力以促进我国经济结构的转型升级,同时在发展高新技术产业的过程中我国的科学技术和创新能力也能够得到提升,有助于我国实现创新型国家目标。

1.2 研究思路

本研究首先基于研究问题，确定了研究目标；通过整理的数据，对我国高新技术产业的生产效率、研发效率和经济效率做实证研究；最后基于研究结果，提出效率提升建议。

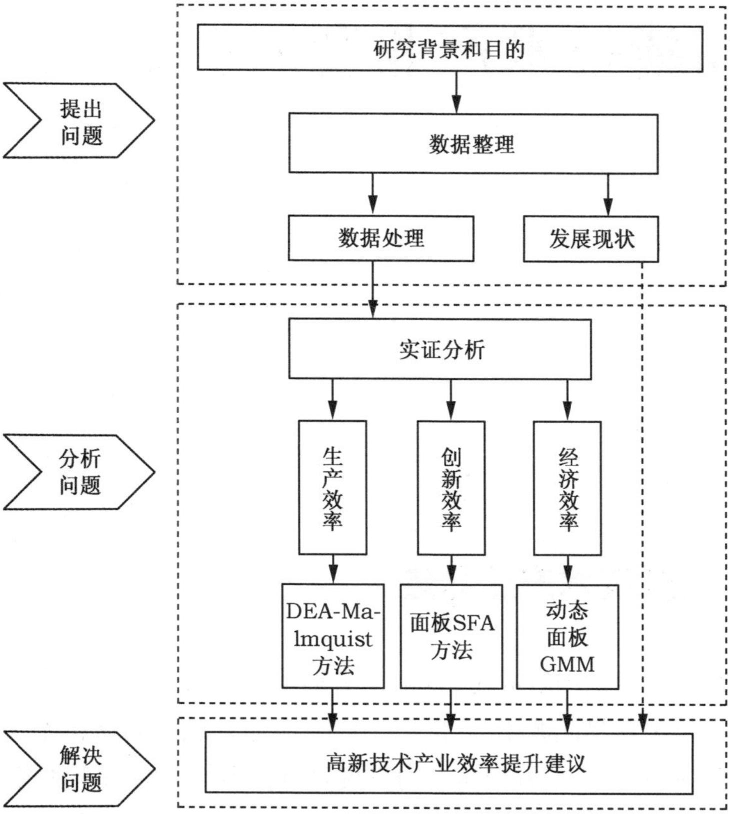

图 1.1 研究思路

2

高新技术产业发展现状

2.1 高新技术产业界定

对高新技术的内容界定，目前没有形成一个公认统一的定义。对高新技术的界定最早起源于20世纪60年代，通常认为高新技术是建立在最新的科研成就上，对社会生产力发展具有推动作用的知识密集型技术，也就是说，是以科学发现和创新为目的的技术。各国经济基础、研发创新水平不同，对高新技术产业的界定也各不相同。国际上对高新技术产业的界定是采用技术密集度即R&D人力强度或R&D经费强度来衡量的。我国对高新技术产业的界定是以OECD对高新技术的界定为参考依据的，根据2002年7月国家统计局印发的《高新技术产业统计分类目录的通知》，可将高新技术产业分为以下五类行业：医药制造业、航空航天器制造业、电子及通信设备制造业、电子计算机及办公设备制造业和医疗设备及仪器仪表制造业。

2.2　产业发展现状

从生产现状、外贸现状和科研现状三个方面对我国高新技术产业的发展现状进行描述，并结合相关数据进行分析，最后就相关方面的数据进行国际比较。

2.2.1　生产现状

(1)主营业务收入、企业数、利润总额

2007～2013年高新技术产业主营业务收入(单位:亿元)、企业数(单位:个)和利润总额(单位:亿元)，如图2.1所示。

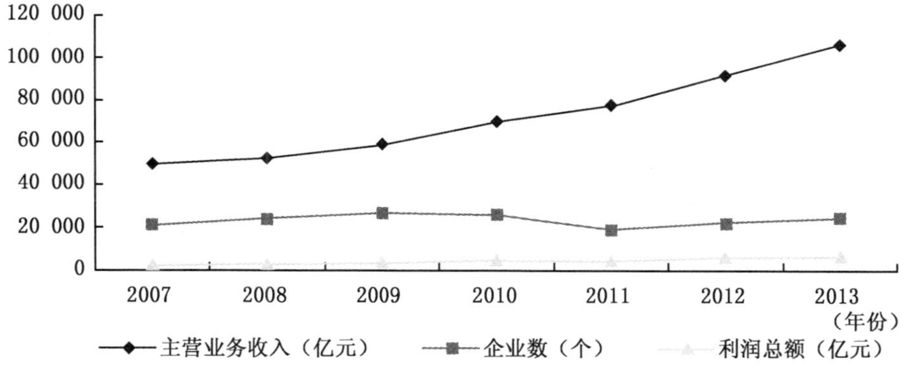

图2.1　高新技术产业主营业务收入、企业数和利润总额

注:对主营业务收入、利润总额进行价格指数平减，以2007年为基期。

从图2.1中我们可以看出，2007年至2013年我国高新技术产业的主营业务收入呈现出稳步增长的趋势，2007年到2009年增长速度较为缓慢，其平均年增长率为8.85%，而2009年至2013年增长速度较快，高达15.08%。企业数从2007年至2010年逐年增加，2007年的企业数为21 517个，2010年的企业数为28 189个，而2011年至2013年相比前几年均有所下降。利润总额呈平稳增长趋势，2007年利润总额为2 396亿元，2013年利润总额为7 234亿元，平均年增长率为18.50%。

(2)高新技术产业主营业务收入:按行业分布

选取医药制造业、航空航天器及设备制造业、电子及通信设备制造业、电子计算机及办公设备制造业和医疗设备及仪器仪表制造业这五大行业,其2007～2013年的主营业务收入如图2.2所示。

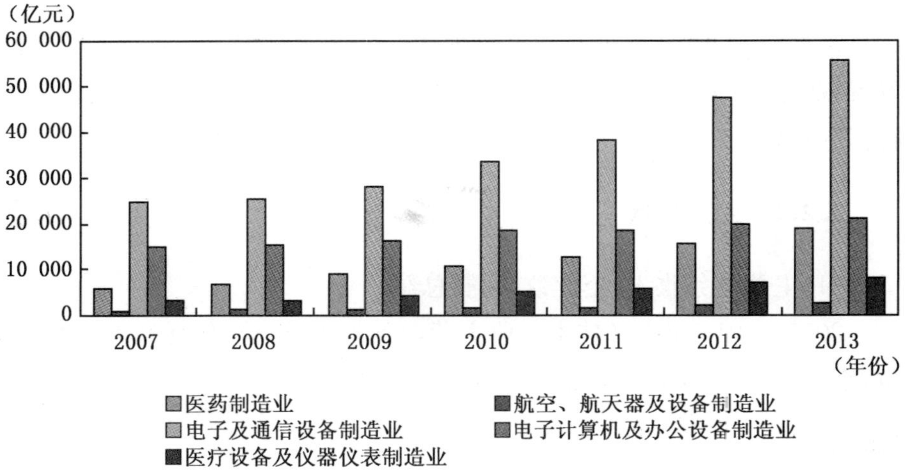

图2.2 五大制造业的主营业务收入

从整体情况来看,航空、航天器及设备制造业的主营业务收入最低,主营业务收入最高的是电子及通信设备制造业。电子及通信设备制造业是支柱产业,扮演着重要的角色;医疗设备及仪器仪表制造业的主营业务收入排第四名;电子计算机及办公设备制造业和医药制造业的主营业务收入分别排第二和第三。

从各个制造业的具体情况来看,这五大行业均呈现出稳步增长的趋势,医药制造业2007年的主营业务收入为5 967亿元,2013年的主营业务收入为20 484.2亿元,其年平均增长率为21.06%;航空、航天器及设备制造业2007年的主营业务收入为1 006亿元,2013年的主营业务收入为2 853.2亿元,其年平均增长率为17.26%;电子及通信设备制造业2007年的主营业务收入为24 824亿元,2013年的主营业务收入为60 633.9亿元,其年平均增长率为14.38%;电子计算机及办公设备制造业2007年的主营业务收入为14 887亿元,2013年的主营业务收入为23 214.2亿元,其年平均增长率为6.14%;医疗设备及仪器仪表制造业2007年的主营业务收入为3 030亿元,2013年的主营业务收入为8 863.5亿元,其平均年增长率为17.88%。由这五大行业的年平均增长率可知,虽然航空、航天器及设备制造业的主营业务收入最低，但是其年均增长率相比其他行业而言却不是最低，排在第三位，说明该行业的发展前景还是较为乐观的；电子计算机及办公设备制造业的年平均增长率最低，最高的为医药制造业，说明电子计算机及办公设备制造业的主营业务收入增长幅度较为缓慢，而医药制造业的发展前景乐观，其主营业收入每年的增幅较大。可见我国的高新技术产业呈现出行业分布不均衡的特点。

(3)高新技术产业主营业务收入：按企业规模分布

将企业按规模划分为大型企业、中型企业和小型企业三大类，选取医药制造业，航空、航天器及设备制造业，电子及通信设备制造业，电子计算机及办公设备制造业和医疗设备及仪器仪表制造业这五大行业 2013 年的大中小型企业主营业务收入所占比重，如图 2.3 所示。

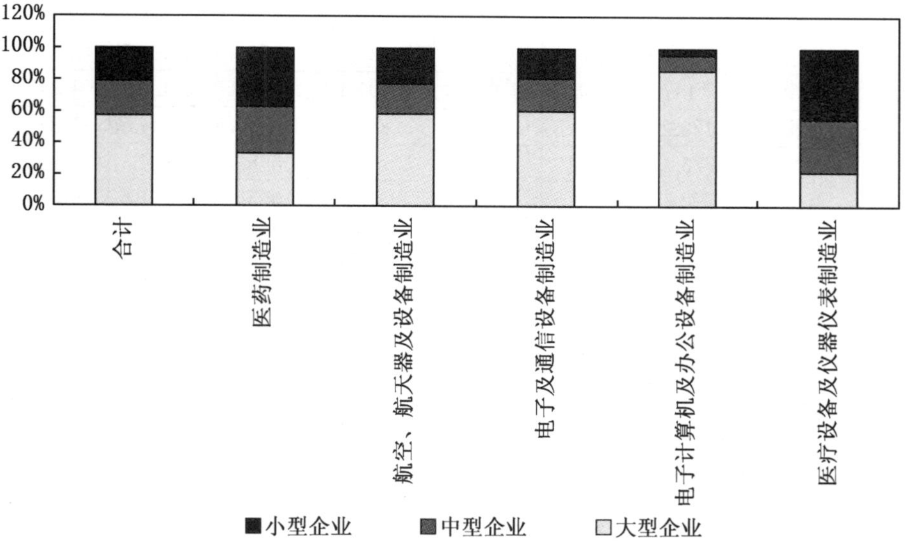

图 2.3 高新技术产业和五大制造业按企业类型划分的主营业务收入(2013 年)

从图 2.3 可知，高新技术产业的大型企业主营业务收入所占比重为 58.04%，中型企业主营业务收入所占比重为 20.92%，小型企业主营业务收入所占比重为 21.04%。在医药制造业中，大型企业所占比重为 33.78%，与小型企业所占的比重 36.35%比较接近，而中型企业所占比重稍微小点为 29.87%；在航空、航天器及设备制造业中，大型企业所占比重最大为 58.29%，其次是小型企业为 23.21%，中型企业所占比重仅为 18.5%;在电子及通信设备制造业中,仍然是大型企业所占比重最高为 60.75%,中型企业和小型企业所占的比重比较接近;在电子计算机及办公设备制造业中,大型企业所占比重高达 86.15%,中型企业为 9.65%,小型企业仅为 4.2%。在医疗设备及仪器仪表制造业中,所占比重最大的为小型企业,比重为 43.69%,中型企业和大型企业所占比重分别为 34.42%和 21.89%。从上面可以看出,我国高新技术产业的企业规模结构发展也是不均衡的,总体上是大型企业发展为主,最为明显的是电子计算机及办公设备制造业。

(4)高新技术产业主营业务收入:按地区分布

2007～2013 年全国 31 个省市自治区主营业务收入,如表 2.1 所示。

表 2.1　　2007～2013 年各地区主营业务收入　　单位:亿元

	地区	2007 年	2008 年	2009 年	2010 年	2011 年	2012 年	2013 年
东部	北京	3 362.1	3 182.1	3 019.2	3 333.8	3 326.3	3 569.9	3 826.1
	天津	2 147	1 965.1	1 918.3	2 291.1	2 697.4	3 526.9	4 243.5
	河北	423.2	539.3	622.3	883.1	1 041.4	1 204.5	1 381.0
	辽宁	973.5	1 119	1 294.1	1 709.8	1 898.5	2 214.1	2 362.4
	上海	5 792.1	6 063.5	5 785.7	7 019.7	7 063.6	7 051.6	6 823.4
	江苏	9 557.3	11 670.7	12 781.8	16 169.6	19 396.0	22 863.6	24 854.0
	浙江	2 774.9	2 600.3	2 569.4	3 323.7	3 607.3	3 976.9	4 360.1
	福建	1 715.9	1 922.5	1 948.1	2 576.5	2 989.8	3 229.4	3 545.0
	山东	3 095	3 861.8	4 548.8	5 148.8	6 121.4	7 729.2	8 946.5
	广东	14 582.9	16 070.8	16 758	20 952.8	23 227.6	25 046.6	27 871.1
	海南	35.4	44.3	50.4	76.7	92.1	151.9	121.4
中部	山西	137.4	164.4	172.3	233.9	302.4	621.5	707.8
	吉林	250.6	359.7	474.4	642.4	918.1	1 138.7	1 431.3
	黑龙江	271	311.7	356.5	399.2	472.7	524.2	610.8
	安徽	267.7	329.1	431.4	661.5	1 055.1	1 460.0	1 831.4
	江西	430.4	559.2	743.4	1 039.3	1 432.0	1 856.7	2 289.6
	河南	553.6	720.1	897.2	1 185.6	2 033.5	3 257.8	4 284.4
	湖北	576	793.7	1 025.9	1 257.0	1 552.1	2 027.3	2 445.3
	湖南	312.7	497.6	616.1	906.1	1 473.4	1 880.7	2 564.9

续表

	地区	2007 年	2008 年	2009 年	2010 年	2011 年	2012 年	2013 年
西部	内蒙古	162.7	179.2	231	225.2	312.2	273.1	344.8
	广西	137.6	191	234.4	383.8	539.6	806.2	1 126.2
	重庆	200.4	272	339.1	507.8	1 111.8	1 883.4	2 624.2
	四川	1 020.1	1 294.7	1 583.3	2 104.9	3 186.5	3 962.1	5 160.5
	贵州	171.2	184.5	245	266.0	305.0	342.9	372.0
	云南	91.8	111.4	131.3	160.1	188.7	239.4	291.1
	西藏	4.8	4.4	4.6	5.1	5.2	7.7	11.8
	陕西	566.6	610.4	665.8	865.2	1 001.5	1 238.0	1 374.0
	甘肃	49.7	53.9	56.5	76.2	87.6	112.3	140.9
	青海	12.6	12	15	21.3	21.6	38.7	50.7
	宁夏	19	22.9	28.5	30.9	35.9	31.9	31.8
	新疆	18.9	17.8	19.1	25.5	31.1	16.9	20.7

从表 2.1 可以看出，从总体来看，东部好于中部和西部，地区间和地区内的差距很大。东部地区，2013 年主营业务收入最高的省份是广东省，其值为27 871.1亿元；最低的为海南省，其 2013 年的主营业务收入为 121.4 亿元。中部地区，2013 主营业务收入最高的省份是河南省，其值为4 284.4亿元；最低的为黑龙江省，其值为 610.8 亿元。西部地区，2013 年主营业务收入最高的为四川省，其值为5 160.5亿元，最低的为西藏，其值仅为 11.8 亿元。

将各地区 2013 年的主营业务收入高低进行范围划分，如表 2.2 所示。

表 2.2　　2013 年我国各地区主营业务收入范围

主营业务收入范围（亿元）	各地区
＞10 000	广东、江苏
2 000～10 000	上海、山东、浙江、四川、福建、北京、天津、河南、重庆、湖南、湖北、江西
500～2 000	辽宁、安徽、陕西、吉林、河北、广西
100～500	黑龙江、贵州、内蒙古、山西、云南、甘肃、海南
＜100	宁夏、新疆、青海、西藏

从表 2.2 可以明显看出，主营业务收入被划分为五个范围，分别是大

于10 000亿元、2 000亿元到10 000亿元之间、500 亿元到2 000亿元之间、100 亿元到 500 亿元之间以及小于 100 亿元。大于10 000亿元的有 2 个省份,分别是东部地区的广东省和江苏省;小于 100 亿元的有 4 个省份,分别是宁夏回族自治区、新疆维吾尔自治区、青海省、西藏自治区。由此可见,我国高新技术产业的地区发展不均衡。

通过上述分析,可以将我国高新技术产业的生产状况归纳为以下几点:一是增长速度不断加快,而且企业的规模也在不断扩大;二是行业发展不均衡,电子及通信设备制造业发展较快,但是其他制造业还有比较大的发展空间;三是企业规模结构不均衡,主要以大型企业为主,发展势头良好;四是地区发展极不平衡,东部发展迅速。

2.2.2　国际比较

(1)部分国家制造业和高新技术产业的 R&D 投入强度

中国 R&D 投入强度按 R&D 经费占主营业务收入的百分比计算,其他国家是按 R&D 经费占总产值的百分比计算得来的。表 2.3 列出了中国与美国、日本、德国、法国、英国、意大利、韩国这七个国家的 R&D 投入强度比较。

表 2.3　　部分国家制造业和高新技术产业的 R&D 投入强度　　单位:%

	中国 2013 年	美国 2009 年	日本 2008 年	德国 2007 年	法国 2007 年	英国 2007 年	意大利 2007 年	韩国 2007 年
制造业	0.9	4.0	3.4	2.3	1.7	2.6	0.7	1.9
高新技术产业	1.5	19.7	10.5	6.9	5.6	11.4	3.8	5.9
医药制造业	1.7	23.6	16.4	8.3	2.6	25.1	1.8	2.5
航空、航天器及设备制造业	6.1	18.8	2.9	8.6	5.3	11.6	13.4	9.0
电子及通信设备制造业	1.9	21.2	8.9	6.3	10.6	6.5	4.5	6.7
电子计算机及办公设备制造业	0.6	14.5	7.6	4.5	7.0	1.1	1.2	3.9
医疗设备及仪器仪表制造业	2.2	16.2	17.0	6.3	6.8	4.2	2.6	2.2

从表 2.3 可以看出,尽管中国是 2013 年的数据,但还是比发达国家前几年 R&D 投入强度的水平低。从制造业来看,美国的 R&D 投入强度最高,在 2009 年就达到了 4.0%,最低的为意大利,在 2007 年仅为

0.7%，而中国在2013年则为0.9%仅比2007年意大利水平高0.2%，其他六个发达国家的水平均超过中国。从高新技术产业来看，R&D投入强度最高的仍然是美国，在2009年其值高达19.7%，最低的则是中国，在2013年其值仅为1.5%，其他六个国家中最低的为意大利，但是其R&D投入强度却是中国的2倍多。从五个子行业来看，美国在航空、航天器及设备制造业，电子及通信设备制造业和电子计算机及办公设备制造业这三个行业上的R&D投入强度居榜首，英国在医药制造业上R&D投入最多，日本在医疗设备及仪器仪表制造业上的R&D投入排第一。而中国在这五个行业上R&D投入强度都低于其他七个发达国家的平均水平。

从上述数据可以看出，我国对高新技术产业的R&D投入相比其他发达国家而言还是远远不够的，高新技术产业是知识密集型和技术密集型的产业，需要R&D投入作为动力源泉来促进其发展，我国高新技术产业的贸易方式主要是以进料加工贸易为主，一般贸易所占比例很少，虽然这是国际产业转移所造成的，但这也与我国对高新技术产业R&D投入不够有关。

(2)部分国家高新技术产业的劳动生产率

从表2.4可以看出，中国在制造业、高新技术产业和五个子行业上的劳动生产率远不如美国、日本、德国、法国四个发达国家的水平。

表2.4 **高新技术产业的劳动生产率** 单位:万美元/人

	中国 2013年	美国 2009年	日本 2008年	德国 2007年	法国 2007年
制造业	28.2	37.0	30.5	30.4	37.0
高新技术产业	14.6	38.8	33.2	31.3	54.4
医药制造业	16.0	71.8	70.2	41.2	107.0
航空、航天器及设备制造业	13.7	39.7	20.0	37.2	99.4
电子及通信设备制造业	13.2	29.0	31.4	43.0	34.3
电子计算机及办公设备制造业	19.8	50.3	39.0	46.6	40.4
医疗设备及仪器仪表制造业	12.8	28.5	20.1	19.2	24.0

从制造业来看，中国2013年的劳动生产率仅为28.2万美元/人，而

美国在2009年、法国在2007年都高达37.0万美元/人;从高新技术产业来看,法国劳动生产率排在第一位,高达54.4万美元/人,而中国的仅为14.6万美元/人。从五个子行业来看,劳动生产率都没有达到20万美元/人,电子计算机及办公设备制造业的劳动生产率在这五个行业中最高,为19.8万美元/人。在医药制造业和航空、航天器及设备制造业上,法国都大幅度领先于中国,分别为中国的8倍和7倍多;电子及通信设备制造业德国排第一,是中国的将近4倍;在电子计算机及办公设备制造业和医疗设备及仪器仪表制造业上美国居榜首,均是中国劳动生产率的2倍多。从上述情况来看,我国高新技术产业与发达国家的劳动生产率水平还是存在很大的差距。

(3)部分国家高新技术产业出口占制造业出口的比重

2007～2012年高新技术产业出口占制造业出口的比重,如表2.5所示。

表2.5　高新技术产业出口占制造业出口的比重　单位:%

国家＼年份	2007	2008	2009	2010	2011	2012
中　国	26.7	25.6	27.5	27.5	25.8	26.3
美　国	27.2	25.9	21.5	19.9	18.1	17.8
日　本	18.4	17.3	18.8	18.0	17.5	17.4
德　国	14.0	13.3	15.3	15.3	15.0	15.8
英　国	18.9	18.5	21.8	21.0	21.4	21.7
法　国	18.5	20.0	22.6	24.9	23.7	25.4
意大利	6.3	6.4	7.5	7.2	7.4	7.1
韩　国	30.5	27.6	28.7	29.5	25.7	26.2

从表2.5可以看出,中国高新技术产业出口占制造业出口的比重均在25%以上,仅次于韩国水平,出口排在第2位。而美国的出口占制造业出口的比重平均水平为21.7%,出口排在第3位,但美国高新技术产业的出口比重从2007年至2012年呈现出上下波动的趋势;英国的出口所占比重大约为20%;法国出口所占比重的平均水平为22.5%,排在第4位;日本的平均值为17.9%,高于德国的平均水平,排在第5位;意大利高新技术产业出口占制造业出口的比重均在10%以下,在这八个国家中处于最低水平。虽然我国在出口规模上排在前列,但是我国劳动生产率

水平仍然较低，出口规模较大并不代表我国高新技术产业产品质量高。如果仅仅凭借大量的人力和资本的投资扩大生产规模、增加出口量，那么我国只能算是一个生产高技术产品的产量大国而不是强国，所以应该从提高劳动生产率和质量上来促进我国高新技术产业的发展。

2.3 存在的问题

我国高新技术产业从小到大，迅猛发展，高新技术产业的主营业务收入、企业数量和利润总额都有明显的提升。然而，在我国高新技术产业取得成就的同时，也存在着诸多的问题。

从行业发展来看：首先，行业分布不均衡。电子及通信设备制造业的发展远远快于其他行业，航空、航天器及设备制造业发展极为缓慢，两者之间的差距越来越大。其次，我国高新技术产业企业规模的发展也是不均衡的，整体上以大型企业为主（医疗仪器设备及仪器仪表制造业除外）。这说明我国高新技术产业的进入壁垒大，小型企业一般不容易进入。

从地区发展来看：我国高新技术产业发展地区差异较大，东部地区高新技术产业发展的速度和规模明显领先于中西部地区，西部地区特别是宁夏、青海、西藏、新疆四个地区的高新技术产业的发展速度和规模极其缓慢。

从国内外对比情况来看：第一，我国高新技术产业的 R&D 投入强度明显小于发达国家，高新技术产业是属于知识和技术密集型产业，R&D 经费投入是其发展的动力之一，R&D 投入强度小造成了我国高新技术产业发展落后。第二，与发达国家相比，我国高新技术产业的劳动生产率偏低。第三，虽然我国高新技术产业凭借大量的人力和资本的投资扩大使出口规模名列前茅，但是出口高新技术产业的商品价值低于发达国家。

3

高新技术产业生产效率分析：基于 DEA-Malmquist 指数方法

3.1 DEA-Malmquist 指数方法

3.1.1 数据包络分析(DEA)

数据包络分析(Data Envelopment Analysis,简称 DEA),采用线性规划技术,是最常用的一种非参数前沿效率分析法。它由 A. Charnes 和 W. W. Cooper 等人于 1978 年创建,以相对效率为基础对同一类型的部门的绩效进行评价。该方法将同一类型的部门或单位当作决策单元(DMU),其评价依据的是所能观测到的决策单元的输入数据和输出数据。数据包络分析法(DEA)巧妙地构造了目标函数,并通过 Charnes-Cooper 变换(称为 C^2-变换)将分式规划问题转化为线性规划问题,无须统一指标的量纲,也无须给定或者计算投入产出的权值,而是通过最优化过程来确定权重，从而使对决策单元的评价更为客观。

Malmquist 生产率指数最早由瑞典经济学家和统计学家马奎斯特(Malmquist，1953)在分析两组不同时期的消费变化时提出。法雷尔(Fareel，1957)等人通过对 DEA 方法的改进，建立了用来考察两个时期的生产效率变化的 Malmquist 指数。凯夫斯(Caves，1982)等人首次将其作为效率指数用于生产分析。这种方法的优点表现在不需要假设一种具体的生产函数形式，从而避免了函数形式错误的出现；并且这种方法可以对资源配置的效率进行分解，从而可以研究影响资源配置效率动态变化的源泉。Malmquist 指数借助距离函数反映相邻两个期间决策单元生产效率变动情况，可用两时期距离函数的比值表示其基本公式如下：

$$M_0(x_t, y_t) = \frac{d_0^t(x_{t+1}, y_{t+1})}{d_0^t(x_t, y_t)} \tag{3.1}$$

$$M_0(x_{t+1}, y_{t+1}) = \frac{d_0^{t+1}(x_{t+1}, y_{t+1})}{d_0^{t+1}(x_t, y_t)} \tag{3.2}$$

其中：d_0^t 和 d_0^{t+1} 分别表示以 t 时期技术为参照，时期 t 和时期 $t+1$ 的距离函数；(x_{t+1}, y_{t+1})和(x_t, y_t)分别表示$(t+1)$时期和 t 时期的投入与产出向量。为避免随意选择时期，Caves 等用公式 3.1 和公式 3.2 的几何平均数，测算从 t 时期到 $t+1$ 时期生产率变化的 Malmquist 指数，得到公式 3.3。该指数小于 1 时，表明从 t 时期到 $t+1$ 时期全要素生产率是下降的；反之则是增长的。

为了避免由于时期选择的任意性所带来的差异，Fareel 等人以两个时期技术 Malmquist 指数的几何平均值作为 Malmquist 指数。1994 年 Fareel 等人证明，Malmquist 指数也同样可分为效率变化和技术进步变化两部分，并将效率变化和技术进步变化进一步分解为纯技术效率变化和规模效率变化。

根据 Fareel 等人的研究，通过等价变换可将 Malmquist 指数分解为技术效率变化指数(Efficiency Change，EC)和技术进步指数(Technical Change，TC)；进一步地，Fareel 等人又将技术效率变化指数(EC)分解为纯技术效率指数(Pure Efficiency Change，PEC)和规模效率指数(Scale Efficiency Change，SEC)两部分。

Malmquist 指数变换的具体形式为：

$$M_0(x_{t+1},y_{t+1},x_t,y_t)=\left[\frac{d_0^t(x_{t+1},y_{t+1})}{d_0^t(x_t,y_t)}\times\frac{d_0^{t+1}(x_{t+1},y_{t+1})}{d_0^{t+1}(x_t,y_t)}\right]^{1/2}$$

$$=\frac{d_0^{t+1}(x_{t+1},y_{t+1})}{d_0^t(x_t,y_t)}\left[\frac{d_0^t(x_{t+1},y_{t+1})}{d_0^{t+1}(x_{t+1},y_{t+1})}\times\frac{d_0^t(x_t,y_t)}{d_0^{t+1}(x_t,y_t)}\right]^{1/2} \quad (3.3)$$

其中：$EC=\frac{d_0^{t+1}(x_{t+1},y_{t+1})}{d_0^t(x_t,y_t)}$，$TE=\left[\frac{d_0^t(x_{t+1},y_{t+1})}{d_0^{t+1}(x_{t+1},y_{t+1})}\times\frac{d_0^t(x_t,y_t)}{d_0^{t+1}(x_t,y_t)}\right]^{1/2}$分别表示时期 t 到时期 $t+1$ 的技术效率的变化和技术进步变化。通过以上分解，Malmquist 指数分解公式为 $M_0(x_{t+1},y_{t+1},x_t,y_t)=EC\times TC=PEC\times SEC\times TC$。

M_0 表示资源配置效率的 Malmquist 指数(TFP)，若 $M_0>1$，表示资源配置效率呈上升趋势；若 $M_0=1$，表示资源配置效率既没有上升趋势也没有下降趋势；$M_0<1$，表示资源配置效率呈衰退趋势。假设规模报酬不变，Malmquist 指数可分解为综合技术效率(Efficiency Change，EC)和技术进步率(Technical Change，TC)；假定规模报酬可变，综合技术效率还可以进一步分解为纯技术效率(PE)和规模效率(SE)两部分，如图 3.1 所示。

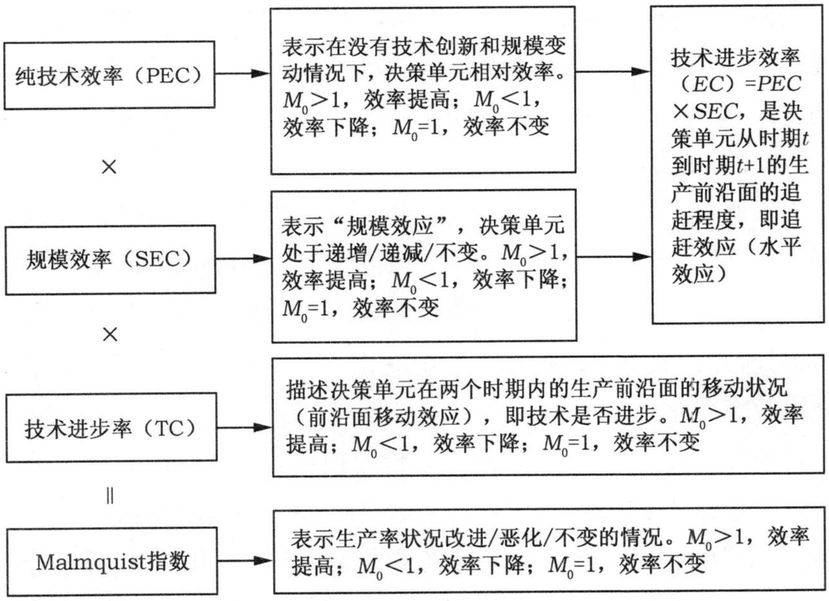

图 3.1 Malmquist 指数的分解

DEA-Malmquist 指数分析方法实证过程：第一，先求出每年静态数据，利用 C2R 模型和 BC2 模型求出各产业的技术效率值(TE)和规模效率(SE)和规模报酬状态；第二，求出反映跨期动态效率变化的 Malmquist 指数，将其分解为技术变化和技术效率变化，判断效率的变化情况以及变化来源。

3.2 变量选择与数据处理

3.2.1 投入产出变量的选择

应用 Malmquist 指数分析法最为关键的是选择投入/产出变量，注意投入/产出变量之间的相关性不能太强，否则会影响结果。高新技术产业作为一种"新型"产业，其显著的特点就是 R&D 投入强度明显比传统产业强。因此，本研究采用 R&D 投入作为投入指标，投入指标有：R&D 经费内部支出(万元)，该指标用来反映财力资源投入，由于研发投入转化为最终经济产出具有一定的时滞性，按照通常的做法，取滞后期 1 年。R&D 活动人员折合全时当量(人/年)，该指标用来反映科研人力资源投入，R&D 人员全时当量是指按工作量折合计算的 R&D 人员。高科技产业从业人数(人/年)，该指标用来反映人力资源投入。高新技术产业产出效益主要包括科技效益、经济效益和社会效益三种。鉴于社会效益表现难以设定指标进行衡量，本研究在评价产出效益时，仅考虑科技效益和经济效益。科技效益用专利申请数来衡量，它不仅是资源投入的产出，也从某个角度反映了其自主创新能力；经济效益用出口交货值和高新技术产业利润两个指标来衡量，出口交货值反映产品的国际竞争能力；高新技术产业利润是资源投入综合效率的体现。

3.2.2 数据来源及处理

研究时间范围限定为 2009～2013 年，所有原始数据来源于 2010～2014 年的《中国高新技术产业统计年鉴》，西藏自治区缺失数据过多将其剔除，考察范围为中国大陆除西藏外的 29 个省、市和自治区的高新技术产业，其他省市个别缺失数据采用平滑法处理。最终样本由 29 个省份

5 年的面板数据组成,共 145 个分析数据。以 2009 年为基期,对相关变量数据进行价格指数平减。

表 3.1　投入/产出变量描述统计

	投入/产出变量	极小值	极大值	均值	标准差
地区层面	专利申请数(个)	4	49 691	3 469.097	7 538.962
	利润(亿元)	0	1 267.94	163.111 4	248.694 3
	出口交货值(亿元)	5 983	13 297.55	1 241.84	2 821.72
	从业人员(人)	3 843	3 842 156	396 947.3	739 168.9
	R&D 人员全时当量(万人/年)	66	224 334	17 876.2	35 307.62
	R&D 经费内部支出(万元)	88	4 635 096	342 715.8	690 626.4
行业层面	专利申请数(个)	1 504	83 168	17 165.04	0 845.82
	利润(亿元)	75.98	2 772.32	947.05	758.260 3
	出口交货值(亿元)	113.342 7	23 948.64	6 209.116	8 355.607
	从业人员(人)	325 270	7 482 696	2 303 617	2 231 896
	R&D 人员全时当量(万人/年)	23 034	356 885	93 666.28	91 605.85
	R&D 经费内部支出(万元)	242 141	8 154 655	1 988 165	2 124 909

3.3 实证分析

3.3.1 高新技术产业地区效率及变动

根据求解 Malmquist 指数的 DEA 模型,利用 Deap2.1 软件,计算结果如表 3.2、表 3.3 所示。

表 3.2　不同省份高新技术产业 Malmquist 指数及分解

省份	地区	综合技术效率(EC)	技术进步率(TC)	纯技术效率(PEC)	规模效率(SEC)	Malmquist 指数(TFP)
北京	东部	1	1.107	1	1	1.107
天津	东部	1	1.055	1	1	1.055
河北	东部	0.933	1.004	0.851	1.097	0.936
山西	中部	0.842	1.027	0.843	0.998	0.865
内蒙古	西部	1	1.021	1	1	1.021
辽宁	东部	1.083	1.017	1.046	1.035	1.101
吉林	中部	1.021	0.99	0.98	1.042	1.011

续表

省份	地区	综合技术效率(EC)	技术进步率(TC)	纯技术效率(PEC)	规模效率(SEC)	Malmquist指数(TFP)
黑龙江	中部	0.986	1.03	0.924	1.067	1.016
上海	东部	1	0.984	1	1	0.984
江苏	东部	0.936	1.083	1	0.936	1.014
浙江	东部	1.003	1.054	1	1.003	1.057
安徽	中部	1.112	1.009	1.013	1.098	1.121
福建	东部	0.96	0.977	0.937	1.025	0.938
江西	中部	1.12	1.003	1.077	1.039	1.123
山东	东部	1.006	1.081	1	1.006	1.088
河南	中部	1.157	1.088	1	1.157	1.259
湖北	中部	0.986	1.026	0.881	1.119	1.011
湖南	中部	1.074	1.031	1	1.074	1.107
广东	东部	0.953	1.029	1	0.953	0.981
广西	西部	1.193	1.061	1.072	1.113	1.265
海南	东部	1	0.912	1	1	0.912
重庆	中部	1.173	1.132	1.088	1.078	1.328
四川	西部	1.163	1.011	1.094	1.063	1.176
贵州	西部	1.12	1.071	1.007	1.113	1.199
云南	西部	1	0.997	1	1	0.997
陕西	西部	1.056	1.055	1.017	1.038	1.114
甘肃	西部	1.08	1.018	1.078	1.002	1.1
宁夏	西部	1.184	1.147	1	1.184	1.358
新疆	西部	1	0.712	1	1	0.712
东部平均		0.989	1.028	0.985	1.005	1.016
中部平均		1.037	1.026	0.965	1.074	1.064
西部平均		1.097	1.023	1.036	1.059	1.127
总平均		1.036	1.022	0.995	1.041	1.059

表 3.3　　　　不同年份高新技术产业 Malmquist 指数及分解的变化

年份	EC 变化	TC 变化	PEC 变化	SEC 变化	TFP 变化
2009～2010	1.117	0.739	1.027	1.087	0.825
2010～2011	0.985	1.398	0.958	1.028	1.377
2011～2012	0.943	1.058	0.962	0.98	0.997
2012～2013	1.11	0.998	1.035	1.073	1.108
平均值	1.036	1.022	0.995	1.041	1.059

总体来看,2009～2013 年我国 29 个省、市、自治区高新技术产业整体全要素生产率为 1.059,平均增长 5.9%。生产效率的提高主要来自规模效应和技术进步拉动,整体处于规模效应递增状态。纯技术效率小于 1,造成我国高新技术产业 TFP 增长的主因是技术进步提高而不是技术效率,这个结果与大多数学者研究的结论基本一致,说明了我国各地高新技术产业自主创新能力仍然较弱。我国高新技术产业生产效率及影响要素处在波动之中,说明高新技术产业效率没有形成良好的增长机制。

从地区来看,西部地区产业整体全要素生产率提升最快,中部地区次之,东部地区全要素生产率提升幅度最小。究其原因,西部地区高新技术产业 TFP 和综合技术效率、纯技术效率、规模效率都大于 1,处于产业的最优发展阶段,规模效应、追赶效应和前沿面移动都很明显。东部地区的技术进步率在三个区域中排名第一,但由于其综合技术效率较低,所以导致整体 TFP 提升幅度低于中部地区。众所周知,我国东部地区经济较为发达,容易吸引更多的资金和人才投入,这就带来了更先进的设备和技术,所以其技术进步率高是容易理解的。那么为什么其规模效率不明显和纯技术效率整体上下降呢? 应该是其大量投入针对性不强、规模过大或者管理效率低下等造成的。每个区域中都有生产率提高的省份,也有生产率下降的省份,这种区域差异不存在明显的规律可循。

为进一步说明问题,图 3.2 列示了 29 个省份高新技术产业 TFP 及其分解情况。显然,全要素生产率的变动和技术进步率基本一致,形状非常类似,在 29 个省份中是同增同减的,但表现出一种明显的省际差异。综合技术效率和分解后的规模效率、纯技术效率变动趋势大体相同,都在 1 上下波动。这也说明高新技术产业的生产率增长主要是由于技术进步的拉动和规模效应。

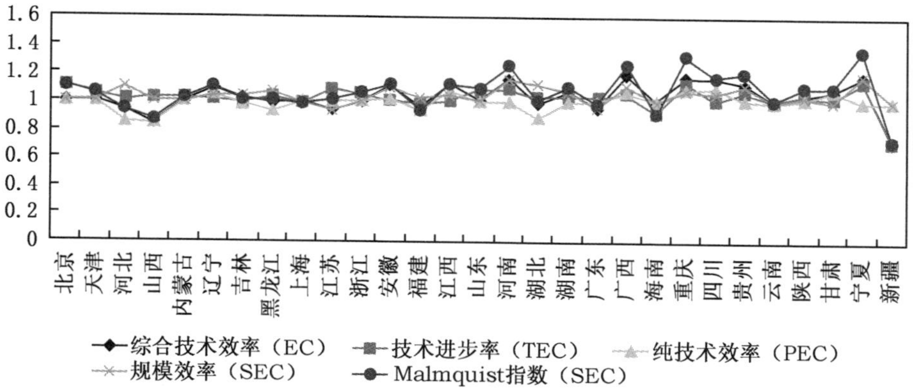

图 3.2 高新技术产业 Malmquist 指数及其分解

图 3.3 反映了我国高新技术产业生产率在时间趋势上的变动情况，表现为上升—下降—上升不断波动，技术效率、纯技术效率和规模效率变动趋势与 TFP 的变动趋势也不一致，说明高新技术产业 TFP 的变动很不稳定，没有形成不断增长的发展态势。

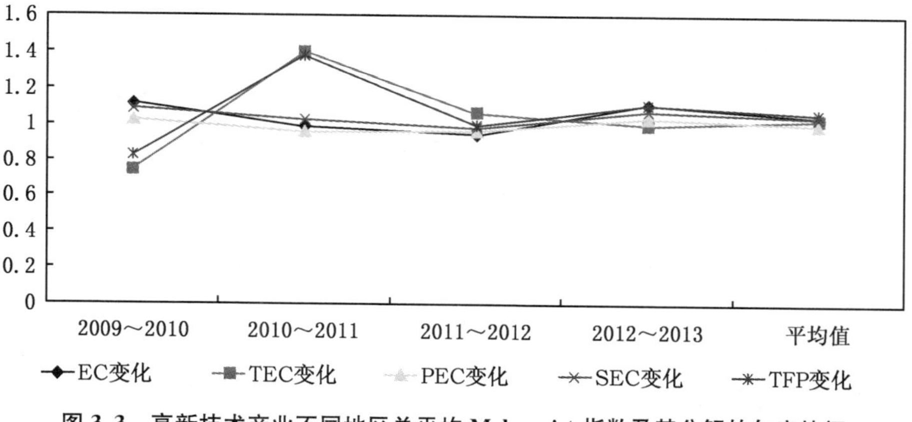

图 3.3 高新技术产业不同地区总平均 Malmquist 指数及其分解的年度特征

3.3.2 高新技术产业行业效率及变动

沿用 Fareel 的思路，对 2009～2013 年我国高新技术产业五大行业效率的 Malmquist 指数进行了测算，并对其结果进行了相应分解。数据通过 DEAP2.1 运行，将其结果整理如表 3.4、图 3.4 所示。

表 3.4　　高新技术产业不同行业 Malmquist 指数及分解

行业	综合技术效率(EC)	技术进步率(TC)	纯技术效率(PEC)	规模效率(SEC)	Malmquist 指数(TFP)
1	1	1.25	1	1	1.25
2	0.934	1.355	1	0.934	1.266
3	0.957	1.334	1	0.957	1.276
4	1	1.288	1	1	1.288
5	1	1.109	1	1	1.109
平均值	0.978	1.264	1	0.978	1.236

注:1 为医药制造业,2 为航天、航空器及设备制造业,3 为电子通信设备制造业,4 为电子计算机及办公设备制造业,5 为医疗设备及仪器仪表制造业。

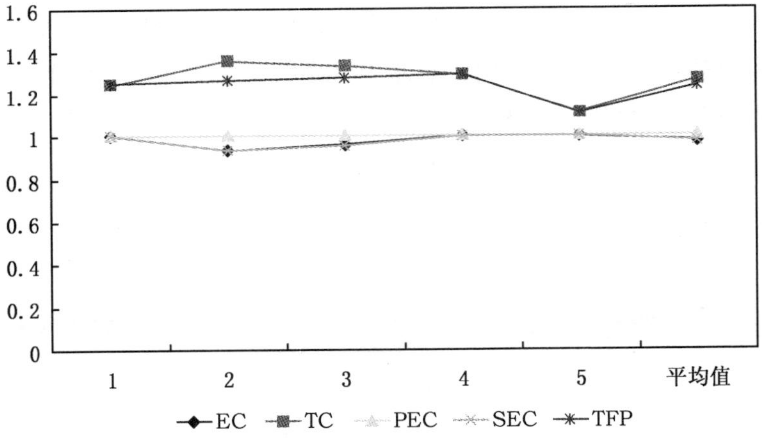

图 3.4　高新技术产业不同行业 Malmquist 指数及其分解

我国高新技术产业各行业资源配置的 Malmquist 指数的平均值分别为 1.25、1.266、1.276、1.288、1.109。Malmquist 指数都大于 1,说明高新技术行业的资源配置效率整体上呈上升趋势,其资源配置效率的增长率分别为 25%、26.6%、27.6%、28.8%、10.9%。医疗设备及仪器仪表设备制造业 Malmquist 指数小于平均值,这与徐晔和张秋燕(2009)的研究结果相符,说明该行业的资源配置效率整体提升速度较慢。

综合技术效率指数(EC)和技术变化指数(TC)是影响我国高新技术产业资源配置效率 Malmquist 指数的主要因素。五大行业技术进步率(TC)都大于 1;航天、航空器及设备制造业和电子通信设备制造业行业因规模效应递减导致综合技术效率指数小于1;医药制造业、电子计算机及办公设备制造业和医疗设备及仪器仪表制造业,因纯技术效率和规模效应都保持不变,综合技术效率(EC)都等于1。五大高新技术行业Malmquist指数大于1的主要原因是技术进步提高而不是技术效率,与冯锋和王明明(2012)基于高新技术产业2000～2008年的面板数据研究五大行业的产业效率相符,说明了我国高新技术产业各行业自主创新能力仍然较弱。

3.4 小结

采用DEA-Malmquist指数分析方法,分析中国高新技术产业在2009～2013年间的全要素生产率变化。结果表明:我国高新技术产业整体全要素生产率不断上升,并呈现出波动趋势。从地区层面来看,西部地区产业整体生产效率提升最快,中部地区次之,东部地区生产效率提升幅度最小。从行业层面来看,高新技术行业的资源配置效率整体上呈上升趋势,医疗设备及仪器仪表设备制造业Malmquist指数小于平均值,说明该行业的资源配置效率整体提升速度较慢。不论是从地区层面还是从行业层面来看,造成我国高新技术产业TFP增长的主因是技术进步提高而不是技术效率。

为了提高我国高新技术产业生产效率,需要从以下两点入手:

第一,大力提升高新技术产业自主创新水平。从研究中可知,我国高新技术产业生产效率提高主要是技术进步拉动的,但这种技术进步很多不是自主创新带来的。很多研究表明,这种技术进步是由于外商直接投资(王瑜,2009;方凯和陈新华,2013)、国际贸易(罗良文和阚大学,2012)等带来的技术转移和直接引进西方先进技术的结果,我国大部分高新技术企业不具有核心自主知识产权。从高新技术企业DEA-Malmquist指数及分解年度变化来看,技术进步率指数一直波动,高新技术产业发展后续乏力状况已凸显出来。要想改变这种局面,需改变高新技术产业的创新模式,从技术引进转变为知识产权创新。政府应采取各种政策鼓励引导高新技术企业走自主创新之路,需要强化企业技术创新主体地位,完善推进企业技术创新的体制机制,支持以企业为主体建立产学研联盟,鼓励企业与高等学校、科研院所开展合作研究。

第二,学习先进的管理经验,优化资源配置,整合产品结构,调整生产规模,提升高新技术产业综合技术效率。因为技术进步的提升有一个限度,不太可能永久性地保持高速增长。高新技术产业生产效率提升的另一个根源是综合技术效率。综合技术效率又取决于两个方面,即纯技术效率和规模效率。纯技术效率可通过管理效率的提高和生产经验的积累加以提升,规模效率需要确定企业规模大小。要打破区域限制,推动高新技术产业资源自由流动,让各地区、不同类型高新技术企业规模达到最佳(王军和杨惠馨,2010)。如果在这两方面都加大力度,会收到立竿见影的效果。

4

高新技术产业创新效率分析：基于面板数据 SFA 方法

4.1 随机前沿方法的计量模型

4.1.1 SFA 模型

数据包络分析(DEA)和参数随机前沿法(SFA)都可以用于分析创新效率。DEA 的优点在于生产函数的形式不需要估计,使得由于函数形式错误带来的问题得以避免;其缺点是需要大量的个体数据,且对生产过程的描述相对少。SFA 则可以把模型后的随机扰动项分解为随机误差项和技术无效项,并利用计量方法进行效率估计。SFA 还可以拟合各种统计量检验模型的质量,在测量误差和统计干扰处理方面具有优势,故而本研究采用 SFA 的方法进行实证分析。

SFA 模型如下所示：

$$Y_i = f(x_i, \beta)\exp(v_i)\exp(-u_i), i=1,\cdots,N \tag{4.1}$$

其中,Y_i 表示产出,x_i 表示投入,β 为模型参数。模型中,将随机扰动 ε_i 分为两部分:一部分用于表示统计误差,又被称为随机误差项,用 v_i 来表示;另一部分用于表示技术的无效率,又被称为非负误差项,用 u_i 来表示。

4.2.2 SFA 效率的计算

对于式(4.1),我们可以将 SFA 技术效率定义如下:

$$TE_i = \exp(-U_i) = \frac{Y_i}{f(x_i, \beta)\exp(V_i)} \tag{4.2}$$

所以,在 U_i 的分布已知的情况下,我们可以计算出技术效率的平均值 $TE = E[\exp(-U_i)]$,但是,通过该方法若想计算出各样本点的技术效率值却有些困难。因为,我们可以根据样本点的观测值得出模型中参数的估计值,并根据这些估计值求出残差 ε_i,但是,我们无法计算出每个 U_i 和 V_i 的估计值。

为了能够计算出每个样本点的技术效率,曲婉和康小明(2012)将技术效率定义为 $TE_i = \exp[-E(U_i | \varepsilon_i)]$,该方法被称为 JLMS 技术,他们分别就半正态分布和指数分布推导了 $E(U_i | \varepsilon_i)$的表达式,得出了技术效率值,解决了技术效率计算的问题。

SFA 方法通过极大似然法估计出各个参数值,然后用技术无效率项的条件期望作为技术效率值。与 DEA 方法相比,其结果一般不会有效率值相同并且为 1 的情况,并且 SFA 方法充分利用了每个样本的信息并且计算结果稳定,受特殊点影响较小,具有可比性强、可靠性高的优点。

4.2 模型的设定

参考 Battese and Coelli(1995)的研究,将随机前沿生产函数模型设定如下:

$$\ln Sales_{it} = \beta_0 + \beta_1 \ln InputRD_{it} + \beta_2 \ln InputRDP_{it} + \varepsilon_{it} \tag{4.3}$$

$$\ln Patent_{it} = \beta_0 + \beta_1 \ln InputRD_{it} + \beta_2 \ln InputRDP_{it} + \varepsilon_{it} \tag{4.4}$$

其中,i 代表地区,t 代表时间。$\ln Sales$ 是新产品销售收入对数、$\ln Patent$ 是专利数对数、$\ln InputRD$ 是新产品研究开发支出对数、

$\ln InputRDP$是研究与开发人员全时当量对数。β_1、β_2 是新产品研发支出和研究与开发人员折合全时当量的产出弹性。$\varepsilon_{it}=v_{it}-u_{it}$，其中 v_{it} 是随机变量，服从正态分布 $N(0,\sigma_v^2)$，表示第 i 个省在第 t 年生产过程的随机误差项，误差项包括测量误差以及各种不可控的随机因素；μ_{it} 为非负随机变量，表示创新活动当中的无效率项，其分布服从半正态分布 $N(I_{it},\sigma_u^2)$，其中 I_{it} 越大，表示创新效率越低下，即投入相同的研发支出和研究人员，所得到的创新产出越小。v_{it}、u_{it} 的分布是相互独立的，与回归的解释变量不相关。

对于无效率的影响因素，我们考虑市场结构、企业规模和产业利润对创新活动的影响。无效率的模型设定如下：

$$ms_{it}=\lambda_0+\lambda_1\ln Market_{it}+\lambda_2\ln Scale_{it}+\lambda_3\ln Profit_{it}+\omega_{it} \quad (4.5)$$

$$mp_{it}=\lambda_0+\lambda_1\ln Market_{it}+\lambda_2\ln Scale_{it}+\lambda_3\ln Profit_{it}+\omega_{it} \quad (4.6)$$

其中，ms_{it} 表示新产品销售收入作为创新产出时的无效率项，mp_{it} 表示专利数作为创新产出时的无效率项。$\ln Market$、$\ln Scale$ 和 $\ln Profit$ 分别表示市场结构、企业规模和产业利润的对数。λ_0 表示常数项，λ_1、λ_2 和 λ_3 表示市场规模、企业规模和产业利润对无效率项的影响系数。对这些影响系数前面取负号，表示这些变量对创新效率的影响。ω_{it} 是随机误差项，服从正态分布。

在所有的回归系数和变量都解释清楚后，接着就要判断模型拟合的有效性问题。如果模型中没有无效率项或者无效率项不明显，则运用随机前沿模型是不合适的。参考前人的研究，我们用 $r=\sigma_u^2/(\sigma_u^2+\sigma_v^2)(0\leqslant r\leqslant 1)$来作为模型有效性判断标准。若 γ 越接近 1，就表示随机前沿模型是合适的；若 r 接近于 0，就表示模型不适合用随机前沿来拟合，用普通的 OLS 即可。

4.3 变量选取与数据处理

4.3.1 变量的选取

(1)创新产出

高新技术产业通常有两个方面的产出：产值和科技成果。本研究选取新产品销售收入(Sales)作为高新技术产业的产值产出,专利数(Patent)作为高新技术产业的科技成果产出。

(2)创新投入

根据柯布—道格拉斯函数,最基本的要素投入是资本和劳动力,选取高新技术产业的资本和劳动力作为投入。新产品研究开发经费(InputRD)是在新产品开发过程中投入的资金投入;R&D人员折合全时当量(InputRDP)指全时人员数加非全时人员数按工作量折算为全时人员数的总数,是国际上通用的、用于比较科技人力投入的指标。

(3)市场结构(Market)

在以往,学者们的研究都用市场集中度来表示市场势力,但是由于高新技术产业的市场集中度不好计算,只能寻找其他指标来代替。参考韩晶(2010)、景保峰(2011)的研究,本研究选择高新技术产业的企业数量作为衡量市场结构的标准。一般认为,企业数量越多,表明行业竞争力就越大。

(4)企业规模(Scale)

有关企业规模的表示方法,不同于景保峰(2011)用总产值与企业数之比来表示,按照现行的统计制度为标准划分企业规模,主要有三个指标:从业人员、营业收入和资产总额。本研究选择资产总额(采用资产总计代替)与企业数之比来表示企业平均规模大小。

(5)产业利润(Profit)

产业利润表示企业的盈利情况,利润越高,表明用于研究开发的投入越多,企业的研发效率可能就越高。

4.3.2 数据的说明

为了消除回归中可能出现的异方差情况,减轻数据的波动程度,首先对所有数据进行对数化处理。新产品销售收入、新产品研究开发支出、资产总计和产业利润容易受到物价变动的影响,在研究过程中需要剔除价格因素的影响。利用GDP平减指数消除相关变量价格因素,换算成以2009年为基期的不变价格。因西藏和青海数据不全,故没有考虑,研究对象只包含中国大陆地区29个省(市、自治区)。各变量描述性统计结果如表4.1所示。表中数据都是来源于2009~2013年《中国高新技术产业统计年鉴》和《中国统计年鉴》。

表 4.1 各变量的描述性统计量

变 量	最小值	最大值	平均值	标准差
新产品销售收入(亿元)	0.19	8 140.65	663.96	1 352.24
专利数(项)	4	49 691	3 469.10	7 538.96
研究与发展人员全时当量(人/年)	66	224 334	17 876.2	35 307.62
新产品研究开发经费支出(亿元)	0.28	632.87	51.22	97.98
市场结构(个)	14	5 802	885.81	1 260.18
企业规模(亿元/个)	0.01	4.83	2.13	1.23
产业利润(亿元)	−0.11	1 267.94	163.11	248.69

4.4 实证分析

4.4.1 以新产品销售收入为创新产出的实证结果分析

首先,用新产品销售收入作为创新产出,用 Frontier 4.1 计量软件对式(4.3)和式(4.5)进行估计,其估计结果见表 4.2。

表 4.2 新产品销售收入为创新产出的实证结果

系 数	参 数	标准差	t-检验值
β_0	2.834 5***	1.091 6	2.596 6
β_1	0.389 8**	0.174 5	2.233 5
β_2	0.265 4*	0.1484	1.788 6
λ_0	5.705 9***	0.573 8	9.944 2
λ_1	−0.531 2***	0.148 4	−3.580 0
λ_2	−0.131 8***	0.052 9	−2.493 0
λ_3	−0.124 1	0.140 0	−0.886 8
sigma-square	0.398 3	0.055 0	7.245 3
gamma	1.000 0	0.003 4	291.246 4
log likelihood function	−127.024 9		
LR test of the one-sided error	32.038 0		

注:* 、** 和*** 分别表示在 0.1、0.05 和 0.01 的显著性水平上显著,下同。

从表4.2可以看出：$\gamma=1.0000$，这说明选用随机前沿模型来估计无效率项是非常合适的。β_1 和 β_2 都通过显著性水平检验，其中 β_1 在0.05的显著性水平上显著，β_2 在0.1的显著性水平上显著。β_1 的值为0.3898，说明新产品研发支出每增加1单位，新产品销售收入就会增加0.3898单位。这与我们通常的结论相一致，资本投入是产出必不可少的条件。用于新产品研发的支出增多，新产品就越多，自然销售收入也就增多了。β_2 的值为0.2654，说明研究与开发人员折合全时当量每增加1单位，新产品销售收入就会增加0.2654单位。这与柯布—道格拉斯的结论相同，研究与开发人员折合全时当量作为高新技术产业的劳动力投入量，对高新技术产业新产品销售收入的增加显然具有促进作用。比较 β_1 和 β_2 的大小，β_1 的值显然要大于 β_2，这说明新产品研发支出对新产品销售收入的贡献作用要大于研究与开发人员折合全时当量。

接着我们看无效率项的影响系数 λ_1、λ_2 和 λ_3。λ_1、λ_2 都通过了显著性水平检验，但是 λ_3 没有通过显著性水平检验。λ_1 是市场有关市场结构对无效率项的影响系数。有关市场结构与研发效率的关系研究相对已久，其中最具代表性的是Schumpeter和Arrow。Schumpeter认为，垄断与研发有着密切联系，高市场集中度的产业更有利于激励企业开展研发活动；而Arrow的观点恰恰相反，Arrow认为竞争性的环境会给企业带来更有效的创新效率。本研究的实证结果得出 λ_1 的值为-0.5312，在0.01的显著性水平上是显著的，这表明市场结构对无效率的影响为负，即市场结构对创新效率的影响为正的0.5312，高新技术产业竞争性越强，对高新技术产业的创新效率越有利，与Arrow观点一致。竞争创造了一种积极进取的氛围，企业为了生存，就必须进行创新，这就促使企业进行研发投入，带动企业创新效率提高。λ_2 是企业规模对无效率的影响系数，对于企业规模与研发效率的关系至今没有一个确定的结果。早期的研究认为两者是简单的线性关系，后来Scherer(1965)发现这两者存在倒"U"型关系。虽然这两者之间存在着差异，但是都没有否认企业规模对研发效率的影响。Chen and Chien(2004)认为，研发效率需要建立在一定的规模经济基础上。本研究估计 λ_2 的值为-0.1318，在0.05的显著性水平上是显著的，这表明企业规模对企业无效率的影响显著为负，也就是说，企业规模对企业创新效率的影响是显著为正的。企业规模有利于企业创新效率的提高，这与我们通常所说的规模经济有点类似，大规模的企业能够得到较高研发效率回报。λ_3 表示产业利润对无效率的影响系数，本研究的 λ_3 没有通过显著性检验，符号为负，这在一定程度上表明产业利润对创新效率有显著作用，也与韩晶(2010)认为产业利润对创新效率有着显著作用相符。

利用 Frontier 4.1 软件，计算出各个省份的创新效率，如表 4.3、图 4.1、图 4.2 所示。从表 4.3 可以看出全国平均的创新效率为0.219 4，这说明我国整体上的创新效率不高。北京、天津、上海、江苏、广东等发达省份的创新效率处于全国领先水平，陕西、贵州、宁夏、新疆等省区的创新效率极端低下。总体上来说，我国高新技术产业的创新效率存在着较大地区差异，东部地区高于中、西部地区，西部地区最低。

表 4.3 基于新产品销售收入各地区高新技术产业的研发效率

	2009 年	2010 年	2011 年	2012 年	2013 年	平均值
北京	0.720 7	0.792 4	0.506 5	0.399 4	0.424 3	0.568 7
天津	0.676 3	0.625 6	0.46	0.594	0.849 3	0.641
河北	0.065 7	0.072 1	0.072 2	0.118 2	0.133 6	0.092 4
山西	0.053 1	0.158 2	0.058 3	0.064 6	0.062	0.079 2
内蒙古	0.018 8	0.073 8	0.042 3	0.049 3	0.053 4	0.047 5
辽宁	0.123 5	0.220 2	0.206 3	0.190 1	0.191 8	0.186 4
吉林	0.101	0.081 5	0.091 1	0.107 2	0.148 2	0.105 8
黑龙江	0.029 7	0.028 6	0.037 5	0.046 1	0.046 6	0.037 7
上海	0.455 7	0.431 7	0.319 7	0.243 9	0.205 7	0.331 3
江苏	0.501 3	0.478 7	0.691 5	0.728 4	0.721 8	0.624 3
浙江	0.227 3	0.257 6	0.281 7	0.295 9	0.352 2	0.282 9
安徽	0.101 2	0.073 8	0.165 5	0.214 2	0.213 4	0.153 6
福建	0.344 6	0.409 6	0.395 4	0.397 2	0.366	0.382 6
江西	0.085 6	0.118	0.107 3	0.152 5	0.179 8	0.128 6
山东	0.410 5	0.469 9	0.422 5	0.407 4	0.364 9	0.415
河南	0.105 4	0.117 2	0.094 4	0.086 3	0.999 5	0.280 6

续表

	2009 年	2010 年	2011 年	2012 年	2013 年	平均值
湖北	0.147 5	0.173 2	0.128 1	0.164 5	0.174 1	0.157 5
湖南	0.143 2	0.173 6	0.245 2	0.239 3	0.395 8	0.239 4
广东	0.455 5	0.722	0.641 3	0.655 9	0.729 3	0.640 8
广西	0.048 8	0.059 4	0.068 6	0.092 5	0.146	0.083 1
海南	0.026 9	0.007 6	0.023	0.024 1	0.027 4	0.021 8
重庆	0.226 1	0.203 4	0.430 3	0.198 3	0.128 9	0.237 4
四川	0.288 8	0.077 1	0.344 8	0.245	0.243 8	0.239 9
贵州	0.055 7	0.059 3	0.056 9	0.057 4	0.059 6	0.057 8
云南	0.101 8	0.091 9	0.074 1	0.059 8	0.086 7	0.082 9
陕西	0.073 6	0.090 3	0.097 9	0.088 1	0.075 6	0.085 1
甘肃	0.032 2	0.063 8	0.062 6	0.077 2	0.068 5	0.060 9
宁夏	0.072 9	0.106 9	0.078 7	0.057 5	0.061 7	0.075 5
新疆	0.023 8	0.028 7	0.037 5	0.003 1	0.021 4	0.022 9
总平均	0.219 4					

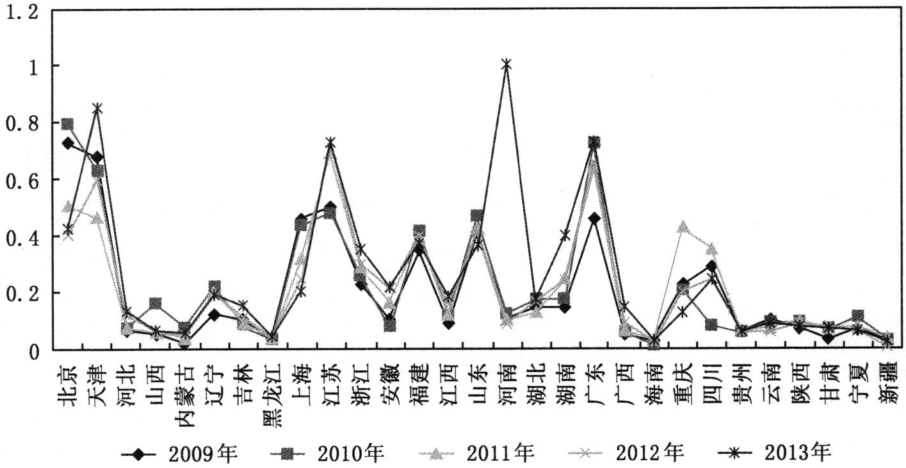

图 4.1 基于新产品销售收入各地区高新技术产业的研发效率变化

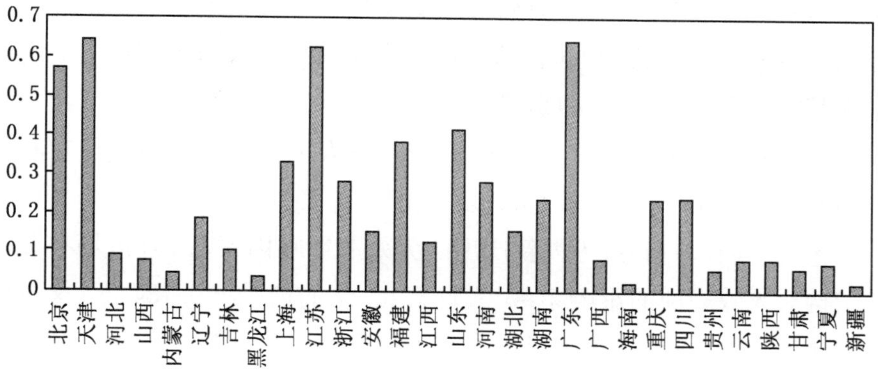

图 4.2 基于新产品销售收入各地区高新技术产业的平均研发效率

4.4.2 以专利数为创新产出的实证结果分析

用 Frontier 4.1 软件对式(4.4)和式(4.6)进行实证分析,其结果如表 4.4 所示。

表 4.4 基于专利数为创新产出的实证结果

系 数	参 数	标准差	t-检验值
β_0	4.127 2***	0.387 6	10.647 7
β_1	0.191 8***	0.063 9	3.000 6
β_2	0.683 9***	0.055 5	12.329 5
λ_0	2.120 3***	0.724 8	2.925 3
λ_1	−0.184 2***	0.044 4	−4.152 4
λ_2	−0.025 6*	0.014 3	−1.796 5
λ_3	−0.073 9*	0.041 4	−1.786 8
sigma-square	0.312 6	0.208 2	1.501 5
gamma	1.000 0	0.000 1	19 058.977 0
log likelihood function	−78.604 3		
LR test of the one-sided error	20.205 0		

表 4.4 中 $\gamma=1.0000$,表明用随机前沿模型对上式拟合得很好,不能用普通的 OLS 进行回归。β_1 和 β_2 都通过了显著性检验,其中 β_1 的值为 0.191 8,表明新产品研发支出每增加 1 单位,专利数就增加 0.191 8 单

位;β_2 的值为0.683 9,表明研究与开发人员折合全时当量每增加1单位,专利数就增加0.683 9单位。这与以新产品销售收入为创新产出的实证结果基本上类似,所不同的是研究与开发人员折合全时当量的系数要大于新产品研发支出的系数,说明研究与开发人员折合全时当量对专利数产出的贡献作用要大于新产品研发支出。

接着我们以专利数为创新产出的无效率影响因素,λ_1 是市场有关市场结构对无效率项的影响系数,实证得出 λ_1 的值为−0.184 2。这与前面的结论一致,市场结构与创新效率有着正向相关关系。λ_2 是产业利润对无效率的影响系数,本研究的 λ_2 值为−0.025 6,企业规模与创新效率也有着正相关关系。与前面所不同的是,λ_3 通过了显著性水平检验,λ_3 =−0.073 9,表明产业利润对创新效率有着正向作用,产业利润越高,高新技术产业的创新效率就会越高。

与前文一致,这里也给出以专利数为创新产出各省的创新效率,如表4.5、图4.3、图4.4所示。其中,各省的创新总平均值为0.489 7,这很明显大于以新产品销售收入为创新产出的创新效率。不仅如此,以专利数为创新产出的创新效率普遍都高于以新产品销售收入为产出的创新效率。这很可能是由于专利数比新产品销售收入创新转换能力和效率要高一些。北京、天津、上海、江苏、广东等发达省份的创新效率处于全国领先水平,地区间存在差异,但没有像以新产品销售收入为衡量标准的地区间创新效率差距那么大。

表4.5　基于专利数各地区高新技术产业的研发效率

	2009年	2010年	2011年	2012年	2013年	平均值
北京	0.465 4	0.573 3	0.726 8	0.982 5	0.713 9	0.692 4
天津	0.946 6	0.592 2	0.818 6	0.831 1	0.820 2	0.801 7
河北	0.362	0.253 8	0.319 3	0.304 9	0.365 3	0.321 1
山西	0.287 2	0.342 2	0.365 5	0.397 4	0.439 8	0.366 4
内蒙古	0.472 4	0.134 8	0.416 6	0.245 9	0.125 1	0.279
辽宁	0.359 9	0.300 2	0.286 6	0.449 1	0.466 6	0.372 5
吉林	0.426 1	0.280 3	0.311 6	0.404	0.524 2	0.389 2
黑龙江	0.176 6	0.135 1	0.276 9	0.319 2	0.339	0.249 4
上海	0.472 8	0.420 6	0.529 1	0.574 2	0.617	0.522 7
江苏	0.428 8	0.429 5	0.619 8	0.554 3	0.644 7	0.535 4

续表

	2009 年	2010 年	2011 年	2012 年	2013 年	平均值
浙江	0.762 7	0.507 8	0.732 5	0.874 9	0.930 8	0.761 7
安徽	0.520 8	0.455 3	0.730 9	0.807 9	0.913 9	0.685 8
福建	0.490 5	0.403 8	0.389 8	0.516 7	0.528	0.465 8
江西	0.254 7	0.202 6	0.250 5	0.419 4	0.577 6	0.341
山东	0.446 2	0.454 2	0.561 1	0.557 9	0.575 9	0.519 1
河南	0.514 6	0.530 7	0.715 2	0.71	0.626 5	0.619 4
湖北	0.324 3	0.256 2	0.315 7	0.386 3	0.441 5	0.344 8
湖南	0.461 4	0.612 4	0.844 1	0.772 9	0.589 4	0.656
广东	0.960 4	0.987 6	0.887 6	0.915	0.928 6	0.935 8
广西	0.329 4	0.244	0.268 2	0.378 9	0.532 6	0.350 6
海南	0.626	0.223 6	0.613 4	0.583 3	0.557 9	0.520 8
重庆	0.506 8	0.435 5	0.780 7	0.734	0.821 8	0.655 8
四川	0.277 1	0.342 7	0.401 7	0.805 2	0.657 9	0.496 9
贵州	0.379 1	0.290 9	0.315 7	0.411 2	0.479 1	0.375 2
云南	0.746 4	0.411	0.409 5	0.527 1	0.429 6	0.504 7
陕西	0.240 9	0.188 1	0.268 8	0.278 3	0.348	0.264 8
甘肃	0.239 5	0.385 3	0.388 4	0.502 8	0.386 9	0.380 6
宁夏	0.251 5	0.128 1	0.632 4	0.654	0.999 8	0.533 2
新疆	0.441 4	0.119 1	0.097 9	0.069 2	0.570 3	0.259 6
总平均	0.489 7					

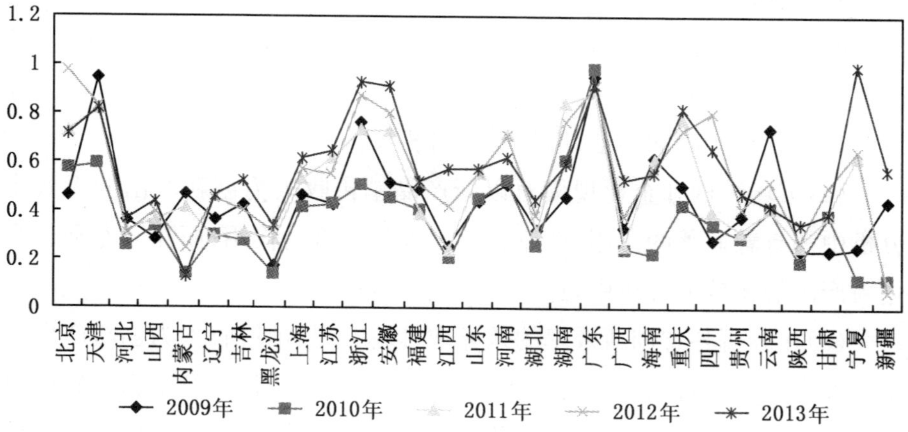

图 4.3 基于专利数各地区高新技术产业的研发效率变化

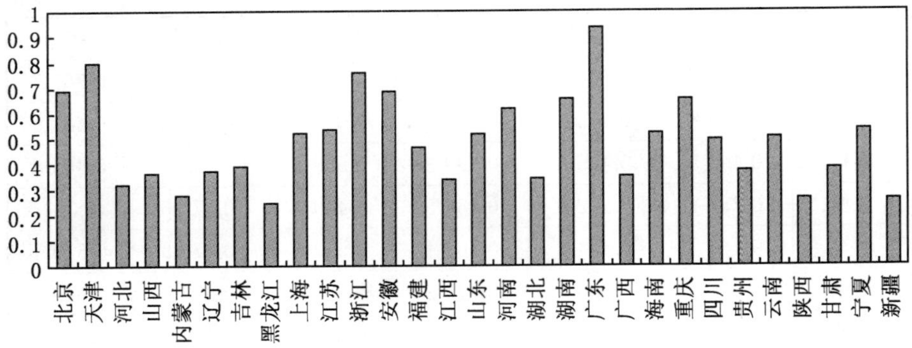

图 4.4 基于专利数各地区高新技术产业平均研发效率

4.5 小结

为了探讨中国高新技术产业的创新效率，分别用新产品销售收入和专利数作为创新产出，新产品研发支出和研究与开发人员折合全时当量作为创新投入，并考虑市场结构、企业规模和产业利润对无效率项的影响，根据 SFA 的方法，利用中国大陆 29 个地区 2009～2013 年的高新技术产业数据进行实证分析，得到如下结果：

(1)创新投入对创新产出有着显著的正向影响。不管在以新产品销售收入为创新产出的实证结果中还是在以专利数为创新产出的实证结果中，新产品研发支出和研究与开发人员折合全时当量的影响系数都是大于 0 的，并且显著。在以新产品销售收入为创新产出的实证结果中，新产品研发支出的系数要大于研究与开发人员折合全时当量的系数；而在以专利数为创新产出的实证结果中，恰恰相反。

(2)市场结构和企业规模对以新产品销售收入为创新产出的无效率分析中都有着显著的作用，产业利润则没有显著的作用；而在以专利数为创新产出的无效率分析中，这三者作用都显著。

(3)在分析各省创新效率的差异中，以新产品销售收入为创新产出为基础算出来的各省的创新效率普遍小于以专利数为创新产出为基础算出的各省创新效率。总体上来说，我国高新技术产业的创新效率存在着较大的地区差异，东部地区高于中、西部地区，西部地区最低。

在上述结论基础上,可以从以下几点入手:

(1)加大对高新技术产业科技资源的投入力度。建立健全科技创新投入机制,不断拓宽高新技术产业发展投融资渠道,积极鼓励和引导金融机构、民间资金参与科技创新;政府要降低对高新技术产业的贷款门槛,减低税收额度。建立良好高新技术产业产学研合作发展机制,引进高校或科研院所科研人员,加入高新技术产业创新活动中去。

(2)培育合理的竞争性市场环境是保证研发效率提升的微观制度基础。政府有义务为各个企业创造一个良好竞争环境,积极扶植中小企业发展,尽量避免高新技术产业出现垄断。

(3)企业要尽可能提高自己的规模。规模经济能够促使企业加大研发投入,提高产品的科技含量。

5

高新技术经济效率影响因素分析：基于动态面板 GMM 方法

5.1 高新技术产业经济效率来源——产业竞争力视角

5.1.1 高新技术产业竞争力

张金昌博士(2002)在《国际竞争力评价的理论与方法》一书中提出，产业竞争力既可以指一个国家产业的整体竞争实力，也可以指一个产业内企业的整体竞争实力。从产业自身的角度来看，产业竞争力反映了产业的竞争结构、产业的组织结构、产业的整体素质等整体情况；从比较角度来看，产业竞争力反映了不同企业能力差异、发展环境差异、资源利用率差异等。结合前人的定义，本研究将产业竞争力定义为某国某个产业相对于他国同一产业在生产效率、满足市场需求和持续盈利等方面的综合能力。

中国社科院裴长洪研究指出,产业竞争力的评价指标可以用显示性指标来衡量,显示性指标主要用来说明产业竞争力的结果,它包括利润指标和市场占有率指标。借鉴前人的分析方法,结合数据的可获得性与经济意义,本研究采用利润指标来衡量产业竞争力。选取利润指标原因有两点:一是由于市场占有率指标是通过进出口数据计算而得来的,但全国各个地区进口额和出口额的数据难以获取,而利润指标的数据可以从统计年鉴上获得,具有可行性;二是利润指标能够反映出产业竞争力所体现出的向市场提供产品或劳务时的盈利能力,既有经济意义又体现了产业竞争力所具有的基本特征,具有客观性和科学性。故综合考虑,采用利润指标作为产业竞争力的评价指标更为合理。

5.1.2　产业竞争力理论模型

高新技术产业影响因素的选取是依据波特的“钻石模型”和芮明杰的“新钻石模型”。根据波特的“钻石模型”(见图 5.1),产业竞争力由生产要素,相关及支持产业,企业战略、结构和同业竞争,需求条件,机会和政府这六个要素共同决定。其中,前四个要素是关键因素,后两个要素是辅助因素,它们之间相互作用。而芮明杰在波特“钻石模型”的基础上加了一个核心要素即知识吸收与创新能力,有了这个核心因素,才能使高新技术产业具有持续的竞争力。

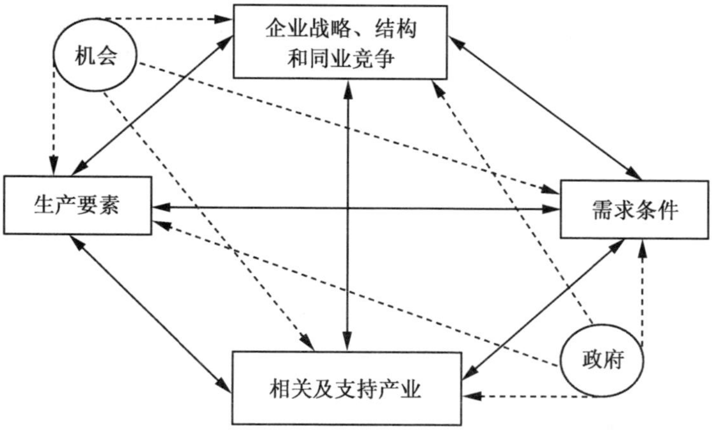

图 5.1　波特的钻石模型

波特教授认为,一国的产业竞争力与生产要素,相关及支持产业,企业战略、结构和同业竞争,需求条件,政府和机会这六大方面相关。但芮明杰教授认为还是不够全面的,在经济全球化的大背景下,虽然一国的产业竞争力从本质上来说是具有内生性的,但是产业竞争力也要取决于该国产业在世界产业体系中的参与程度。况且,波特教授对产业竞争力的内生性分析处在一个浅层面,我们可以发现,像韩国、日本这些国家虽然在生产要素、企业结构、相关及支持产业等方面不符合波特钻石模型的要求,但是它们仍然具有较大的产业竞争力。所以,芮明杰教授在波特钻石模型的基础上加入了一个核心因素即知识吸收与创新能力,演变为芮明杰的“新钻石模型”(见图 5.2),有了这个核心因素,一国的产业竞争力才能真正得以持续发展。知识吸收与创新能力主要是指技术创新、能力创新、知识更新等方面对高新技术产业竞争优势的创造和保持产生重大影响。对于高新技术产业而言,创新能力越强,产业内企业运用内外资源的效率就越高,越容易形成技术垄断,生产出创新产品所需的时间也就越短,企业就会更具有竞争力,整个高新技术产业就会越具有竞争优势。

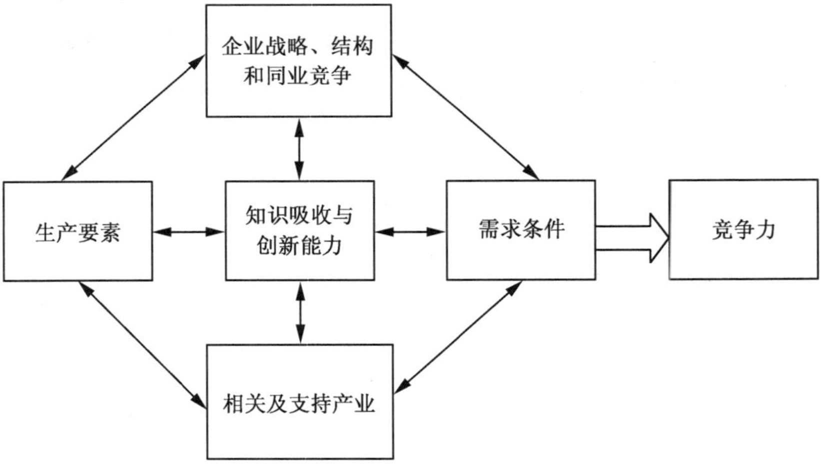

图 5.2 新钻石模型

5.2 影响因素指标选取

以上述“新钻石模型”为理论基础,高新技术产业影响因素主要从生产要素、产业结构、产业支撑、政府以及创新能力这五大方面进行考虑。不选取机会和需求条件的原因在于：机会是超出企业控制范围的突发要素，可遇而不可求；需求条件是指国内市场对某类产品或服务的需求，考虑到数据的可获得性，故不选该项要素。生产要素选取高新技术产业人力和资本来衡量；产业结构选择大中型企业数量来衡量；相关及支持产业选择 FDI 和工业化水平来衡量；创新能力选择 R&D 投入来衡量；政府的作用选择税收水平来衡量。

5.2.1 生产要素——人力和资本

生产要素中包括人力要素和资本要素，人力用高新技术产业从业人员平均数这一指标来替代，资本用固定资产投资额这一指标来替代。高新技术产业不同于传统的行业，它属于知识密集型的产业，富有高技术的特征，人力要素在本行业中的重要性要高于其他物质要素，高新技术产业的从业人员一般而言都具有较高的专业学历，并且拥有一定的从业经验和开发经验。高新技术产业的从业人员对产品的研发有着直接的贡献，人力要素主要是通过赋予在高技术产品中的技术含量来间接影响产业的竞争力。产品科技含量高、性能好在市场上更受到消费者的青睐，而技术的进步会促使生产成本降低。因此，人力要素对高新技术产业的影响是不可或缺的，拥有一批高素质、高技术的从业人员是高新技术产业发展的基础。任何一个行业的运行都少不了资金的支持，高新技术产业更需要大量资本的投入来保障正常的运转，资金的丰裕程度决定着产业发展的状况，产业竞争力的形成离不开源源不断的资金供应，尤其是那些资金密集型的产业，没有足够的资本支撑，技术水平难以提高，生产规模难以扩大，因而难以形成较强的产业竞争力。因此，资本要素对高新技术产业竞争力的提升起着至关重要的作用。

5.2.2 产业结构——大中型企业数量

产业结构用大中型企业的数量这一指标来衡量，大中型企业对产业竞争力的影响是通过企业规模来发挥作用的。大中型企业都具有较大的企业规模，企业规模之所以对产业竞争力产生影响，其根本原因在于企业规模具有经济性，这种经济性主要表现在：一是对生产成本的影响。企业规模的扩大会使生产成本降低,有利于提高劳动生产率,从而增强其国际竞争力。二是对企业创新能力的影响。高新技术产业是技术密集型的产业,企业规模的扩大意味着研发投入能力的增强,相对而言,高新技术产业研发新产品的速率也会提高,能通过快速的产品更新来加强和维持产业竞争力。三是对议价能力的影响。规模大的企业在上游原材料的购买和下游产品的销售上都具有较强的议价能力,能够比较容易地转嫁自身的成本,较强的议价能力可以使得原材料的购买成本降低和产品的销售收入提高,从而提高产业的竞争能力。所以,大中型企业数量也是影响产业竞争力的一个因素。

5.2.3 产业支撑——FDI和工业化水平

FDI(Foreign Direct Investment)因素用外商投资企业的主营业务收入来衡量,工业化水平用各地区第二产业产值占总产值的比重来衡量。

FDI因素对我国高新技术产业的影响非常大,在众多对高新技术产业竞争力研究的文章中,以FDI为主要研究对象或主要影响因素的情况屡见不鲜,本研究也将FDI作为一个主要的影响因素进行研究与分析。对于高新技术产业而言,许多国家的经验表明,FDI有助于提高一国高技术产品的出口,推动经济的增长,进而提高产业的竞争力,尤其在发展中国家,FDI对高新技术产业的作用显得更加明显,FDI可以作为扩大东道国出口规模的一种有效手段,不仅对出口额有明显的作用,还对出口结构的改善起到间接影响作用。FDI通常会通过技术与资本投入将东道国劳动密集型产业改造成技术密集型产业,有助于提高产品的附加值,进而改善出口产品的结构。除此之外,FDI对高新技术产业的影响还包括技术溢出效应,即外商资本在经营过程中,会在产品技术、营销手段和管理理念等方面产生外溢效应,从而提高我国高新技术产业的经营管理水平,并间接地提升高新技术产业的竞争力。工业化水平对高新技术产业产生影响的原因在于,一个国家工业化水平越高,相对应地,该国创造的财富就越多,同时它的技术水平也会随之提高,由于高新技术产业代表着未来产业的发展方向,积累起来的资金和技术经验将会投入到该产业的生产和发展上,资金和技术的支持将有助于高新技术产业创造出更多具有高附加值和高技术含量的产品,这样该产业的竞争优势将会得到改善和保持。

5.2.4 创新能力——R&D 投入

R&D 投入用 R&D 人员和 R&D 内部经费支出这两个指标来衡量。高新技术产业属于典型的技术密集型产业，R&D 的投入是一个至关重要的影响因素。R&D 活动是企业运用创新和不断创新的一个过程，在这个过程中，新的知识和成果不断被创造出来，并通过以下两个方面来影响产业竞争力：一方面，R&D 活动的主要目的是提高企业产品的产出能力和建立产品的竞争优势。R&D 活动是高新技术产业改善或维持自身竞争力的有效途径之一，由于高新技术行业的产品具有更新速度快、生命周期短的特点，所以，R&D 活动还是决定着企业发展和存续的关键。一般而言，拥有 R&D 优势的企业往往是高新技术行业中的顶尖企业，其产品的市场需求也是最旺盛的。一国高新技术产业的 R&D 实力决定着该国的产业竞争力和在国际市场中的地位。另一方面，在 R&D 活动中，新的知识会被不断地被运用和传播，在这一过程中，高新技术产业从业人员的能力得到不断增强，那么对产品研发的经验也会不断增多，从而可以促使人力要素这一影响因素的改善，反过来又可以促进 R&D 活动的提高，构成良性循环。目前，我国高新技术产业 R&D 投入相对而言还是比较弱的，尤其是对自主核心知识产权的资金投入不够，这不仅制约着我国高新技术产业产品的出口，还影响着科研人力要素难以得到改善。因此，本研究将 R&D 投入作为我国高新技术产业的影响因素之一。

5.2.5 政府——税收水平

税收水平用税收占税利的比重这一指标来衡量。在高新技术产业中，政府对高新技术产业征收的税收高低将会对产业竞争优势产生直接的影响。政府对某产业越扶持，相应地对该产业征收的税越少，从而越能激发该产业生产者的积极性，该产业的劳动生产就会相应地提高，从而对该产业竞争优势的保持和增强具有促进作用。此外，对某产业征收的税越少，该产业所获得的利润相应地也就越高，那么产业所具有的竞争优势就能够得到有效的保障。

上述各指标对高新技术产业的影响作用方向作如下假设，如表 5.1 所示：

表 5.1　　各指标对高新技术产业的预期作用方向

指标	从业人员数	固定资产投资	R&D人员	R&D经费	大中型企业数	外商直接投资	工业化水平	税收
预期作用方向	正向	正向	正向	正向	正向	正向	正向	负向

5.3 计量模型设计

高新技术产业竞争力的评价指标选取利润来衡量,高新技术产业竞争力的影响因素选取的衡量指标分别为从业人员平均数、固定资产投资额、R&D人员、R&D内部经费支出、大中型企业数量、FDI(用外资企业主营业务收入来代替)、工业化水平(用第二产业产值占总产值比重来代替)、税收水平(税收占税利的比重来代替)。由于2007年和2008年R&D人员的数据在统计年鉴上没有统计出来,故2007~2012年R&D人员所有的数据用R&D人员折合为全时当量的人数代替。在高新技术产业五大行业中,由于大中型企业数量和FDI这两个指标数据在统计年鉴上没有统计出来,故在研究五大行业的影响因素时除去这两个指标,选取了剩下的六个指标。

由于数据缺失,在对医药制造业的影响因素进行回归时,采用28个省市自治区的数据;在对航空航天制造业影响因素进行回归时,采用了17个省市的数据;在对电子及通信设备制造业影响因素进行回归时,采用了24个省市自治区的数据;在对电子计算机及办公设备制造业影响因素进行回归时,采用了16个省市的数据;在对医疗设备及仪器仪表制造业影响因素进行回归时,采用了25个省市自治区的数据,这些指标数据均来自2008~2013年中国高新技术产业统计年鉴。

为了降低原始数据波动的程度,尽量消除回归过程中的异方差性,以上所有指标的数值均取对数进行处理。在对指标数据进行处理时,主要考虑到两个方面的因素:一是价格因素会使得指标的数据虚增或虚减;二是固定资产投资和R&D经费投入的滞后性和累积性。此外,对于个别缺失数据的年份采用它上下两年的数据取平均值求得,如在航空航天制造业中R&D人员和R&D经费以及固定资产投资额山东2008年的数据;在电子及通信设备制造业中R&D人员云南2009年的数据;在电子计算机及办公设备制造业中固定资产投资额北京2007年的数据和甘肃

2009 年的数据，R&D 人员河北 2007 年和 2010 年的数据、湖北 2008 年的数据，还有利润陕西 2008 年的数据。由于从业人员平均数中包含了 R&D 人员，为了避免多重共线性，所采用的从业人员平均数实际上是减去 R&D 人员数以后的数据。

对与价格有关的指标数据进行平减。由于通货膨胀或者通货紧缩会造成与价格相关的指标数据的虚增或者虚减，为了能够更真实地反映高新技术产业的运行情况，本研究对与价格相关的数据用 GDP 价格指数和固定资产投资额价格指数进行平减处理，消除价格变动对数据的影响。这里，GDP 价格指数和固定资产投资额价格指数是以 2007 年的数据为基期计算出来的最终数据，其原始数据来自 2008～2013 年中国统计年鉴。对于利润、R&D 内部经费支出和外资企业主营业务收入，用 GDP 价格指数进行平减。由于税收水平是以税收占税利的比值来衡量的，对税收和税利进行价格指数平减与否，这一比值的结果是一样的，故对税收和税利不进行 GDP 价格指数平减。对固定资产投资额这一指标数据，用固定资产投资价格指数进行平减。将与价格相关的指标数据进行平减后可增强各年度数据的准确性。

固定资产投资额和 R&D 经费投入具有滞后性和累积性。众所周知，固定资产投资额属于资本，中国高新技术产业统计年鉴中资本这一指标的数据属于流量数据，我们应该将资本流量的数据通过计算转换成存量数据更合理。对于高新技术产业而言，由于每年 R&D 经费会对当年科研成果产生影响，而且还受往年 R&D 活动的影响，所以能够更准确地体现高新技术产业科技研发实力的是各年 R&D 经费投入的存量数据而不是流量数据。因此，本研究用计算所得的固定资产投资额和 R&D 经费投入的存量数据来分别代替各自的流量数据。

利用 Goldsmith 在 1951 年开创的永续盘存法来测算 2007～2012 年各年固定资产投资额和 R&D 经费支出的存量，我们采用的方法是在确定 2007 年数据为基准年后运用永续盘存法按不变价格计算各省市自治区的固定资产投资额存量和 R&D 经费内部支出存量。计算公式为：

$$K_{it}=K_{it-1}(1-\delta)+I_{it} \tag{5.1}$$

其中，i 表示第 i 个省市自治区，t 表示第 t 年；K_{it} 表示当期固定资产投资额或 R&D 经费存量，K_{it-1} 表示前一期固定资产投资额或 R&D 经费存量;I_{it} 表示当年按不变价格计算后的固定资产投资额或 R&D 经费;δ 表示折旧率,对于固定资产投资额折旧率取 9.6%,而对于 R&D 经费折旧率参照国际惯例取 15%。

在对我国高新技术产业的影响因素进行研究时建立如下模型:

静态面板数据模型:

$$\ln PRO_{it} = \beta_0 + \beta_1 \ln APEOP_{it} + \beta_2 \ln INV_{it} + \beta_3 \ln RDPEOP_{it} + \beta_4 \ln RDEXP_{it} + \beta_5 \ln COM_{it} + \beta_6 \ln FDI_{it} + \beta_7 \ln IND_{it} + \beta_8 \ln TAX_{it} + \varepsilon_{it} \tag{5.2}$$

在动态面板中加入利润 PRO 的滞后一期,一方面是为了尽量消除变量的内生性对模型估计结果的影响,另一方面是由于当期利润受前一期利润的影响。

动态面板数据模型:

$$\ln PRO_{it} = \beta_0 + \beta_1 \ln PRO_{it-1} + \beta_2 \ln APEOP_{it} + \beta_3 \ln INV_{it} + \beta_4 \ln RDPEOP_{it} + \beta_5 \ln RDEXP_{it} + \beta_6 \ln COM_{it} + \beta_7 \ln FDI_{it} + \beta_8 \ln IND_{it} + \beta_9 \ln TAX_{it} + \varepsilon_{it} \tag{5.3}$$

其中,i 表示时间,t 表示地区,PRO 表示利润,$APEOP$ 表示从业人员平均数,INV 表示固定资产投资额,$RDPEOP$ 表示 R&D 人员,$RDEXP$ 表示 R&D 经费,COM 表示大中型企业的数量,FDI 表示外商直接投资,IND 表示工业化水平,TAX 表示税收水平,$\ln PRO_{it-1}$表示被解释变量的滞后一期;β_0 为常数项,$\beta_1 \sim \beta_9$ 分别表示各个指标相对应的系数,ε_{it}表示随机干扰项。

在对医药制造业,航空、航天器及设备制造业,电子及通信设备制造业,电子计算机及办公设备制造业、医疗设备及仪器仪表制造业这五大行业的影响因素进行研究时建立如下模型:

静态面板数据模型:

$$\ln PRO_{it} = \beta_0 + \beta_1 \ln APEOP_{it} + \beta_2 \ln INV_{it} + \beta_3 \ln RDPEOP_{it} + \beta_4 \ln RDEXP_{it} + \beta_5 \ln IND_{it} + \beta_6 \ln TAX_{it} - \varepsilon_{it} \tag{5.4}$$

动态面板数据模型:

$$\ln PRO_{it} = \beta_0 + \beta_1 \ln PRO_{it-1} + \beta_2 \ln APEOP_{it} + \beta_3 \ln INV_{it} + \beta_4 \ln RDPEOP_{it} + \beta_5 \ln RDEXP_{it} + \beta_6 \ln IND_{it} + \beta_7 \ln TAX_{it} + \varepsilon_{it} \tag{5.5}$$

5.4 实证分析

5.4.1 全国层面

本研究运用 Stata12.0 对全国高新技术产业的影响因素进行回归检验时，先对各指标进行描述性统计，结果如表 5.2 所示。然后分别运用静态面板和动态面板进行回归检验，结果如表 5.3 和表 5.4 所示。在静态面板中，经 Hausman 检验选用随机效应模型，R^2 值达到了 0.947；在动态面板中，选用差分 GMM 方法对其进行回归，通过了 Sargan 检验并且不存在二阶序列相关。

表 5.2　全国各地区高新技术产业各项指标的描述性统计

变量	观测值	均值	标准差	最小值	最大值
ln*PRO*	168	3.739	0.623	1.650	5.060
ln*APEOP*	168	5.146	0.604	3.660	6.560
ln*INV*	168	4.228	0.640	2.080	5.560
ln*RDPEOP*	168	4.651	0.780	1.860	6.350
ln*RDEXP*	168	5.128	0.858	2.490	6.940
ln*COM*	168	3.932	0.559	2.600	5.350
ln*FDI*	168	4.074	1.075	1.220	6.000
ln*IND*	168	3.681	0.086	3.360	3.790
ln*TAX*	168	3.496	0.114	3.110	3.790

表 5.3　全国高新技术产业影响因素的回归结果（静态面板）

解释变量	系数	标准差	*Z* 值	*P* 值
ln*APEOP*	0.402***	0.124	3.240	0.001
ln*INV*	0.252***	0.041	6.110	0.000
ln*RDPEOP*	−0.064	0.048	−1.330	0.183
ln*RDEXP*	0.059	0.052	1.130	0.258
ln*COM*	0.290**	0.118	2.450	0.014

续表

解释变量	系数	标准差	Z 值	P 值
lnFDI	0.067*	0.039	1.690	0.091
lnIND	−0.635**	0.250	−2.540	0.011
lnTAX	−1.186***	0.081	−14.640	0.000
常数项	5.672***	0.948	5.980	0.000
R^2=0.947				
Hausman 检验:Prob>chi2=0.318 (注:RE)				
Wald chi2:1 382.260				
观测值 Obs=168				

表 5.4 全国高新技术产业影响因素的回归结果(动态面板)

解释变量	系数	标准差	Z 值	P 值
lnPRO_{it-1}	0.217***	0.084	2.580	0.010
ln$APEOP$	0.729***	0.115	6.340	0.000
lnINV	0.218***	0.045	4.900	0.000
ln$RDPEOP$	0.060**	0.025	2.440	0.015
ln$RDEXP$	−0.006	0.049	−0.130	0.897
lnCOM	0.101	0.082	1.240	0.215
lnFDI	0.003	0.053	0.050	0.961
lnIND	−0.741***	0.285	−2.600	0.009
lnTAX	−1.035***	0.061	−17.080	0.000
常数项	4.010***	0.903	4.440	0.000
Sargan 检验:Prob>chi2=0.058				
AR(1): Prob>Z=0.133				
AR(2): Prob>Z=0.164				
Wald chi2:4369.56				
观测值 Obs=112				
备注:差分 GMM				

本研究结合静态和动态面板的回归结果对高新技术产业影响因素进

行分析，结果显示利润(PRO)滞后一期对其产生正影响而且很显著，表明上一年的利润对该年的利润的增加起到了促进作用，若上年利润值增加1个单位，那么该年的利润则增加0.217个单位。对于从业人员平均数(APEOP)而言，两者的回归均显示具有促进作用且很显著，说明全国高新技术产业从业人员越多，为产业创造的经济效益越高，一般来说，从业人员数每提高1个单位，全国高新技术产业的利润额将增加0.729个单位。对于固定投资额(INV)而言，两者均显示对高新技术产业发展具有显著的促进作用，说明就全国固定投资额而言，注入的资本越多，越有利于高新技术产业的发展，因为高新技术产业需要足够的资本去购买设备、引进人才和技术来提高产业的竞争力，固定投资额每增加1个单位，高新技术产业的利润额则增加0.218个单位。对于R&D人员(RDPEOP)而言，静态面板结果显示有负向作用但是不显著，而动态面板显示有正向作用且很显著，由此可知，R&D人员对高新技术产业竞争力的提升是有显著促进作用的，因为高新技术产业属于技术密集型产业，科研人员越多，越有利于产业的不断创新，为产业创造的价值也就越高。对于R&D经费(RDEXP)而言，两者结果显示均不显著，表明R&D经费的投入对全国高新技术产业竞争力的影响不大。对于大中型企业的数量(COM)而言，静态面板的回归结果显示有正向的促进作用且显著，动态面板回归结果也显示有促进作用但不显著，由此可得出，大中型企业数量对全国各地区高新技术产业的竞争力的提升有促进作用，大中型企业越多，高新技术产业的利润额也会越高，即高新技术产业也越具有竞争力。对于外商直接投资(FDI)而言，静态面板的回归结果显示有正向作用且显著，动态面板回归结果也同样显示有促进作用但是不显著，由此可以得出，外商直接投资对高新技术产业的竞争力增加总体上还是有促进作用的。对于工业化水平(IND)而言，静态和动态面板的回归结果均显示有负向作用且很显著，表明工业化水平对高新技术产业竞争力的提升是具有抑制作用的，这里的工业化水平是指第二产业的发展水平。一方面，有可能是全国高新技术产业现在的发展支撑需要发生改变，需要由第二产业支撑转向由生产型服务业来支撑；另一方面，工业的发展状况有可能阻碍了生产型服务业与重工业的融合，导致工业化水平提高阻碍高新技术产业竞争力的提升，此外，工业化的发展注重的是原始资本的积累，技术水平仍然很低,加上“以工补农”政策,所以,全国高新技术的竞争力发展并没有随工业化水平的提高得到改善。对于税收(TAX)而言,两者均显示有显著的负向作用,表明征收的税越少,政府越支持高新技术产业的发展,产业所获得的利润越高,则高新技术产业的竞争力能得到不断提升。

5.4.2 行业层面

对五大行业分别采用静态面板和动态面板进行实证检验,结果如表5.5和表5.6所示。表中的模型1~模型5分别代表医药制造业、航空航天制造业、电子及通信设备制造业、电子计算机及办公设备制造业、医疗设备及仪器仪表制造业这五大行业影响因素的模型。在静态面板中,经Hausman检验,对医药制造业和医疗设备及仪器仪表制造业的影响因素进行回归时采用固定效应模型,对航空航天制造业、电子及通信设备制造业、电子计算机及办公设备制造业的影响因素进行回归时采用随机效应模型。在动态面板中,医药制造业和航空航天制造业采用差分GMM,电子及通信设备制造业、电子计算机及办公设备制造业和医疗设备及仪器仪表制造业采用系统GMM。在静态面板中,模型1~模型5中的R^2值分别到达了0.823、0.698、0.805、0.769和0.945。在动态面板中,模型1~模型5均通过了Sargan检验,模型1~模型4不存在二阶序列相关,但是模型5存在二阶序列相关。模型1~模型5中的Wald chi2值分别为3 300.880、2 209.280、609.210、970.520和2 356.610,且P值通过检验。

表5.5 高新技术产业五大行业的回归结果(静态面板)

解释变量	模型1	模型2	模型3	模型4	模型5
ln*APEOP*	−0.004	0.608***	0.915***	0.700***	0.861***
	(0.022)	(0.113)	(0.268)	(0.195)	(0.094)
ln*INV*	0.354***	−0.088*	−0.044	−0.148	0.115***
	(0.046)	(0.050)	(0.214)	(0.120)	(0.039)
ln*RDPEOP*	0.097*	0.129*	−0.247	−0.113	0.019
	(0.051)	(0.071)	(0.344)	(0.152)	(0.042)
ln*RDEXP*	−0.010	0.116	0.360	0.304*	0.121**
	(0.059)	(0.072)	(0.308)	(0.174)	(0.047)

续表

解释变量	模型 1	模型 2	模型 3	模型 4	模型 5
ln*IND*	0.365 (0.337)	0.507 (0.506)	2.802** (1.198)	−1.317 (1.386)	−0.159 (0.403)
ln*TAX*	−1.438*** (0.110)	−0.094* (0.048)	−1.941*** (0.215)	−1.239*** (0.188)	−1.349*** (0.094)
常数项	5.371*** (1.424)	−0.329 (1.983)	−5.669 (4.209)	8.547* (5.019)	3.491** (1.545)
Hausman 值	93.36***	4.79	10.84	2.57	50.34***
F 值	104.120***				92.14***
Wald chi2		76.470***	185.790***	71.790***	
R^2	0.823	0.698	0.805	0.769	0.945
观测值 Obs	168	101	144	96	150
备注	FE	RE	RE	RE	FE

表 5.6　　　高新技术产业五大行业的回归结果(动态面板 GMM)

自变量	模型 1	模型 2	模型 3	模型 4	模型 5
$\ln PRO_{it-1}$	0.593*** (0.039)	0.403*** (0.092)	0.023*** (0.007)	−0.263*** (0.096)	0.088*** (0.023)
ln*APEOP*	−0.008 (0.013)	0.443*** (0.165)	0.555** (0.227)	0.032 (0.175)	0.743*** (0.046)
ln*INV*	0.128*** (0.032)	0.028 (0.053)	0.383*** (0.117)	0.182 (0.140)	0.137*** (0.019)
ln*RDPEOP*	−0.042 (0.035)	0.111*** (0.041)	−0.399** (0.190)	0.018 (0.125)	0.001 (0.020)
ln*RDEXP*	0.002 (0.036)	−0.009 (0.084)	0.570*** (0.175)	0.547*** (0.110)	0.146*** (0.043)
ln*IND*	−1.325*** (0.296)	−2.093** (0.865)	7.409*** (1.348)	−1.475 (2.287)	0.210 (0.314)
ln*TAX*	−1.209*** (0.056)	−0.157*** (0.048)	−1.823*** (0.205)	−1.276*** (0.112)	−1.208*** (0.058)
常数项	10.366*** (1.242)	8.427** (3.727)	−23.614*** (4.333)	9.881 (8.496)	1.749 (1.252)
Sargan 检验(*P* 值)	0.057	0.484	0.434	0.860	0.102

续表

自变量	模型 1	模型 2	模型 3	模型 4	模型 5
AR(1)(*P* 值)	0.056	0.046	0.155	0.273	0.090
AR(2)(*P* 值)	0.854	0.947	0.997	0.346	0.043
Wald chi2	3 300.880***	2 209.280***	609.210***	970.520***	2 356.610***
观测值 Obs	140	67	120	80	125
备注	差分 GMM	差分 GMM	系统 GMM	系统 GMM	系统 GMM

注:估计系数下方括号里的数字为系数估计值的标准差,其中***、**、*分别表示 1%、5%、10%的显著性水平。AR(1)和 AR(2)检验的原假设 H0 为:扰动项不存在自相关。系统 GMM 估计的一致性,要求差分方程不存在二阶或者更高阶的自相关,但允许存在一阶自相关,原假设下统计量服从标准正态分布。Sargan 检验的原假设 H0 为:工具变量过度识别。若原假设被接受,则表明工具变量的选择是合理的,原假设下统计量服从卡方分布。

(1)医药制造业

在医药制造业中,根据动态面板的实证结果分析可得利润(PRO)滞后一期对其产生正影响而且很显著,表明上一年的利润对该年利润的增加起到了促进作用,若上年利润值增加 1 个单位,那么该年的利润则增加 0.593 个单位。对于从业人员平均数(APEOP)而言,两者的回归结果显示均不显著,说明对高新技术产业竞争力的影响不大。对于固定投资额(INV)而言,两者的回归结果均呈现出显著的正向作用,表明高新技术产业的固定资产投资额越多,越有助于提升高新技术产业的竞争力,一般而言,固定资产投资额每增加 1 个单位,我国高新技术产业竞争力则提升 0.128 个单位。对于 R&D 人员(RDPEOP)而言,静态面板的回归结果呈现出正向作用且显著,但是动态面板的回归结果显示出负向作用且不显著,由此可得出我国高新技术产业的 R&D 人员对我国高新技术产业竞争力的提升有促进作用,R&D 人员每增加 1 个单位,则医药制造业的利润额提高 0.097 个单位。对于 R&D 经费投入(RDEXP)而言,静态面板和动态面板的回归结果均显示对其影响不显著,故 R&D 经费投入的多少对医药制造业竞争力的提高影响不大。对于工业化水平(IND)而言,静态面板中显示正向作用但是不显著,而动态面板中显示负向作用且很显著,说明工业化水平高对医药制造业竞争力的提升反而起到了阻碍作用,原因可能是医药制造业发展更多地需要生物技术的提高,重工业发展对其影响不大，医药制造业可能需要生产性服务业来支撑其发展。对政府税收（TAX）而言，两者的回归结果均显示出负向作用且很显著，表明政府对医药制造业征收的税越少，越有利于其竞争力的提升。

（2）航空航天制造业

在航空航天制造业中，根据动态面板的实证结果分析可得利润（PRO）滞后一期对其利润额产生显著的正向作用，表明上一年的利润对该年利润的增加起到了显著的促进作用，当上年利润额增加1个单位时，则该年的利润额增加0.403个单位。对于从业人员平均数（APEOP）而言，静态面板和动态面板均显示出正向作用且很显著，表明航空航天制造业的从业人员越多，越有助于该行业竞争力的提升。对于固定资产投资额（INV）而言，静态面板显示出负向作用且显著，而动态面板显示出正向作用但不显著，则表明固定资产投资越多并不见得越能提高航空航天制造业的利润额。原因可能在于：一是投资项目存在一定的偏差或者陈旧的机械设备和器具未得到有效的改造和更新，使得其工作效率仍然很低；二是投入的资金可能只是纯粹的资本积累，并没有对改善国内技术和引进国外技术来促进航空航天制造业竞争力的提升起到实质性的帮助，所以盲目的资本投入对产业竞争力的提升反而具有阻碍作用，应该对投入的资本制定合理的规划使其有效地发挥更大的用途。对于R&D人员而言，两者的回归结果均显示出正向作用且显著，表明R&D人员越多，越有助于提高航空航天制造业竞争力，若R&D人员增加1个单位，则该产业的利润额增加0.111个单位。对于R&D经费投入而言，静态面板和动态面板的回归结果均显示无显著影响，表明R&D经费投入的多少对航空航天制造业竞争力的影响不大。对于工业化水平（IND）而言，静态面板显示出正向作用但是不显著，而动态面板显示出负向作用且很显著，则表明工业化水平对航空航天制造业的具有阻碍作用。原因一是在重化工业倾斜的制度和体制下，放松了对技术创新和提高效率的努力，那些有能力进行技术创新的企业和个人的潜力没有得到有效发挥，导致航空航天制造业的发展水平低于国外同等规模企业的水平；二是重工业与生产型服务业的结合受到阻碍，抑制了与航空航天制造业有重大关系的服务业的发展，在重化工业浪潮中，生产型服务业比重不但没有上升反而有所下降，这将不得不影响航空航天制造业前进的步伐。对于政府税收

(TAX)而言，两者的回归结果均显示出负向作用且显著，表明政府征收的税越少，航空航天制造业所获得的利润额就越多，越有助于提升该制造业的竞争力，当政府少征收1单位的税额时，航空航天制造业的利润额将增加0.157个单位。

(3)电子及通信设备制造业

在电子及通信设备制造业中，由动态面板的回归结果可得，利润(PRO)滞后一期对其产生显著的正向影响，表明前一期的利润对当期利润有明显的促进作用，即前一年的利润每增加1个单位，该年的利润额将提升0.023个单位。对于从业人员数而言，静态面板显示出负向作用但是不显著，而动态面板显示出正向作用且很显著，表明从业人员的人数对电子及通信设备制造业竞争力的提升有显著的促进作用，当从业人员数每增加1个单位时，该产业的利润额增加0.555个单位。对于固定资产投资额而言，静态面板显示出负向作用且不显著，而动态面板显示出正向作用且很显著，表明固定资产投资额多少将对电子及通信设备制造业竞争力的提升与否产生重大影响，一般而言，固定资产投资额越多，该制造业的利润额越高，产业的竞争实力也越强，若固定资产投资额增加1个单位，电子及通信设备制造业的利润额就增加0.383个单位。对于R&D人员而言，静态面板的回归结果显示出负向作用但是不显著，动态面板显示出负向作用且很显著，总体而言，R&D人员对电子及通信设备制造业产生负向的影响，表明R&D人员对电子及通信设备制造业竞争力的提升并不是越多越好，原因有可能是R&D人员中有些人员的技术水平不一定很高，真正具有高技术水平的创新型人才的绝对数量还是占少数，所以尽管R&D人员多，但可能其中掺杂了不少闲散的人，有些人也有可能滥竽充数，对产业竞争力的提升并不能起到实质性的促进作用。对于R&D经费投入而言，静态面板显示出正向作用但是不显著，动态面板的回归结果显示出正向作用且很显著，由此可得出R&D经费投入总体上对电子及通信设备制造业竞争力的提升可以产生促进作用，一般而言，R&D经费投入越多，该产业获得的利润就越多，产业的竞争实力也就越强。对于工业化水平(IND)而言，两者的回归结果均显示出正向作用且很显著，当工业化水平每提高1个单位时，电子及通信设备制造业的利润额将提高7.409个单位，由此表明工业化水平越高，该制造业的竞争力水平提升越多。对于政府税收(TAX)而言，静态面板和动态面板均显示出负向作用且很显著，说明政府征收的税越少，表明政府越支持电子及通信设备制造业的发展，该制造业所获得利润相应地也就越高。若政府每少征收1个单位的税，电子及通信设备制造业的利润额则相应地增加1.823个单位。

(4)电子计算机及办公设备制造业

在电子计算机及办公设备制造业中，动态面板的回归结果却显示出利润额的滞后一期对当期的利润额产生显著的负向影响，即对该年电子计算机及办公设备制造业竞争力的提升产生了阻碍作用。原因有很多：可能是该制造业由于在前期获得了较高的利润，使得某些企业放松了加速前进的步伐；企业的员工或许有了松懈的心理，工作的效率有些缓慢；企业的领导人和负责人由于觉得上一年获得的利润多，在当年制订计划和做出决策时更多的是照搬照抄上一年，但是当年的局势却有所变化，上一年的发展计划和策略并不适合当年。上述的这些原因都有可能导致该产业下一年的利润额减少。对于从业人员数(APEOP)而言，静态面板呈现出正向显著的影响，动态面板也呈现出正向作用但是不显著，由此可得出从业人员数总体上对电子计算机及办公设备制造业竞争力的提升有促进作用，即从业人员数越多，该产业所获得的利润额也就越高。对于固定资产投资额(INV)而言，两者的回归结果均呈现出无显著影响，表明固定资产投资额的多少对电子计算机及办公设备制造业竞争力的提升没有多大影响。对于R&D人员(RDPEOP)而言，静态和动态面板的回归结果显示出没有显著的影响，即说明R&D人员数量的多少与该制造业竞争力的提升与否没有多大联系。对于R&D经费投入(RDEXP)而言，两者的回归结果均呈现出显著的正向作用，表明R&D经费投入越多，越有助于电子计算机及办公设备制造业竞争力的提升，一般而言，R&D经费投入每增加1个单位，该制造业的利润额则增加0.547个单位。对于工业化水平(INV)而言，两者的回归结果均显示出负向作用但是不显著，表明工业化水平的高低对电子计算机及办公设备制造业竞争力无明显的影响。对于政府税收(TAX)而言，静态面板和动态面板的回归结果均呈现出负向作用且很显著，表明政府对电子计算机及办公设备制造业征收的税越少，其利润额增加得越多，越有利于该制造业竞争力的提升，若政府少征收 1 个单位的税额，则电子计算机及办公设备制造业的利润额就多增加 1.276 个单位。

(5)医疗设备及仪器仪表制造业

在医疗设备及仪器仪表制造业中，由于动态面板的回归结果显示存在二阶序列相关，即总体上没有通过序列相关性检验，故除了利润额滞后一期的指标外，其他指标我们参照静态面板的回归结果进行实证分析。对于利润(PRO)滞后一期而言，上一期的利润对当期的利润产生显著的正向影响，上一年的利润每增加 1 个单位，当年的利润则相应地增加 0.088 个单位。从业人员数对医疗设备及仪器仪表制造业竞争力产生显著的正向影响，表明该制造业的从业人员越多，其竞争实力也就越强，当从业人员数增加 1 个单位时，医疗设备及仪器仪表制造业的利润额则相应地增加 0.861 个单位。固定资产投资额同样地也对医疗设备及仪器仪表制造业竞争力提升产生正向作用且很显著，表明固定资产投资越多，该制造业所能够运用的资金就越多，那么其发展状况也就越来越好，从而越有助于其竞争力的提升，一般而言，固定资产投资额每增加 1 个单位，医疗设备及仪器仪表制造业的利润额将增加 0.115 个单位。静态面板的回归结果显示 R&D 人员数对医疗设备及仪器仪表制造业呈现出正向作用但是不显著，说明 R&D 人员数的多少对该制造业竞争力的提升影响不大。对于 R&D 经费投入而言，静态面板的回归结果显示出正向作用而且很显著，表明 R&D 经费投入越多，该产业人员的技术水平和创新能力将会得到较大的改善，越有助于该制造业竞争力的提升，当 R&D 经费投入增加 1 个单位时，医疗设备及仪器仪表制造业的利润额则会相应地增加 0.121 个单位。对于工业化水平(INV)而言，静态面板的回归结果显示出负向作用但不显著，表明工业化水平高低对医疗设备及仪器仪表制造业竞争力的大小影响不大。对于政府税收(TAX)而言，回归结果显示出负向作用且很显著，即政府对医疗设备及仪器仪表制造业征收的税越少，表明越支持该制造业的发展，则越有利于该制造业竞争实力的提升，若政府少征收 1 个单位的税额，医疗设备及仪器仪表制造业的利润额则会相应地增加 1.349 个单位。

5.5 小结

根据上述实证结果，总结出从业人员数（APEOP）、固定资产投资（INV）、R&D 人员数（RDPEOP）、R&D 经费（RDEXP）、大中型企业数（COM）、外商直接投资（FDI）、工业化水平（IND）和税收（TAX）对高新技术产业的作用方向，如表 5.7 所示。表中，“医药”代表医药制造业，“航空”代表航空航天制造业，“通信”代表电子及通信设备制造业，“计算机”代表电子计算机及办公设备制造业，“医疗”代表医疗设备及仪器仪表制造业。“不明显”表示回归该项指标回归结果不显著；“—”表示在回归模型中未加入该项指标。

表 5.7 各项指标对高新技术产业的作用方向

指标	作用方向					
	全国层面	行业层面				
		医药	航空	通信	计算机	医疗
利润滞后一期	正向	正向	正向	正向	负向	正向
从业人员数	正向	不明显	正向	正向	正向	正向
固定资产投资	正向	正向	负向	正向	不明显	正向
R&D 人员数	正向	正向	正向	负向	不明显	不明显
R&D 经费	不明显	不明显	不明显	正向	正向	正向
大中型企业数	正向	—	—	—	—	—
外商直接投资	正向	—	—	—	—	—
工业化水平	负向	负向	负向	正向	不明显	不明显
税收	负向	负向	负向	负向	负向	负向

从全国层面来看，回归结果显示高新技术产业利润额的滞后一期值对当期的利润额有显著的正向作用。从业人员数和固定资产投资额对高新技术产业竞争力的提升均具有明显的促进作用。R&D 人员数对高新技术产业竞争力有显著的正向影响，而 R&D 经费投入对其影响不显著。大中型企业数量和外商直接投资对全国各地区高新技术产业的竞争力的

提升有促进作用。工业化水平对高新技术产业竞争力的提升具有抑制作用,原因一方面有可能是全国高新技术产业的发展需要由第二产业的支撑转向由生产型服务业来支撑;另一方面,工业的发展状况有可能阻碍了生产型服务业与重工业的融合。政府征收的税收越少,越有助于高新技术产业的发展。

从行业层面来看,对于医药制造业而言,利润滞后一期对医药制造业当期竞争力的提高有显著的促进作用;固定资产投资额和R&D人员数对医药制造业竞争实力的增强有显著的促进作用;工业化水平高对医药制造业竞争力的提升反而起到了阻碍作用,原因有可能是医药制造业可能需要生产型服务业来支撑其发展;政府对医药制造业征收的税越少,越有利于其竞争力的提升。对于航空航天制造业而言,利润滞后一期对当期竞争能力的增强有显著的促进作用。从业人员数和R&D人员数对其竞争实力的增强有明显的正向作用。固定资产投资和工业化水平对航空航天制造业竞争力的提升有阻碍作用,固定资产投资越多并不见得越能提高航空航天制造业的利润额。原因可能一是投资项目存在一定的偏差或者陈旧的机械设备和器具未得到有效的改造和更新,使得其工作效率仍然很低;二是投入的资金可能只是纯粹的资本积累,并没有对改善国内技术和引进国外技术来促进航空航天制造业竞争力的提升起到实质性的帮助。工业化水平对航空航天制造业竞争力的提升具有阻碍作用。原因一是在重化工业倾斜的制度和体制下,放松了对技术创新和提高效率的努力;二是重工业与生产型服务业的结合受到阻碍。同样地,政府对航空航天制造业征收的税越少,表明政府对其支持力度越大,越有利于该制造业竞争实力的提高。对于电子及通信设备制造业而言,利润滞后一期对其产生显著的正向影响;从业人员数、固定资产投资额、R&D经费投入和工业水平对电子及通信设备制造业竞争力的提升有促进作用;R&D从业人员数越多反而对其竞争力的提升有阻碍作用,原因有可能是R&D人员中有些人员的技术水平不一定很高,真正具有高技术水平的创新型人才的绝对数量还是占少数;政府征税越少越有助于其发展。对于电子计算机及办公设备制造业而言,利润额的滞后一期对当期的利润额产生显著的负向影响,原因有很多:可能是该制造业由于在前期获得了较高的利润,使得某些企业放松了加速前进的步伐;企业的员工或许有了松懈的心理，工作的效率有些缓慢；企业领导人和负责人没有因时因地制订合理计划或作出明智的决策；等等。从业人员数和R&D经费投入对电子计算机及办公设备制造业竞争力的提升有明显的促进作用。税收越少越能够促进其竞争力的增强。对于医疗设备及仪器仪表制造业而言，利润滞后一期、从业人员数、固定资产投资额和R&D经费投入均对医疗设备及仪器仪表制造业竞争力的提升有显著的促进作用，政府对该制造业所征收的税越少，越有利于其竞争力的提升。

6

结论与建议

6.1 实证结论

(1)我国高新技术产业整体全要素生产率不断上升,呈现波动趋势。从地区层面来看,西部地区产业整体生产效率提升最快,中部地区次之,东部地区生产效率提升幅度最小。从行业层面来看,高新技术行业的资源配置效率整体上呈上升趋势,医疗设备及仪器仪表设备制造业Malmquist指数小于平均值,说明该行业的资源配置效率整体提升速度较慢。不论是从地区层面还是行业层面来看,造成高新技术产业全要素生产率增长的主因是技术进步提高而不是技术效率。

(2)在高新技术产业的创新效率实证研究中,创新投入对创新产出有着显著的正向影响。市场结构和企业规模对以新产品销售收入为创新产出的无效率分析中,都有着显著的作用,产业利润则没有显著的作用;而在以专利数为创新产出的无效率分析中,这三者作用都显著。在分析各省(市)创新效率的差异中,以新产品销售收入为创新产出为基础算出来的各省(市)创新效率普遍小于以专利数为创新产出为基础算出的各省(市)创新效率。总体上来说,我国高新技术产业的创新效率存在着较大的地区差异,东部地区高于中、西部地区,西部地区最低。

(3)从生产要素、产业结构、产业支撑、政府以及创新能力这五大方面探寻高新技术产业影响因素。从全国层面来看,高新技术产业前一期利润额对当期的利润额有显著的正向作用;从业人员数和固定资产投资额对高新技术产业经济效率均具有明显的促进作用;R&D 人员数对高新技术产业经济效率有显著的正向影响,而 R&D 经费投入对其影响不显著;大中型企业数量和外商直接投资对高新技术产业经济效率提升有促进作用;工业化水平对高新技术产业经济效率的提升具有抑制作用。

6.2 面临新环境

(1)高新技术产业发展国际竞争激烈。全球每一次大的危机都伴随着科技的新突破,进而推动产业革命、催生新兴产业,同时也成就了某些大国的崛起。当前,世界各国都在寻找支撑新一轮经济增长的引擎,力求抢占未来竞争的制高点。世界各国纷纷实施"再工业化"和"制造业回归"战略。世界各国将更加重视高新技术产业发展,从政策颁布、加大预算等方面加快促进高新技术产业发展,将其作为提振经济新的增长点。2015年,美国将继续致力于构建先进制造业创新网络,对高新技术产业的资金支持仍然维持在较高水平。德国将积极落实"工业 4.0"战略,展开以智能制造为主导的第四次工业革命。2014 年,德国政府投资 110 亿欧元用于新批准的高科技战略。2014 年欧盟正式启动"地平线 2020 计划",预计投资总额 800 亿欧元,重点扶持一系列高创新水平、高技术含量、高竞争力的研究项目和创新研发活动。预计随着欧洲研究区建设的不断完善和"地平线 2020 计划"的逐项落实,欧盟未来的高新技术产业将得到较大发展。预计短时期内我国高新技术产品出口的持续低迷难以有效改善,摩擦还将持续升级,竞争形势日趋严峻。

(2)我国高新技术产业发展将迈进加速期。当前我国正致力于打造"中国经济升级版",加快推动经济转型,提升发展质量。高新技术产业是经济社会发展的重要力量,是实现创新驱动发展战略的重要驱动力量。在今后相当长的时间内,高新技术产业将继续保持良好的发展势头。在创新驱动战略引领下,高新技术制造业和七大战略性新兴产业技术的交叉融合将不断加速,特别是新一代信息技术的推广应用将促进高端装备制造、新能源、新材料等技术与信息技术的深度融合,从而推动高新技术制造业和新兴产业技术取得群体性突破,为高新技术制造业和新兴产业快速发展提供技术保障和支撑。近年来,国家高新区创新能力显著提升。截至 2015 年 3 月 27 日,国家高新区总数已达 129 家,其中近 60 家产值超千亿元。国家高新区集聚了全国 50%以上高新技术企业。未来,我国将进一步完善国家高新区政策环境支持高新区发展,为高新技术产业集聚发展提供保障。

6.3 产业发展趋势

(1)高新技术产业与传统产业融合推动。各个产业之间不是孤立的,而是彼此之间通过技术供需关系形成一定的技术关联。传统技术为高新技术的创新发展提供基础知识源,而高新技术成果在传统产业中的应用,又促进了传统技术的进一步发展。在高新技术产业中,企业研发出具有替代性或关联性的技术、工艺、产品或服务,逐渐渗透、扩散到传统产业中,为高新技术产业与传统产业间的融合创新提供内在驱动力。高新技术通过其关联性源源不断地为产业融合创新提供源动力,又为自身从传统技术升级创新中汲取新的创新要素,引起两者的技术基础共同更新升级。

(2)高新技术原始创新和关键技术的突破将会带动产业革命。原始创新和关键技术的重大突破,不仅颠覆性地替代了旧产业,带动和引发了新的产业革命。而且,各种技术的集成与融合,将带来更大的产业创新空间,高新技术产业面临发展的新机遇。同时,我们也明晰地看到,信息技术是一种可以无限利用的生产要素,它的出现将对社会经济生活产生全面影响。数字技术与计算机网络技术的出现,对传统产业方式产生了巨大冲击,引发了大量新业态。

(3)“NBIC 会聚技术”将对高新技术产业发展方向产生影响。2001

年12月,美国科学家提出了"NBIC会聚技术"的概念,即纳米、生物、信息及认知科学四大前沿技术的融合。基于此概念而在含义上更加宽泛的多学科、多技术交叉而产生的技术融合,则被许多科学家视为未来新一轮产业革命的推手。这四个领域中每一个领域都具有巨大潜力,其中任何两两融合、三种会聚或四者集成,都将产生难以估量的社会和经济效能,将对高新技术产业发展方向产生影响。比如:信息与生物技术融合,创造出个性化药品、生物信息学、生物材料、生物芯片以及以生物为基础的电脑等创新产品。技术融合,注定了新一轮产业革命将通过一轮又一轮技术突破或创新带动生产方式的变革和经济结构的跃迁,这种"排浪式"的演进,将成为新一轮产业革命发展的重要特点。新一轮产业革命也将是新能源、新材料、信息技术、生命科学以及先进制造等几大技术融合突破的结果。

6.4 政策建议

(1)激励性政策与倒逼性政策相结合。当前我国高新技术产业处于创新驱动转型的关键期,在激发创新活力、强化创新能力的同时,应该强调激励与倒逼并举以推动创新驱动发展战略。一方面,要强化对企业创新的财税扶持政策,加大普惠性创新政策措施实施力度,完善支持创新的各项制度,强化产权保护,激发企业创新活力,引导优秀人才向企业集聚,加快建立以企业为主体、市场为导向、政府为主导的产学研用体系,共同推进产业转型升级。另一方面,强化技术、环保、质量等指标约束,倒逼企业走上一条产品高附加值、竞争差异化的道路。

(2)围绕产业链部署创新链。多年来我国高新技术产业由于一直未能掌握核心技术,缺乏自主知识产权,而受制于人,一直处于产业链的低端,多为跨国公司代工。未来发展应该注重走高端路线,着力增强自主创新能力。当务之急就是围绕产业链部署创新链,以重大技术、终端产品或产品群为指引,对产业链进行囊括上中下游及服务配套的全产业链条设计。集纳所有创新要素,努力让技术、人才、资本等各种要素汇集融合,推进产业链与科技创新的深度结合,集成创新,消除科技创新中的"孤岛现象",提升高新技术产业体系整体效能,充分发挥国家新兴产业创业投资引导基金在重大技术创新链上的支持作用。

(3)突出高新技术产业平台建设。一是继续围绕生物技术、新型材料、节能环保、新能源等领域,布局一批国家和省级工程研究中心、工程实验室和企业技术中心,推动关键领域共性技术协同攻关和产学研联合,促进成果转化。二是推进高新技术产业基地集聚发展。地理接近对服务创新是有利的,当在地理上接近时,服务者与客户之间的合作、服务企业之间多种形式的信息交流都有利于服务发生改进或发展出新的服务形式,形成知识共享网络,从而带来较高的创新收益。要在信息、生物、航空航天、高新技术服务等重点领域,建设和完善一批具有国际竞争力的示范基地和高新技术产业基地。结合各地产业特色、区域条件和资源优势,规划发展一批具有区域特色的高新技术产业链,加速人才、资金等生产要素向优势区域、城市群和中心城市集聚,实现产业集群高端化、特色化发展。加强对国家高新区的指导与考核,真正让国家高新区建设成为促进技术进步和增强自主创新能力的重要载体,成为带动区域经济结构调整和经济增长方式转变的强大引擎,成为高新技术企业走出去参与国际竞争的服务平台,成为抢占世界高新技术产业制高点的前沿阵地。

(4)设立战略新兴产业板。我国现有的投融资体系、市场环境、体制机制政策等尚未完全适应战略性新兴产业快速发展的要求,特别是资本市场受制于现有的市场体系和发行上市体制,与战略新兴产业的对接还不理想。战略性新兴产业普遍存在资金投入大、盈利周期长、投资风险较大的特征,然而一旦技术突破,市场开发积累到一定程度后,会出现爆发式增长。在创立初期最需要风险投资,随后需要资本市场提早介入,降低其股权融资成本。开设战略新兴产业板可以发挥资本市场集聚效应和引擎作用,对进一步完善多层次资本市场体系,积极落实创新驱动发展战略,更好地服务实体经济发展,有效推动产业转型升级与经济结构战略性调整发挥积极作用。2015 年 6 月 11 日,国务院印发的《关于大力推进大众创业万众创新若干政策措施的意见》提出,积极研究尚未赢利的互联网和高新技术企业到创业板发行上市制度,推动在上海证券交易所建立战略新兴产业板。支持有条件的地方政府设立创业基金,扶持创业创新发展。

(5)加强对中小型高新技术企业的政策支持。目前我国高新技术产业政策“扶强不扶弱”，缺乏针对中小企业尤其高新技术中小企业的政策。为促进产业又好又快发展，必须加强对中小型高新技术企业的扶持力度，制定倾斜性的扶持政策。一是通过制度安排(出台政策)促进中小型高新技术企业创新；二是通过制订专项资金性支持计划解决中小型高新技术企业创新面临的资金需求；三是构筑有利于中小型高新技术企业创新的环境。

(6)大力发展高新技术产业相关服务业。突出研发设计服务对提升产业创新能力的关键作用，建立支撑产业结构调整的研发设计服务体系，壮大专业研发设计服务企业。支持高校和科研院所面向市场提高研发服务能力，创建特色服务平台。加强科研资源整合，发展研发服务企业，鼓励企业将可外包的研发设计业务发包给研发设计企业。引导跨国公司和海外高端人才在华设立研发服务机构。发展面向设计开发、生产制造、售后服务全过程的分析、测试、检验、计量等服务，培育第三方的质量和安全检验、检测、检疫、计量、认证技术服务。着力推进网络技术和业务创新，培育基于移动互联网、云计算、物联网等新技术、新模式、新业态的信息服务，加深高新技术产业与“互联网＋”的融合发展，积极培育新业态、新产业。构建市场化的综合性技术转移和成果转化服务体系，提高科技成果转化服务水平。培育知识产权服务市场，构建功能齐全、服务主体多元化的知识产权服务体系。

(7)优化高新技术资源区域配置。高新技术资源整合是通过对现有资源进行调整、协调、科学配置、优化重组，形成新的、合理的结构，内部相互渗透、相互联系，实现整体优化，产生新的整体功能，获得整体的最大效益。可见，高新技术资源整合的重要目标是使得“整体效用大于部分效用之和”。实证研究表明，西部地区企业的技术创新效率有显著正向作用，并且高于东、中部地区。要促进西部地区企业的技术创新，除了企业加大科技投入外，还要依赖我国中部和东部地区的“技术扩散”，促进人、财、物等资源的协调及合理配置。

(8)在参与国际合作竞争中提升产业竞争力。积极支持有条件的高新技术企业“走出去”，培育全球性企业，不断提高国际分工地位。鼓励加工贸易企业转型升级，延长产业链，推动企业联合拓展海外市场。着眼参与国际竞争与合作，在具有比较优势的领域，以核心、共性技术产业化为重点,创立若干产学研结合的研发转移中心,推动支柱产业和战略产业技术进步。在这一过程中,要加强对接融入战略研究,打通我国高新技术产业进入国际市场的各种通道,特别是积极支持我国高新技术产业参与国际标准制定,推动技术标准的国际互认,鼓励高新技术企业在境外设立研发基地并申请专利、注册商标等。正在实施的"一带一路"战略,将为我国高新技术产业参与国际合作提供强大支持。

参考文献

一、主报告参考文献

[1]工信部. 2014 年钢铁行业运行情况和 2015 年展望[EB/OL]. http://www.miit.gov.cn/n11293472/n11293832/n11293907/n11368223/16445215.html, 2015—02—05.

[2]芮明杰. 产业经济学[M]. 上海:上海财经大学出版社, 2012.

[3]殷腾飞,王立杰. 我国煤炭产业生命周期阶段识别及其峰值[J]. 工业技术经济,2015,4:44—50.

[4]郭利杰. 钢铁工业发展周期及中国钢产量饱和点预测[J]. 科技和产业,2011,3:5—8,57.

[5]中国证券网. 宝钢股份 2014 年业绩持平[EB/OL]. http://ggjd.cnstock.com/company/scp_ggjd/tjd_ggkx/201501/3310303.htm, 2015—01—14.

[6]新浪财经. 宝钢股份:汽车板低迷+汇兑损失,3 季度现 09 年以来首次亏损[EB/OL]. http://vip.stock.finance.sina.com.cn/q/go.php/vReport_Show/kind/search/rptid/2994393/index.phtml, 2015—10—30.

[7]世界金属导报. 全球钢铁产能过剩形势及未来走势[EB/OL]. http://www.world-metals.com.cn/hyyw/201503/t20150325_313099.htm, 2015—03—25.

[8]王雅璨,陈琼,汝宜红. 论采购经理指数对经济运行的指示功能[J]. 统计与决策,2006,22:54—56.

[9]网易财经. 资本市场助战略性新兴产业驶入"快车道"[EB/OL]. http://money.163.com/15/0928/05/B4IUMS0H00251LIE.html, 2015—09—28.

[10]中国金寨政府信息公开网. 对接《中国制造 2025》 加快产业结构调整步伐[EB/OL]. http://xxgk.ahjinzhai.gov.cn/openness/detail/content/55d2893faf88bca50af4f1e9.html, 2015—08—18.

[11]国家发改委. 战略性新兴产业发展特征与工作思路[EB/OL]. http://www.360doc.com/content/15/0714/06/16788185_484767474.shtml, 2015—07—14.

[12]国家发改委. 新兴产业和高技术产业保持较快发展[EB/OL]. http://www.zyjjw.cn/ec/cj/2015—08—25/260493.html, 2015—08—25.

[13]国家统计局. 2015 年前三季度国民经济运行情况新闻发布会[EB/OL]. http://

www.stats.gov.cn/tjgz/spxw/201510/t20151022_1259789.html，2015－10－19.

[14]工信部. 2015 年 1－9 月汽车工业经济运行情况[EB/OL]. http://www.miit.gov.cn/n1146312/n1146904/n1648362/n1648363/c4378728/content.html，2015－10－26.

[15]中国证券网. 前三季度光伏新增装机约 10.5GW 同比大增 177%[EB/OL]. http://news.cnstock.com/news/sns_bwkx/201510/3585658.htm，2015－10－12.

[16]中国吉林网. 资本市场催化战略性新兴产业“开花结果”[EB/OL]. http://www.chinajilin.com.cn/news/content/2015－09/28/content_3777208.htm，2015－09－28.

[17]第一财经网. 战略新兴产业存惊喜 新能源新材料业绩增速高[EB/OL]. http://www.yicai.com/news/2015/08/4676200.html，2015－08－24.

[18]赵秀丽. 国家创新体系视角下的国有企业自主创新研究[D]. 山东大学，2013.

[19]袁青鹏. 新兴产业创新关键在民企[J]. 中国经济和信息化，2011，23：48－49.

[20]中国网. 2015 民企 500 强在战略性新兴产业投资增长明显[EB/OL]. http://www.china.com.cn/cppcc/2015－08/25/content_36408458.htm，2015－08－25.

[21]人民网. 推动高校科技成果转化 服务创新驱动发展战略[EB/OL]. http://ah.people.com.cn/n/2015/0428/c358324－24660249.html，2015－04－28.

[22]四川省科技厅. 中国科学院一批战略性新兴产业项目落户绵阳科技城[EB/OL]. http://www.scst.gov.cn/zhuzhan/stdt/20141217/2274.html，2014－12－17.

[23]北京海淀新闻网. 海淀高技术制造业产值增长 14.8%[EB/OL]. http://www.bjhd.gov.cn/xw/msxw/201508/t20150814_926352.htm，2015－08－14.

[24]领导干部网. 北京中关村海淀园以创新驱动发展[EB/OL]. http://www.ldgb.com.cn/admin/pub_newsshow.asp? id＝29049575&chid＝100216，2015－09－28.

[25]中国发展网. 上海张江：建设全球影响力科技创新中心[EB/OL]. http://www.chinadevelopment.com.cn/cy/2015/06/918600.shtml，2015－06－19.

[26]中国金融信息网. 深圳南山区创新发展启示：市场驱动产业集聚宜居宜业[EB/OL]. http://news.xinhua08.com/a/20150817/1540086.shtml，2015－08－17.

[27]赵红梅. 关键技术突破对新兴产业发展的创造效应研究[J]. 科学管理研究，2014，5：51－54.

[28]金华，王冬舒. 我国战略性新兴产业发展中存在的问题及对策[J]. 改革与开放，2012，1：31－32.

[29]新华网. 中国新能源汽车核心零部件电池受制于外资[EB/OL]. http://news.xinhuanet.com/auto/2015－06/27/c_127956575.htm，2015－06－27.

[30]中国金寨政府信息公开网. 对接《中国制造 2025》 加快产业结构调整步伐[EB/OL]. http://xxgk.ahjinzhai.gov.cn/openness/detail/content/55d2893faf88bca50af4f1e9.html，2015－08－18.

[31]中国经济导报. 发展战略性新兴产业：政府如何站好位不缺位[EB/OL]. http://

www.ceh.com.cn/cjpd/2013/04/194442.shtml，2013—04—30.

[32]吴延兵. 不同所有制企业技术创新能力考察[J]. 产业经济研究，2014，2：53—64.

[33]中国经济导报. 战略性新兴产业已形成领跑全球发展的中国方阵[EB/OL]. http://www.ceh.com.cn/jryw/2015/865853.shtml，2015—08—01.

[34]国家信息中心. 我国战略性新兴产业 2014 年发展形势与 2015 年展望[EB/OL]. http://www.sic.gov.cn/News/459/4402.htm，2015—03—27.

[35]中商情报网.2015 年信息通信行业十大发展趋势分析预测[EB/OL]. http://www.askci.com/news/chanye/2014/12/29/16524089xn_4.shtml ，2014—12—29.

[36]中国电子商务研究中心.2014 年度中国电子商务市场数据监测报告[EB/OL]. http://www.100ec.cn/detail—6244471.html ，2015—04—16.

[37]百度文库.电子商务发展现状分析[EB/OL]. http://wenku.baidu.com/link? url=FHa_aq3JNowZ9j2Fp8n0wtOmn8v5NfSBcOf—hGrnyxWpMeronUUejXER6GtSPNzgeIedIewALC6aTHJamVX1WUGeL3KhHOtmYRUcllQEi_7 ，2014—08—27.

[38]雷锋网.2015 年中国互联网发展十大趋势[EB/OL]. http://www.leiphone.com/news/201412/mX6cHZXIjTJIiapJ.html ，2014—12—22.

[39]中文互联网数据资讯中心.2015 年中国互联网金融市场规模超 10 万亿[EB/OL]. http://www.199it.com/archives/345685.html ，2015—05—07.

[40]中商情报网.2015 年信息通信行业十大发展趋势分析预测[EB/OL]. http://www.askci.com/news/chanye/2014/12/29/16524089xn_4.shtml ，2014—12—29.

[41]中商情报网. 2015 年中国移动医疗市场规模将达到 42.3 亿元[EB/OL].http://www.askci.com/news/chanye/2015/07/31/9352499yg.shtml ，2015—07—31.

[42]雷锋网. 2015 年中国互联网发展十大趋势 [EB/OL]. http://www.leiphone.com/news/201412/mX6cHZXIjTJIiapJ.html ，2014—12—22.

[43]36kr 网. 2015 年互联网趋势报告[EB/OL]. http://36kr.com/p/533356.html，2015—05—28.

[44]36kr 网. 2015 年互联网趋势报告[EB/OL]. http://36kr.com/p/533356.html，2015—05—28.

[45]百度文库.2015 年中国互联网企业 100 强评价报告[EB/OL]. http://wenku.baidu.com/link? url=scHbokjqF7nK8kca00Pxrm8uaUmm7HNkgXLGaq0tNU—9T2zOrc0 8oZ7YJkXagD — QLsrb041YsOk41f8VtwUdTspz — DbKKl0YfMCXboYhhpO，2015—07.

[46]中国经济网.让互联网产业成为国家竞争力[EB/OL]. http://www.ce.cn/xwzx/gnsz/gdxw/201409/06/t20140906_3492973.shtml，2014—09—06.

[47]腾讯网.2014 中国移动互联网用户行为洞察报告[EB/OL]. http://cd.qq.com/a/20140110/009373.htm，2014—01—10.

[48]中国经济网.2014 年中国云计算市场总体规模突破千亿元[EB/OL]. http://finance.ce.cn/rolling/201501/28/t20150128_4453796.shtml，2015—01—28.

[49]中商情报网.2015 年云计算产业白皮书[EB/OL]. http://www.askci.com/news/chanye/2015/05/21/9445wwz0.shtml，2015—05—21.

[50]中商情报网.2015 年中国行业大数据应用市场专题分析报告[EB/OL]. http://www.askci.com/news/chanye/2015/08/04/9411885bt.shtml，2015—08—04.

[51]中国电子商务研究中心. 2015 年上半年我国 O2O 市场规模 3 049 亿元[EB/OL]. http://b2b.toocle.com/detail—6283125.html，2015—10—11.

[52]浙江新闻网. 预计 2015 年中国 O2O 市场规模将达到 4 188.5 亿元[EB/OL]. http://news.zj.com/detail/2014/09/30/1544773.html，2014—09—30.

[53]砍柴网. 2015 年第 3 季度全国 P2P 成交量持续快速增长[EB/OL]. http://www.ikanchai.com/2015/1014/36202.shtml，2015—10—14.

[54]证券日报网.预计 2015 年 P2P 网贷全年成交量将突破 8 千亿元[EB/OL]. http://www. ccstock. cn/finance/hongguanjingji/2015 — 06 — 02/A1433256191293. html，2015—06—02.

[55]中文互联网数据资讯中心. 2014 年中国在线旅游市场交易规模达3 077.9亿元同比增长 38.9%[EB/OL]. http://www.199it.com/archives/339072.html，2015—04—12.

[56]蔡冬冬，周丽娣. 中国区域产业结构趋同问题的文献综述[J].中国市场，2012(50). 22—25.

[57]齐雯婧. 东北地区产业结构趋同问题研究[D].东北师范大学，2012.

[58]胡丹. 我国产业梯度转移及其调控研究[D].武汉理工大学，2014.

[59]李志鹏. 中国产业对外转移特征、趋势及对策——基于制造业企业对外投资的视角[J]. 国际经济合作，2013，11：14—17.

[60]国家统计局.中国统计年鉴[EB/OL]. http://www.stats.gov.cn/tjsj/，2015.

[61]腾讯财经. 31 省份前三季度 GDP 出炉[EB/OL]. http://xw. qq. com/finance/20151107009105，2015—11—07.

[62]腾讯财经.上汽集团中期净利增 18%　市场占有率提升 1.1% [EB/OL]. http://finance.qq.com/a/20140813/070622.htm，2014—08—13.

[63]中国新闻网. 北京汽车 2014 年销量破 30 万辆　产品格局已成规模[EB/OL]. http://www.chinanews.com/auto/2015/01—15/6971946.shtml，2015—01—15.

[64]车主之家. 2014 年全年广东单品牌汽车销量排行(上牌量) [EB/OL]. http://news.16888.com/a/2015/0205/849497.html，2015—02—05.

[65]凤凰财经.中国产业转移呈现新特征：大迁移[EB/OL]. http://finance.ifeng.com/a/20150228/13519743_0.shtml，2015—02—28.

[66]李志鹏. 中国产业对外转移特征、趋势及对策——基于制造业企业对外投资的视角

[J]. 国际经济合作,2013,11:14—17.

[67]经济参考报. 内外需乏力,珠三角制造业增长承压[EB/OL]. http://jjckb.xinhuanet.com/2015—04/02/content_543168.htm, 2015—04—02.

[68]张于喆. 中国特色自主创新道路的思考:创新资源的配置、创新模式和创新定位的选择[J]. 经济理论与经济管理,2014,8:5—19.

[69]国家发改委. 新十年促进中部地区崛起规划建言献策[EB/OL]. http://www.sdpc.gov.cn/yjzx/yjzx_add.jsp? SiteId=91, 2015—07—28.

[70]国家统计局. 2015 年 3 季度我国 GDP(国内生产总值)初步核算情况[EB/OL]. http://www.stats.gov.cn/tjsj/zxfb/201510/t20151020_1258388.html, 2015—10—20.

[71]江西省统计局. 2015 年 1—9 月全省主要经济指标[EB/OL]. http://www.jxstj.gov.cn/News.shtml? p5=6898734, 2015—10—26.

[72]湖北省人民政府门户网站. 湖北前三季度 GDP 同比增长 8.8% 增幅高于全国 1.9 个百分点 [EB/OL]. http://www.hubei.gov.cn/zwgk/bmdt/201510/t20151020_731914.shtml, 2015—10—20.

[73]湖南省统计局. 湖南省生产总值(前三季度)[EB/OL]. http://www.hntj.gov.cn/tjsj/sjfb/hnsj/201510/t20151027_508117.html, 2015—10—27.

[74]安徽省统计局. 前三季度全省经济运行情况[EB/OL]. http://www.ahtjj.gov.cn/tjj/web/info_view.jsp? strId=1445412037980954&_indextow=0, 2015—10—21.

[75]河南省统计局. 前三季度全省经济稳中向好,生产总值增长 8.2%[EB/OL]. http://www.ha.stats.gov.cn/hntj/tjfw/tjfx/qsfx/jdfx/webinfo/2015/10/1443518839266121.htm, 2015—10—20.

[76]山西省统计局. 前三季度全省经济运行情况[EB/OL]. http://www.stats-sx.gov.cn/sjjd/sjxx/201510/t20151029_38670.html, 2015—10—29.

[77]东方财富网. 2014 前三季度省级行政区 GDP 排行榜[EB/OL]. http://stock.eastmoney.com/news/1406,20141201451941186.html, 2014—12—01.

[78]中国新闻网. 31 省份前三季度 GDP 广东居首各地之和超全国约 1.9 万亿[EB/OL]. http://www.chinanews.com/cj/2015/11—18/7628368.shtml, 2015—11—18.

[79]江西省统计局. 1—9 月江西省社会消费品零售总额增长 11.0%[EB/OL]. http://www.jxstj.gov.cn/News.shtml? p5=6898698, 2015—10—26.

[80]湖南省统计局. 前三季度湖南社会消费品零售总额同比增长 12%[EB/OL]. http://www.hntj.gov.cn/tjfx/jmxx_3446/2015jmxx/201510/t20151020_507842.html, 2015—10—20.

[81]山西省统计局. 前三季度山西贸易运行情况[EB/OL]. http://www.stats-sx.gov.cn/sjjd/sjxx/201511/t20151103_38706.shtml, 2015—11—04.

[82]卢静娜. 国家统计局关于 2014 年粮食产量的公告[EB/OL]. http://www.gov.cn/

xinwen/2014－12/04/content_2786682.htm，2014－12－04.
[83]华夏水网. 中国矿产资源[EB/OL]. http://www.e-water.com.cn/eb/swpd/dz/kczy.htm.
[84]中国地价网. 2015年第三季度全国主要城市地价监测报告[EB/OL]. http://www.landvalue.com.cn/TheContent.aspx? ContentID=21474&Menu_ID=13，2015－10－15.
[85]中国窑炉网. 加快产能过剩产业升级利于中部地区健康发展[EB/OL]. http://www.chinakiln.net/news/201405/14/14546.html，2014－05－14.
[86]上海证券报. 当前产能过剩的现状、原因分析及解决方案[EB/OL]. http://news.epemc.com/htmfiles/91/21417.html，2013－07－26.
[87]新华网. 中国产煤第一大省将迎来煤炭产业新常态[EB/OL]. http://news.xinhuanet.com/fortune/2015－01/19/c_1114044894.htm，2015－01－19.
[88]山西省统计局. 9月份全省规模以上工业生产运行情况[EB/OL]. http://www.stats-sx.gov.cn/sjjd/sjxx/201510/t20151030_38691.html，2015－10－30.
[89]中商情报网. 2015年8月山西省进口主要商品量值表[EB/OL]. http://www.askci.com/news/data/2015/10/16/1632499krg.shtml，2015－10－16.
[90]中商情报网. 2015年8月山西省出口主要商品量值表[EB/OL]. http://www.askci.com/news/data/2015/10/16/163434i12q.shtml，2015－10－16.
[91]国家统计局. 2015年1—9月份全国房地产开发投资和销售情况[EB/OL]. http://www.stats.gov.cn/tjsj/zxfb/201510/t20151019_1257791.html，2015－10－19.
[92]中国产业信息网. 2015年1—9月全国挖掘机产量分省市统计表[EB/OL]. http://www.chyxx.com/data/201511/356466.html，2015－11－09.
[93]中国工程机械商贸网. 9月挖掘机:小挖当道　欧美品牌占比上升[EB/OL]. http://news.21-sun.com/detail/2015/10/201510140755234.shtml，2015－10－14.
[94]中国机械管理网. 工程机械“十二五”规划[EB/OL]. http://www.chinajx.com.cn/html/report/5022－1.htm，2012－03－01.
[95]范红凤，马春辉，肖华. 区域协调发展与中西部地区承接沿海地区的产业转移[J]. 经济论坛，2006，(17)：9－11.
[96]贺清云，蒋菁，何海兵. 中国中部地区承接产业转移的行业选择[J]. 经济地理，2010，30(6)：960－964.
[97]豆建民，沈艳兵. 产业转移对中国中部地区的环境影响研究[J]. 中国人口·资源与环境，2014，24(11)：96－102.
[98]倪天林. 河南省电子信息产业发展问题及对策[J]. 河南财政税务高等专科学校学报，2014，28(3)：46－48.
[99]人民网－河南分网. 前三季度河南外贸逆势上扬 富士康成稳增长“压仓石”[EB/

OL]. http://henan.people.com.cn/n/2015/1014/c356896－26788894.html，2015－10－14.

[100]中国贵州政府网. 贵州省 2015 年前三季度主要统计数据发布[EB/OL]. http://www.gzgov.gov.cn/xwzx/gzxw/201510/t20151020_344355.html，2015－10－20.

[101]陕西省发改委. 2015 年三季度陕西省国民经济运行情况[EB/OL]. http://www.sndrc.gov.cn/newstyle/pub_newsshow.asp? id＝1021956&chid＝100061，2015－10－23.

[102]重庆市统计局. 2015 年前三季度重庆市经济运行情况[EB/OL]. http://www.cqtj.gov.cn/html/tjfx/15/10/7488.html，2015－10－19.

[103]四川省统计局. 2015 年前三季度四川经济形势新闻发布稿[EB/OL]. http://www.sc.stats.gov.cn/tjxx/zxfb/201510/t20151020_194291.html，2015－10－20.

[104]新华网. 重庆笔记本电脑产量占全球三分之一成为全球最大生产基地[EB/OL]. http://www.cq.xinhuanet.com/2015－01/09/c_1113932784.htm，2015－01－09.

[105]凤凰财经. 中国产业转移呈现新特征：大迁移[EB/OL]. http://finance.ifeng.com/a/20150228/13519743_0.shtml，2015－02－28.

[106]中国新闻网. 重庆电子信息产业再添巨头[EB/OL]. http://www.chinanews.com/df/2015/04－08/7192966.shtml，2015－04－08.

[107]21 世纪经济报道. 工业增速回暖明显 未来西部组团发展或加速[EB/OL]. http://www.kaixian.tv/gd/2015/0729/138197.html，2015－07－29.

[108]贵州大数据. 贵州省上半年经济保持较快增长 大数据等新兴产业表现迅猛[EB/OL]. http://www.gzdsj.com.cn/article－1914－1.html，2015－07－17.

[109]凤凰财经. 中国产业转移呈现新特征：大迁移[EB/OL]. http://finance.ifeng.com/a/20150228/13519743_0.shtml，2015－02－28.

[110]高斌. 东北地区产业集群及发展研究[D].东北师范大学，2005.

[111]盖世汽车网. 2015 年前三季度乘用车十大集团排行榜[EB/OL]. http://auto.163.com/15/1016/08/B61KNDOH00084TV1.html，2015－10－16.

[112]周毅. 城市化发展阶段、规律和模式及趋势[J]. 经济与管理研究，2009(12)：89－94.

[113]齐雯婧. 东北地区产业结构趋同问题研究[D].东北师范大学，2012.

[114]辽宁经济. 产业梯度转移与东北经济振兴[EB/OL]. http://www.ln.cei.gov.cn/autovip/htmvip/Vipinfor/ShujuJiq/JingjiFenxbg/396738.shtml，2006－03－03.

[115]中商情报网. 中国东北地区老工业基地产业发展现状[EB/OL]. http://www.askci.com/news/201204/05/92653_10.shtml，2012－04－05.

[116]大公网. 鞍钢的对外投资之殇 亏损之势难止三年亏损超 170 亿[EB/OL]. http://finance.takungpao.com/gscy/q/2014/0603/2514027.html，2014－06－03.

[117]新华网. 鞍钢扭亏增效现转机 包袱过重仍待减负[EB/OL]. http://news.xinhuanet.com/energy/2013－07/05/c_124960677_3.htm，2013－07－05.
[118]芮明杰. 第三次工业革命的起源、实质与启示[J]. 新华文摘，2012，(22)：120－122.
[119]芮明杰. "工业 4.0"：新一代智能化生产方式[J]. 世界科学，2014，(5)：19－20.

二、副报告参考文献

[1]姜彤彤.中国各省高技术产业全要素生产率研究[J].山东师范大学学报(人文社会科学版),2013(1):109－115.
[2]曲婉,康小明.高技术产业创新效率区域差异研究[J].中国科技论坛,2012(8):70－74.
[3]罗良文,阚大学.国际贸易、FDI 与技术效率和技术进步[J].科研管理,2012(5):64－69.
[4]杨惠瑛,王新红.高新技术产业 R&D 效率测度[J].科技进步与对策,2012(2):113－117.
[5]景保峰,周霞,吕健权.广东省高技术产业研发效率实证研究——基于随机前沿分析法[J].技术经济与管理研究,2011(10):96－100.
[6]王玉,许俊斌.中国高新技术产业发展效率的影响因素[J].经济管理,2011(9):17－25.
[7]王军,杨惠馨.2006—2008 年中国省际高技术产业效率实证研究[J].统计研究,2010(12):46－50.
[8]韩晶.基于 SFA 方法的中国制造业创新效率研究[J].北京师范大学学报(社会科学版),2010(6):115－122.
[9]徐晔,张秋燕.中国高技术产业各行业资源配置效率的实证研究——基于 DEA-Malmquist 指数方法[J].当代财经,2009(12):74－79.
[10]王瑜.外商直接投资对我国工业技术进步的影响[J].世界经济研究,2009(2):66－73,89.
[11]芮明杰.产业竞争力的"新钻石模型"[J].社会科学,2006(4): 68－73.
[12]金碚.产业国际竞争力研究[J].经济研究,1996(11):39－44,59.
[13]李亚军.把握世界科技发展趋势 振兴中国高新技术产业[J].中国科技产业,2010(8):72－73.
[14]迈克尔・波特.国家竞争优势[M].华夏出版社,2002.
[15]刘海英.新一轮产业革命:将势如排浪奔涌来[N].科技日报，2015－05－05.
[16]OECD. Technology and the Economy:The key Relationship[R],Paris, Organization for Economic Co-operation and Development,2011.
[17]Battese G. E.,Coell T. J.. A Model of Technical Inefficiency Effects in Stochastic

Frontier Production for Panel Data[J].*Empirical Economics*,1995(20):325—332.

[18]Dale W. Jorgenson.Productivity and Post-war U.S. Economic Growth[J] .*The Journal of Economic Perspectives*,1988,12(4):23—41.

[19]Caves D.W., Christensen L.R., Diewert W.E..The Economic Theory of Index Number and the Measurement of Input/Output and Productivity [J].*Econometrica*, 1982(5):1393—1414.

[20]Charnes A., Cooper W.W., Rhodes E.. Measuring the Efficiency of Decision Making Units[J]. *European Journal of Operational Research*,1978, 2(6):429—444.

[21]Aigner D.J., Lovell C.A.K., Schmidt P..Formulation and Estimation of Stochastic Frontier Production Functions Models[J] .*Journal of Econometrics*, 1977(6):21—37.

[22]Farrell M. J..The Measurement of Productive Efficiency [J].*Journal of the Royal Statistical Society A*,1957(120):253—281.

[23]Malmquist Sten. Index Number and Indifference Surfaces[J].*Trabajos de Estandistica*, 1953(4):209—232.

图书在版编目(CIP)数据

中国产业发展年度分析报告(2015):供给改革的视角/芮明杰,王小沙主编.—上海:上海财经大学出版社,2016.1

ISBN 978-7-5642-2344-1/F·2344

Ⅰ.①中… Ⅱ.①芮… ②王… Ⅲ.①产业发展-研究报告-中国-2015
Ⅳ.①F124

中国版本图书馆 CIP 数据核字(2016)第 015234 号

□ 责任编辑 施春杰
□ 封面设计 张克瑶
□ 责任校对 王从远

ZHONGGUO CHANYE FAZHAN NIANDU FENXI BAOGAO
中国产业发展年度分析报告
——供给改革的视角
(2015)
芮明杰 王小沙 主编

上海财经大学出版社出版发行
(上海市武东路 321 号乙 邮编 200434)
网 址:http://www.sufep.com
电子邮箱:webmaster @ sufep.com
全国新华书店经销
上海华教印务有限公司印刷装订
2016 年 1 月第 1 版 2016 年 1 月第 1 次印刷

710mm×1000mm 1/16 15.5 印张(插页:2) 230 千字
定价:42.00 元